자바 개발자를 위한 97가지 제안

97 Things Every Java Programmer Should Know
by Kevlin Henney and Trisha Gee

Copyright © 2021 J-Pub Co., Ltd.

Authorized Korean translation of the English edition 97 Things Every Java Programmer Should Know,
ISBN 9781491952696 © 2020 O'Reilly Media Inc.

This translation is published and sold by permission of O'Reilly Media, Inc.,
which owns or controls all rights to publish and sell the same.

자바 개발자를 위한 97가지 제안

1쇄 발행 2020년 12월 24일
2쇄 발행 2021년 1월 31일

편집자 케블린 헤니, 트리샤 지
옮긴이 장현희
펴낸이 장성두
펴낸곳 주식회사 제이펍

출판신고 2009년 11월 10일 제406-2009-000087호
주소 경기도 파주시 회동길 159 3층 3-B호 / **전화** 070-8201-9010 / **팩스** 02-6280-0405
홈페이지 www.jpub.kr / **원고투고** submit@jpub.kr / **독자문의** help@jpub.kr / **교재문의** textbook@jpub.kr

편집부 김정준, 이민숙, 최병찬, 이주원 / **소통기획부** 송찬수, 강민철 / **소통지원부** 민지환, 김유미, 김수연
진행 장성두 / **교정·교열** 이미연 / **내지디자인 및 편집** 성은경 / **표지디자인** 이민숙
용지 신승지류유통 / **인쇄** 해외정판사 / **제본** 광우제책사

ISBN 979-11-90665-64-3 (93000)
값 22,000원

제이펍은 독자 여러분의 아이디어와 원고 투고를 기다리고 있습니다. 책으로 펴내고자 하는 아이디어나 원고가 있는
분께서는 책의 간단한 개요와 차례, 구성과 저(역)자 약력 등을 메일(submit@jpub.kr)로 보내 주세요.

자바 개발자를 위한 97가지 제안

케블린 헤니, 트리샤 지 편집   장현희 옮김

97 Things Every
Java Programmer
Should Know

97 Things Every
Java Programmer
Should Know

자바는 1995년 처음 등장한 이후 개선과 발전을 꾸준히 거듭해 오면서 현대 소프트웨어 개발 분야에 커다란 영향을 미치는 언어이자 플랫폼으로 성장했습니다. 기업은 물론 수많은 오픈소스 프로젝트가 자바로 개발되고 있으며, 여전히 많은 사람이 자바를 배워 IT 업계에 발을 들이고 있습니다.

개발자라면 충분히 이해하겠지만, 개발자로서의 경력을 처음 쌓기 시작하는 단계에서는 자바라는 언어 자체에 대한 이해, 더 나은 자바 코드를 작성하는 방법, 각종 프레임워크 등 자바를 언어로 바라보고 더 잘 이해하고 활용할 수 있는 방법에 집중하게 됩니다. 그러나 어느 정도 경험이 쌓이고 더 많은 업무와 책임을 갖게 되는 위치로 성장하게 되면 이제는 JVM의 동작 원리와 튜닝 방법, 더 높은 가독성과 유지보수성을 갖는 코드 작성, 성능과 확장성을 비롯해 애플리케이션의 아키텍처 설계 등으로 그 역량을 넓혀 나가게 되지요. 더불어 팀의 일원으로 많은 사람과 소통하고 협업하며 더 큰 규모의 프로젝트를 진행하고 완수하는 경험도 필요하게 됩니다.

이 책은 자바를 하나의 프로그래밍 언어로만 바라보지 않고 하나의 거대한 플랫폼과 생태계로 바라볼 수 있는 시야를 제공합니다. 풍부한 경험을 갖춘 73인의 기고자가 자신의 노하우를 통해 독자가 앞으로 자바 개발자로서 자신의 역량을 어떻게 발전시켜 나갈 것인지 다시 한번 생각하고 정리할 기회도 제공합니다. 이 책으로 고급 자바 프로그래밍 기술을 학습할 수 있는 것은 아니지만, 훌륭한 자바 개발자로 성장하기 위해 어떤 시각과 역량을 갖추어야 할지 되돌아보는 좋은 계기가 될 것입니다.

좋은 책을 번역할 수 있는 기회를 주신 장성두 대표님과 책의 편집과 출간에 힘을 보태 주신 제이펍 식구들에게 지면을 빌려 감사의 인사를 드립니다. 그리고 더 좋은 책을 만들 수 있도록 베타리딩에 참여해 원고를 검토하고 피드백을 남겨 주신 베타리더들에게도 고마움을 전합니다. 그리고 짧은 분량이지만 번역을 도와준 NHN 데이터플랫폼개발팀 오태겸 선임에게도 고마움을 표합니다. 평일에는 회사 일로, 주말에는 번역으로 늘 바쁜 남편과 아빠에게 투정보다는 응원을, 서운함보다는 든든한 지원과 애정을 표현해 준 아내 지영과 예린, 은혁에도 지면을 빌려 사랑하는 마음을 전합니다.

끝으로, 어려운 시기에도 개인의 역량 강화와 대한민국 소프트웨어 산업의 발전을 위해 늘 노력하는 독자 여러분을 응원합니다.

2020년 11월
옮긴이 **장현희** 드림

자신들의 지혜와 배려로 지금의 우리를 이끌어 준 모든 이를 기억하며...

"마음은 채워야 할 배가 아니라 태워야 할 장작이다."

— 플루타르코스(Plutarch)

모든 자바 프로그래머가 반드시 알아야 할 것은 무엇일까? 그 답은 누구에게 묻는지, 왜 묻는지, 언제 묻는지에 따라 다르다. 그리고 그 답도 저마다의 관점만큼이나 다양하다. 언어나 플랫폼, 생태계, 커뮤니티는 소프트웨어와 많은 사람의 삶에 영향을 미치며, 한 세기에서 다음 세기로, 하나의 코어에서 다중 코어로, 메가바이트에서 기가바이트로의 진화에도 영향을 미쳤던 이 질문의 답은 한 명의 저자가 하나의 책에 모두 담아 내기에는 너무 벅차다.

그래서 독자 여러분을 위해 자바 세계에 펼쳐진 수많은 관점과 표현을 이 책에 모아 봤다. 비록 모든 것을 다루고 있지는 않지만, 73명의 저자가 97가지 이야기를 담아 주었다. 이 책《자바 개발자를 위한 97가지 제안》의 서문은 다음과 같이 시작하고자 한다.

알아야 할 것도, 해야 할 것도, 그 일을 수행하는 방법도 너무 많기에 어느 한 사람이나 하나의 논리도 '하나의 정답'을 주장할 수는 없다. 각기 다른 저자의 이야기는 반드시 일맥상통하지 않으며, 그럴 의도도 없다. 오히려 그 반대. 저마다의 이야기는 그 독창성에 가치가 있다. 이 모음집의 가치는 각각의 저자가 자기 생각을 보완하고 확인하며 때로는 다른 저자의 생각에 반박하는 것에 있다. 누군가의 생각이 특별히 더 중요한 것도 아니다. 읽어 본 내용에 반응하고, 이를 반영하며 서로 연관 짓고, 자기 생각과 지식, 경험에 기반해 어느 것에 더 무게를 둘 것인지는 오로지 독자 여러분에게 달렸다.

모든 자바 프로그래머가 알아야 할 것은 과연 무엇일까? 이 책에서 소개하는 97가지 해답은 언어, JVM, 테스팅 기술, JDK, 커뮤니티, 역사, 애자일식 생각, 구현 노하우, 전문성, 스타일, 본질, 프로그래밍 패러다임, 프로그래머를 사람의 관점에서 바라보는 시각, 소프트웨어 아키텍처, 코드 이상의 기술, 도구 사용 기술, GC 기법, 자바 외의 JVM 언어 등 다양한 분야로 확대되어 있다.

라이선스

최초의 '97가지(97 Things)' 도서의 정신을 이어받아 이번 책의 각 장은 제한 없는 오픈소스 모델을 따른다. 각 장은 크리에이티브 커먼즈 애트리뷰트 4.0 라이선스(https://oreil.ly/zPsKK)가 적용되어 있다. 또한, 이 중 상당수는 〈미디엄〉에 게시한 '97가지(https://medium.com/97-things)'에 처음 소개되었다.

이 모든 것이 독자 여러분의 생각과 코드의 발전을 위한 기틀이 되어 주길 바란다. 유튜브 http://youtube.com/oreillymedia에서도 볼 수 있다.

감사의 글

《자바 개발자를 위한 97가지 제안》은 많은 사람의 시간과 노력이 직간접적으로 투입된 프로젝트다. 모두 감사의 인사를 받아 마땅한 분들이다.

이 책에 수많은 시간과 노력을 들인 모든 이에게 지면을 빌려 감사의 인사를 전한다. 또한, 많은 피드백과 의견 및 제안을 제공해 준 브라이언 궤츠(Brian Goetz)에게도 감사를 전한다.

이 책을 집필하는 동안 여러 방면으로 이끌어주며, 기여자와 내용에 대한 지도편달을 아끼지 않은 잔 맥콰드(Zan McQuade)와 콜빈 콜린스(Corbin Collins) 이하 오라일리 출판사 관계자 여러분, 그리고 많은 힘을 보태 준 레이첼 루멜리오티스(Rachel Roumeliotis), 수잔 코난트(Susan Conant), 마이크 루키데즈(Mike Loukides)에게 고마움을 전한다.

케블린(Kevlin)은 쓸데없는 소리도 잘 들어준 그의 아내 케롤라인(Carolyn)과 늘 부모에게 힘이 되어준 두 아들 스테판(Stefan), 얀닉(Yannick)에게 감사 인사를 전하고 싶다고 한다.

그리고 트리샤(Trisha)는 뭔가를 충분히 하지 않는 것에 스트레스를 받는 것이 정작 뭔가를 하는 데 아무런 도움이 되지 않는다는 것을 알게 해준 남편 이스라(Isra)와 늘 조건 없는 사랑과 따뜻한 포옹을 선사해 준 두 딸 에비(Evie)와 에이미(Amy)에게 감사를 전하고 싶다고 한다.

모쪼록 정보와 식견 그리고 영감을 얻으며 즐겁게 이 책을 읽어주길 바란다.

베타리더 후기

 공민서(이글루시큐리티)

97가지 글 중 일부는 제목에서 자바를 제외해도 될 만큼 일반 개발자를 위한 범용적이고 알찬 노하우였습니다. 물론 자바에 특화된 내용도 있습니다. 설계, TDD 등 덜 실수하고 더 빠르게 성장하기 위한 선배들의 노하우를 모아 놓은 책이라 자바 개발자는 물론 다른 언어의 개발자들도 읽어보기를 추천합니다.

 김진영(야놀자)

주제 하나하나가 너무 길지 않게 구성되어 출근 시간에 가볍게 읽기 좋은 책입니다. 자바를 처음 접해 보시는 분보다는 자바를 어느 정도 경험해 보았고 파편화된 지식을 다시 찾아보고 정리하고자 하는 분께 추천합니다. 전반적으로 꽤 재미있게 읽은 책이었습니다.

 사지원(현대엠엔소프트)

자바 프로그래머만을 위한 책이 아닙니다. 이 책은 개발자로 살고 있는 사람이라면 누구나 공부했던 이야기를 하고 있습니다. 하지만 늘 부족한 시간과 빡빡한 일정에 많은 것을 놓치곤 합니다. 이 책은 우리가 '당연하게 알고 있던 것들'에 대해 다시 생각해 볼 기회를 제공해 줍니다. 특히 팀을 이뤄 업무를 진행하는 사람에게 강력히 추천합니다. 사실 에세이와 같은 책은 처음 리뷰해 보았습니다. 개발 서적이 아닌 책들에 대해 왠지 그릇된 편견이 있었는지도 모르겠습니다. 하지만 이 책을 보고 저의 잘못된 생각이 바로잡힌 기분이 듭니다. 팀을 이뤄 협업하는 자세를 다시 생각하고, 어떤 마음가짐으로 개발 업무를 대해야 하는지, 그리고 더 나은 개발자가 되기 위해선 어떤 방향으로 나아가야 하는지 정말 많은 것을 배웠습니다.

 신진규(JEI)

다양한 자바 전문가의 이야기를 한 곳에서 들어볼 좋은 기회였습니다. 하지만 그들 모두는 같은 곳을 지향하진 않았습니다. 이 책 서문에서도 밝혔듯이 독자 자신의 상황에 따라 적절히 취사선택하면 좋겠습니다.

 양성모(현대오토에버)

짧게 쓰겠습니다. 이전에 고민했던 것, 지금 고민하는 것, 앞으로 고민해야 할 것을 총망라하는 책이었습니다. 저 자신을 돌아보는 데 많은 도움이 되었습니다.

 이석곤(엔컴)

선배 개발자가 중요하다고 생각하는 주제를 97가지로 나눠 정리한 책입니다. 글로벌 개발자 기준이라서 몇몇 주제는 한국 개발 문화와는 좀 맞지 않는 부분도 있었지만, 대체로 공감하는 부분이 많았습니다. 가장 기억이 남는 문구는 '좋은 개발자는 자격증이 필요 없다. 하지만 그렇지 않은 개발자라도 자격증은 쉽게 얻을 수 있다.' 이것은 한국이나 외국이나 같은 것 같습니다. 자바 교양도서로 편하게 읽어보면 좋겠습니다.

 정현준(Agoda)

여러 개발 관련 주제는 물론 팀 문화, 데브옵스, CI/CD, 설계, 개발 도구 등 개발에 관련된 거의 모든 주제에 대한 노하우를 배울 수 있습니다. 당장 코드에 사용할 수 있을 만큼 실용적인 경우도 있고, 장기적으로 개발 문화를 수립하는 데 영감을 얻을 수도 있습니다. 처음에 훑어볼 때는 하나의 주제가 짧아서 크게 유용할까 의구심이 들었지만 베타리딩을 진행하면서 내용이 굉장히 마음에 들었습니다. 다만, 주제별로 묶었다면 좀 더 좋은 구성이 되었을 것으로 생각합니다.

차준성(서울아산병원)

장마다 멘토가 노하우를 알려주는 것 같은 친절한 책입니다. 시간이 날 때마다 교양서적처럼 읽기 좋습니다. 편집의 오류도 많이 없었고, 전반적으로 완성도가 높았던 책이었습니다.

제이펍은 책에 대한 애정과 기술에 대한 열정이 뜨거운 베타리더의 도움으로
출간되는 모든 IT 전문서에 사전 검증을 시행하고 있습니다.

자바만으로도 충분하다

안데르스 노라스(*Anders Norås*)

마이크로소프트(Microsoft)는 비주얼 스튜디오(Visual Studio)의 첫 메이저 개정본을 준비하는 동안 모트(Mort), 엘비스(Elvis), 아인슈타인(Einstein) 등 3명의 개발자 인격체를 세상에 소개했다.

모트는 매우 낙관적이어서 문제를 빠르게 해결하고 혼자서 질주하는 타입의 개발자였다. 엘비스는 실용적인 프로그래머로 자신의 업무에서 여전히 배우는 과정임에도 오래 지속될 솔루션을 구축하는 타입이었다. 마지막으로 아인슈타인은 약간 강박적인 프로그래머로, 코드를 작성하기 전에 가장 효율적인 솔루션을 디자인하고, 모든 것을 파헤치는 것에 집중하는 타입이었다.

프로그래밍 언어의 종교적 분열[1]에서 자바 진영에 속했던 우리는, 모트를 비웃으며 엘비스 같은 개발자가 '올바른 방법'으로 코드를 작성할 수 있게 하는 프레임워크를 만드는 아인슈타인 같은 개발자가 되길 원했다.

당시는 프레임워크의 시대가 도래하는 시점이었고 객체 관계형 매퍼(mapper)와 제어의 역전(Inversion of Control) 프레임워크를 능숙하게 다루지 못한다면 자바 프로그래머로 인정조차 받지 못하던 시기였다. 라이브러리는 규정된 아키텍처에 따라 프레임워크로 성장했다. 그리고 이 프레임워크가 기술 생태계를 이루어가면서 우리 중 상당수는 이렇게 성장할 수 있게 한 귀여운 언어 자바를 잊어가고 있다.

자바는 훌륭한 언어이며 자바 클래스 라이브러리는 범용으로 설계되었다. 파일을 다뤄야 한다면 `java.nio` 라이브러리를 쓰면 된다. 데이터베이스는 `java.sql` 라이브러리가 맡아 준다. 거의 모든 자바 배포판(distribution)은 완전한 기능의 HTTP 서버를 내장하고

---

1 역주: 자바/.Net을 의미하는 듯

있다. 물론 경우에 따라서는 자바라는 이름의 패키지 대신 com.sun.net.httpserver 패키지를 사용해야 하는 경우도 있지만 말이다.

애플리케이션이 하나의 함수를 배포 단위로 사용하는 서버리스(serverless) 아키텍처로 이동하면서 애플리케이션 프레임워크의 장점들은 희석되고 있다. 그 이유는 기술 및 아키텍처 관점의 문제들을 처리하는 시간은 줄어들고 프로그램의 비즈니스적 기능에 프로그래밍 노력을 더 많이 들일 수 있게 되었기 때문이다.

브루스 조이스(Bruce Joyce)는 이렇게 표현했다.

> 우리는 때때로 바퀴를 재발명해야 한다. 많은 수의 바퀴가 필요하기보다는, 많은 수의 발명가가 필요하기 때문이다.

많은 개발자가 재사용성을 극대화히기 위해 범용 비즈니스 로직 프레임워크의 개발에 착수했다. 하지만 범용 비즈니스 문제란 사실상 존재하지 않았으므로 대부분 실패로 돌아갔다. 뭔가 특별한 것을 특별한 방법으로 실행하는 것이야말로 어떤 한 비즈니스를 다른 비즈니스와 차별화하는 것 아닌가. 그러므로 프로젝트마다 새로운 비즈니스 로직을 작성할 일이 있는 것이다. 범용적이며 재사용할 수 있다는 관점에서 보면 일종의 룰 엔진(rule engine) 같은 것을 도입하고 싶어지기도 한다. 하지만 결국 룰 엔진을 설정하는 것도 프로그래밍이며, 이 경우 대부분은 자바보다 못한 언어를 사용하게 된다. 왜 그냥 자바로 코드를 쓰지 않을까? 자바로 작성한 코드는 읽기 쉽고, 심지어 자바 프로그래머가 아니어도 쉽게 유지보수할 수 있는 코드를 산출할 수 있다.

종종 자바의 클래스 라이브러리가 조금 제한적이라는 것을 느끼고 날짜나 네트워킹 같은 것을 조금 더 편하게 다룰 수 있는 다른 뭔가를 갈구할 때도 있을 것이다. 그래도 괜찮다. 필요한 라이브러리를 사용하면 된다. 다른 점이라면 독자 여러분이 매일 사용하는 기술 스택의 일부이기 때문에 사용하는 것이 아니라 구체적인 필요 때문에 라이브러리를 사용한다는 점이다.

다음에 문득 작은 프로그램에 대한 아이디어가 떠오른다면, JHipster(https://www.jhipster.tech)가 만들어주는 코드를 찾지 말고 잠들어 있던 자바 클래스 라이브러리에 대한 지식을 깨워 내길 바란다. 유행을 좇지 말자. 이제는 단순함의 시대다. 모트도 이런 삶을 좋아했을 것이라고 확신한다.

확인 테스트

에밀리 배쉬(*Emily Bache*)

다음 코드처럼 빈 값이나 의미 없는 값을 확인하는 테스트 코드를 작성해 본 적이 있는가?

```
assertEquals("", functionCall())
```

보통 functionCall 함수가 문자열을 리턴하는데 이 문자열이 정확히 어떤 값이어야 되는지 모르지만 리턴값을 보면 맞는지 아닌지 알 수 있는 경우에 이런 코드를 작성한다. 물론 functionCall 함수는 빈 문자열이 아닌 어떤 문자열을 리턴할 것이므로 처음 테스트를 실행하면 실패하게 된다(어쩌면 올바른 리턴값을 볼 때까지 몇 번 더 실행해 볼지도 모르겠다). 그런 다음, 리턴값을 복사해서 assertEquals 함수 파라미터로 복사해 넣는다. 이제 테스트를 다시 실행해 보면 통과할 것이다. 이걸로 끝! 필자는 이 방법을 확인 테스트(approval testing)라고 부른다.

여기서 가장 중요한 단계는 일단 출력이 올바른지 확인한 후 이를 기댓값(expected value)으로 사용하는 부분이다. 코드 작성자가 결과를 '확인'했으므로 그 값을 테스트에 사용해도 무방하다. 대부분 독자는 이 방법을 깊이 생각할 겨를 없이 사용하고 있었을 것이다. 어쩌면 이 방법을 스냅숏 테스트(snapshot testing)나 골든 마스터 테스트(golden master testing) 같은 이름으로 알고 있을지도 모르겠다. 필자의 경험상, 이 방법을 지원하도록 디자인된 테스트 프레임워크를 사용하고 있다면 많은 부분을 분명하게 이해할 수 있고 이 방법을 활용하면 훨씬 더 쉽게 테스트할 수 있다.

JUnit 같은 단위 테스트 프레임워크를 사용하면 함수의 리턴 문자열이 변경될 때 테스트를 수정하기가 어려울 수 있다. 결국 소스 코드 여기저기서 변경된 기댓값을 복사해 붙여 넣게 된다. 하지만 확인 테스트 도구를 사용하면 확인한 문자열이 파일에 대신 저장된다.

이 방법은 새로운 가능성을 열어준다. 예를 들면 비교 도구(diff tool)를 열어 변경 사항을 확인한 후 하나씩 머지(merge)하면 된다. JSON 문자열 같은 것을 다룰 때는 문법 강조 (syntax highlighting) 지원도 받을 수 있다. 게다가 각기 다른 클래스에 대한 여러 테스트를 찾아 바꾸기 기능으로 한 번에 수정할 수도 있다.

그러면 확인 테스트는 어떤 경우에 활용할 수 있을까? 다음 예를 살펴보자.

변경해야 할 단위 테스트가 없는 코드

코드가 프로덕션 환경에서 실행 중이면 기본적으로 코드의 모든 동작은 올바르며 확인된 것으로 간주한다. 이런 코드에 대한 테스트를 만들 때 어려운 점은 테스트를 작성하는 작업이 확인해야 할 데이터를 리턴하는 로직의 경계를 찾아 이를 분리하는 문제로 탈바꿈한다는 점이다.

JSON이나 XML을 리턴하는 REST API와 함수

결과 문자열이 길다면 소스 코드 외부에 저장하는 편이 좋다. JSON과 XML은 모두 공백을 이용해 형식화되었으므로 기댓값과 비교하기도 쉽다. 만일 JSON이나 XML에 변화가 큰 값-예를 들면 날짜와 시간-이 담겨 있다면 나머지 값들을 확인하기 전에 이 값들을 별도로 검사해야 한다.

복합 객체를 리턴하는 비즈니스 로직

복합 객체(complex object)를 전달받아 이를 문자열로 출력하는 Printer 클래스를 생각해 보자. 또는 Receipt나 Prescription 또는 Order 클래스도 좋은 예다. 이 데이터는 사람이 읽을 수 있는 여러 줄의 문자열로 표현할 수 있다. Printer 클래스는 객체 그래프를 살펴보고 관련된 상세 내용만 출력하는 식으로 요약 정보만 출력하도록 구현할 수도 있다. 그러면 테스트 코드는 여러 비즈니스 규칙을 테스트하며 Printer 클래스를 이용해 확인할 수 있는 문자열을 만들어 낼 수 있다. 그렇게 하면 코딩 경험이 없는 제품 소유자 (product owner)나 비즈니스 분석가(business analyst)라도 테스트 결과를 읽고 결과의 올바름 여부를 판단할 수 있다.

이미 한 줄 이상의 문자열을 확인하는 테스트를 작성했다면 확인 테스트를 더 알아보고 이를 지원하는 도구를 사용해 보길 권한다.

AsciiDoc으로 자바독 확장하기

제임스 엘리엇(*James Elliott*)

자바 개발자라면 자바독(Javadoc)을 이미 알고 있을 것이다. 자바는 컴파일러와 표준 도구에 문서 생성기(documentation generator)를 직접 통합한 최초의 주류 언어였기에 자바를 오래 사용한 개발자라면 자바독이 얼마나 잘 문서로 변환되는지도 기억할 것이다. 자바독은 (간혹 매끄럽지 않거나 썩 훌륭하진 않지만) 풍부한 API 문서를 생성한다는 점에서 큰 이점이 있으며 이런 트렌드는 다른 많은 언어에도 퍼져 나갔다. 자바독은 제임스 고슬링(James Gosling)의 토론(https://oreil.ly/Y_7rk) 내용처럼 '자바독보다는 좋은 기술 문서 작성자가 훨씬 더 나은 결과물을 만들 수 있었기'에 처음에는 매우 보수적이었지만, 기술 문서 작성자가 문서화하기에는 API의 수가 너무 많아서 보편적으로 사용할 수 있는 도구의 가치가 높아졌다.

그런데 간혹 자바독이 제공하는 API 문서, 즉 패키지와 프로젝트 개요 페이지 이외의 것이 필요하다. 최종 사용자를 위한 가이드나 따라 하기, 아키텍처와 이론에 대한 상세한 배경지식, 여러 컴포넌트가 어떻게 함께 어우러져 기능을 완성하는지에 대한 설명 등, 이 중 어느 것도 자바독만으로 충분히 문서화할 수 없다.

그러면 어떤 도구로 이런 수요를 맞춰 줄 수 있을까? 그 답은 시간이 흐르면서 계속 바뀌어 왔다. 80년대에는 GUI 기반 크로스 플랫폼 기술 문서 도구인 프레임메이커(FrameMaker)가 대세였다. 자바독 역시 매력적인 API 문서를 생성하기 위해 프레임메이커의 MID 독릿(Doclet)을 포함하곤 했지만 이제는 기능이 뒤떨어지는 윈도우(Windows) 버전만 남아 있다. 독북(DocBook) XML은 공개 표준에 기반하며 프레임메이커와 유사한 구조 및 문서 연결 기능을 지원하는 크로스 플랫폼 도구를 제공하지만, XML 형식을 직접 다루는 것은 실용적이지 않았다. 게다가 편집 도구를 계속 실행해야 하는 것도 문제였지만, 그나마 나은 도구조차도 조악하고 집필에 방해가 되는 경우가 많았다.

하지만 마침내 훨씬 나은 대안을 찾았다. 바로 아스키독(AsciiDoc, https://oreil.ly/NYrJI)이다. 아스키독은 독북처럼 작성하기 쉽고 읽기 쉬운 텍스트 형식을 채택해서 간단한 작업은 쉽게 처리할 수 있으면서도 복잡한 작업 또한 가능하다. 대부분 아스키독 구조는 온라인 토론 포럼에서 많이 사용하는 마크다운(MarkDown) 같은 경량(lightweight) 마크업 형식처럼 즉각 읽을 수 있는 구조다. 문서를 더 예쁘게 꾸미고 싶으면 MathML이나 LaTeX 형식을 이용해 복잡한 수식을 포함하거나 텍스트 문단에 연결되며 줄번호까지 첨부된 소스 코드, 여러 종류의 경고 블록(block) 등도 추가할 수 있다.

아스키독은 2002년 파이썬으로 처음 개발되었다. 현재 공식 구현체는 2013년에 출시된 아스키닥터(Asciidoctor, https://oreil.ly/aRRvG)다. 이 도구의 루비(Ruby) 코드는 아스키닥터J(AsciidoctorJ, https://oreil.ly/UT8EP)를 통해 JVM에서도 실행되거나(메이븐(Maven) 또는 그레이들(Gradle) 플러그인이 필요하다) 자바스크립트로 변환(https://oreil.ly/E_6qn)할 수 있으며, 지속적 통합 환경에서 자연스럽게 동작한다. 안토라(Antora, https://antora.org) 같은 도구를 이용하면 (심지어 여러 리포지토리로부터) 관련된 문서를 한데 모은 완전한 사이트도 놀랍도록 쉽게 만들 수 있다. 커뮤니티(https://oreil.ly/PtWwa)도 친절하고 협조적이며 지난 몇 년간 이 도구가 성장하고 발전하는 과정을 지켜 본 경험도 꽤 인상적이었다. 또한, 관심 있는 독자를 위해 예전 아스키독 명세의 표준화 작업이 진행 중이라는 점도 언급하고 싶다(https://oreil.ly/BaXa8).

필자는 다른 사람과 공유하는 프로젝트에 풍부하고 매력적인 문서(https://oreil.ly/H_rSW)를 지원하는 것을 좋아한다. 아스키독 덕분에 훨씬 쉽게 문서화할 수 있었으며 작업 주기를 빠르게 가져갈 수 있었다. 덕분에 문서를 더 완벽하고 보기 좋게 꾸미는 작업이 훨씬 재미있어졌다(https://oreil.ly/7sbtj). 바라건대 독자 여러분도 필자와 같은 재미를 찾길 바란다. 또한 모든 문서를 아스키독으로 작성하기로 했다면 아스키독을 이용해 자바독을 작성할 수 있게 도와주는 독릿(https://oreil.ly/9KgQq)도 살펴보길 바란다.

컨테이너를 제대로 이해하자

데이비드 델라바시(*David Delabassee*)

레거시 자바 애플리케이션을 레거시 자바 가상 머신(JVM, Java Virtual Machine)상에서 있는 그대로 컨테이너화(containerizing)하는 것은 위험하다. 오래된 JVM을 도커 컨테이너에서 실행하면 어처구니없는 일이 일어나기 때문이다.

컨테이너는 사실상 런타임 패키징 메커니즘의 표준이 되어가고 있다. 적정 수준의 격리화, 향상된 자원 활용, 여러 환경으로 애플리케이션을 배포할 수 있는 기능 등 여러 장점을 제공하기 때문이다. 게다가 애플리케이션을 이식할 수 있는 컨테이너 안으로 패키징하므로 애플리케이션 사이의 의존성이나 애플리케이션의 기반 플랫폼에 대한 의존성을 줄여주기도 한다. 이 기술은 레거시 애플리케이션을 현대화(modernize)하는 기법으로도 활용되고 있다. 자바의 경우, 레거시 자바 애플리케이션과 의존성 그리고 애플리케이션이 사용하는 오래된 버전의 JVM까지도 컨테이너에 욱여넣는 경우가 많다.

레거시 자바 애플리케이션 및 관련 환경을 컨테이너화하면 오래된 애플리케이션도 철 지난 인프라스트럭처에서 벗어나 최신 인프라스트럭처에서 실행할 수 있다. 하지만 이 방법의 장점을 취하려다 보면 JVM 어거노믹스(ergonomics)[1]으로 인한 여러 위험 요소와 맞닥뜨리게 된다.

JVM 어거노믹스(https://oreil.ly/h3hTh)는 CPU의 개수와 가용 메모리라는 두 가지 핵심 요소를 기준으로 JVM을 직접 튜닝한다. JVM은 이 두 가지 지표를 이용해 어떤 가비지 컬렉터(garbage collector)를 이용할지, 가비지 컬렉터를 어떻게 설정할지, 힙 메모리 크기는 얼마로 할지, `ForkJoinPool`의 크기는 얼마로 결정할지 등 중요한 매개변수를 결정한다.

---

1 역주: JVM과 가비지 컬렉션이 애플리케이션 성능을 향상하기 위한 목적으로 실행하는 자기 학습 프로세스

JDK 8 업데이트 191(https://oreil.ly/C_1AW)에 추가된 리눅스 도커 컨테이너 지원 덕분에, JVM은 리눅스 croups(https://oreil.ly/nDlwb)을 이용해 자신이 실행 중인 컨테이너에 할당된 리소스에 대한 지표를 측정한다. 하지만 그 이전 버전의 JVM은 자신이 컨테이너 안에서 실행 중이라는 점을 인지하지 못해서 컨테이너가 아닌 호스트 OS의 지표를 측정하려 한다. 게다가 대부분 컨테이너는 호스트의 자원 중 일부만 사용한다는 점을 감안하면, JVM이 잘못된 지표를 사용해 스스로를 튜닝하려고 시도하는 경우도 있다. 그렇게 되면 컨테이너가 가용한 리소스보다 많은 리소스를 소비하게 되어 호스트 OS가 컨테이너를 강제 종료하게 되는 불안정한 상황으로 치닫게 된다.

다음 명령을 실행하면 JVM 어거노믹스가 설정한 JVM 매개변수를 확인할 수 있다.

```
java -XX:+PrintFlagsFinal -version | grep ergonomic
```

JVM은 기본적으로 컨테이너 지원이 활성화되어 있지만 -XX:=UseContainerSupport JVM 플래그를 이용해 비활성화할 수 있다. (CPU와 메모리 같은) 리소스 사용이 제한된 컨테이너 안에서 이 JVM 플래그의 값을 바꿔 보면 JVM이 컨테이너를 지원할 때와 지원하지 않을 때의 차이점을 확인할 수 있다.

레거시 JVM을 도커 컨테이너에서 실행하는 것은 권장할 만한 것은 아니다. 하지만 컨테이너화가 유일한 옵션이라면 적어도 레거시 JVM이 컨테이너에 할당된 자원을 초과해서 사용하지 않도록 하자. 가장 이상적이면서도 명확한 해결책은 기본적으로 컨테이너를 인지할 뿐만 아니라 최신 버전이면서 안전한 런타임을 제공하는 버전의 JVM(예를 들면 JDK 11 또는 그 이후 버전)을 사용하는 것이다.

행위를 구현하는 것은 쉽지만 상태를 관리하는 것은 어렵다

PROPOSAL

에드슨 야나가(*Edson Yanaga*)

필자가 객체지향 프로그래밍을 처음 배울 때 가장 먼저 마주한 개념은 다형성 (polymorphism), 상속(inheritance), 캡슐화(encapsulation)였다. 이 세 가지 개념을 이해하고 코드에 녹여내기 위해 상당한 시간을 소비했다. 하지만 적어도 필자가 보기에는 다형성과 상속은 너무 강조되는 반면 가장 중요한 캡슐화는 상대적으로 주목받지 못했다.

캡슐화를 활용하면 소프트웨어 개발 분야에서 쉽게 찾아볼 수 있는 상태와 복잡도의 증가에 순응할 수 있다. 상태를 내면화해서 다른 컴포넌트로부터 숨기며, 안전하게 디자인된 API로만 상태를 변경할 수 있게 하는 것이 캡슐화의 기본 개념이자 복잡한 정보 시스템을 디자인하고 구현하는 핵심이다.

최소한 자바 세계에서는 제대로 캡슐화된 시스템 구축에 대한 몇 가지 권장 사례가 제대로 전파되지 않고 있다. 별다른 기능을 수행하지 않는 클래스의 자바빈(JavaBean) 속성은 그저 게터(getter)와 세터(setter)에 의해 내부 상태를 외부로 노출하는 것이 일반적이며, 이미 대중화된 자바 엔터프라이즈 아키텍처는 (전부는 아니지만) 거의 모든 비즈니스 로직을 서비스 클래스에 구현하도록 하고 있다. 서비스 클래스도 마찬가지로 게터를 이용해 얻은 내부 정보를 처리해 결과를 얻은 후 다시 세터를 이용해 객체로 그 결과를 되돌려주는 패턴을 사용하고 있다.

버그가 발견되면 개발자는 로그 파일을 살펴보거나 디버거를 이용해서 프로덕션 코드에서 어떤 일이 벌어지고 있는지를 확인하려 한다. 행위(behavior)에 의해 발생한 버그를 특정 짓는 것은 비교적 '쉬운' 편이다. 이런 경우는 자신의 역할을 제대로 하지 않는 코드가 있기 때문이다. 반면 코드는 제대로 동작하는 것 같은데 여전히 버그가 존재하는 경우는 훨씬 복잡하다. 필자의 경험상 가장 해결하기 어려운 버그는 모순된 상태

(inconsistent state)로 인해 발생하는 버그다. 즉, 시스템이 결코 일어나서는 안 되는 상태가 되어 버린 것이다. 널 값이 돼서는 안 되는 속성의 값이 널 값을 갖게 되어 발생하는 `NullPointerException` 예외나 반드시 양수여야 하는데 음수의 값을 갖게 되는 경우 등이 모순된 상태의 예다.

이처럼 시스템이 모순된 상태에 이르는 과정을 찾게 될 확률은 낮은 편이다. 클래스가 제공하는 인터페이스 자체가 너무 가변적(mutable)이고 접근이 쉽다. 그래서 시스템상 어떤 코드도 어디에서든 아무런 방어 장치 없이 상태를 변경시킬 수 있다.

유효성 검사(validation) 프레임워크를 이용해 사용자가 제공하는 입력값은 확인하지만 모든 코드가 '순전히 내부 상태의 값만 변경하는' 세터를 호출할 수 있다. 누군가 데이터베이스에 매핑된 엔티티의 일부 칼럼 값을 변경하기 위해 데이터베이스에서 직접 UPDATE 구문을 실행할 가능성은 굳이 언급할 필요도 없다.

그러면 이 문제를 어떻게 해결할 수 있을까? 불변성(immutability)이 그 해법 중 하나다. 객체가 불변임을 보장할 수 있고 객체를 생성하는 시점에 상태의 무결성을 검사할 수 있다면 시스템은 절대 모순된 상태가 되지 않을 것이다. 하지만 대부분 자바 프레임워크는 불변성을 제대로 다루지 못한다는 점을 고려하면 적어도 가변성을 최소화해야 한다. 올바르게 구현한 팩토리 메서드와 빌더(builder) 패턴을 이용하면 가변 상태를 최소화할 수 있다.

그러므로 세터를 자동으로 생성하지 말자. 대신 세터에 대해 오래 생각해 보자. 코드에 정말 세터가 필요한가? 만일 일부 프레임워크의 요구 사항 때문에 세터를 추가해야 한다면 세터를 사용한 후 내부 상태를 보호하고 검증하기 위한 변질 방지 계층(anti-corruption layer)을 사용하는 것을 고려하자.

JMH로 조금 더 쉽게
벤치마킹해 보자

마이클 헝거(*Michael Hunger*)

JVM에서의 벤치마킹, 특히 마이크로벤치마킹(microbenchmarking)은 어렵다. 그저 메서드 호출이나 루프가 나노초 내에 완료된다고 해서 끝낼 수 있는 것이 아니기 때문이다. 게다가 웜업(warm-up), 핫스폿 컴파일레이션(HotSpot compilation), 인라이닝(Inlining)과 데드코드(dead code) 제거, 멀티스레딩, 측정치의 일관성 같은 코드 최적화도 고려해야 한다.

다행히 훌륭한 JVM 도구를 많이 개발한 알렉세이 쉬필로프(Aleksey Shipilëv)는 Open JDK의 JMH(Java Microbenchmarking Harness, https://oreil.ly/gR0fd)에도 참여하고 있다. 이 도구는 작은 라이브러리와 빌드 시스템 플러그인(plugin)으로 구성되었다. 라이브러리는 자바 클래스와 메서드에 덧붙여 벤치마크를 선언할 수 있는 애노테이션과 유틸리티를 제공한다. 게다가 코드 제거를 방지하기 위해 생성된 값을 소비하는 BlackHole 클래스도 제공한다. 또한 멀티스레딩 환경에서도 상태를 올바르게 관리한다.

빌드 시스템 플러그인은 테스트를 올바르게 실행하고 측정하는 것과 관련한 인프라스트럭처 코드를 포함하는 JAR 파일을 생성한다. 이 파일에는 전용 웜업 단계와 제대로 구현된 멀티스레딩, 여러 포크(fork)의 실행 및 평균치 계산 등 여러 기능을 포함한다.

이 도구의 결과물에는 수집한 데이터의 사용 방법과 제한 사항 등 중요한 정보도 포함한다. 다음 예제는 컬렉션의 크기를 미리 결정했을 때의 영향도를 측정하기 위한 것이다.

```
public class MyBenchmark {
    static final int COUNT = 10000;
    @Benchmark
    public List<Boolean> testFillEmptyList() {
```

```
        List<Boolean> list = new ArrayList<>();
        for (int i=0;i<COUNT;i++) {
            list.add(Boolean.TRUE);
        }
        return list;
    }
    @Benchmark
    public list<Boolean> testFillAllocatedList() {
        List<Boolean> list = new ArrayList<>(COUNT);
        for (int i=0;i<COUNT;i++) {
            list.add(Boolean.TRUE);
        }
        return list;
    }
}
```

프로젝트를 생성하고 실행하려면 다음과 같이 JMII 메이븐 archetype 파라미터를 사
용하면 된다.

```
mvn archetype:generate \
 -DarchetypeGroupId=org.openjdk.jmh \
 -DarchetypeArtifactId=jmh-java-benchmark-archetype \
 -DinteractiveMode=false -DgroupId=com.example \
 -DartifactId=coll-test -Dversion=1.0

cd coll-test

# add com/example/MyBenchmark.java

mvn clean install

java -jar target/benchmarks.jar -w 1 -r 1

...
#JMH version: 1.21
...
# Warmup: 5 iterations, 1 s each
# Measurement: 5 iterations, 1 s each
# Timeout: 10 min per iteration
# Threads: 1 thread, will synchronize iterations
# Benchmark mode: Throughput, ops/time
# Benchmark: com.example.MyBenchmark.testFillEmptyList
...
```

```
Result "com.example.MyBenchmark.testFillEmptyList": 30966.686 ±(99.9%) 2636.125
ops/s [Average]
(min, avg, max) = (18885.422, 30966.686, 35612.643), stdev = 3519.152 CI (99.9%):
[28330.561, 33602.811] (assumes normal distribution)

# Run complete. Total time: 00:01:45
REMEMBER: The numbers below are just data. To gain reusable insights, you need
to follow up on why the numbers are the way they are. Use profilers (see -prof,
-lprof), design factorial experiments, perform baseline and negative tests that
provide experimental control, make sure the benchmarking environment is safe on
JVM/OS/HW level, ask for reviews from the domain experts.
Do not assume the numbers tell you what you want them to tell.
Benchmark                              Mod  Cnt    Score      Error   Units
MyBenchmark.testFillAllocatedList thrpt 25 56786.708 ± 1609.633  ops/s
MyBenchmark.testFillEmptyList     thrpt 25 30966.686 ± 2636.125  ops/s
```

이 결과를 보면 컬렉션의 크기를 미리 지정하면 요소를 추가하는 동안 컬렉션의 크기를 재조정할 필요가 없어 기본 인스턴스보다 2배나 빠르게 동작하는 것을 알 수 있다.

JMH는 올바른 마이크로벤치마크를 작성하기 위한 강력한 도구다. 같은 환경에서 실행하면 결과도 비교할 수 있으므로 벤치마크 결과를 해석하는 주된 방법으로 사용해야 한다. 게다가 안정적이며 반복적인 결과를 제공하므로 프로파일링 목적으로도 사용할 수 있다. 이 도구에 관심이 있다면 알렉세이 쉬필로프의 트위터(https://oreil.ly/5zWU1)로부터 더 많은 정보를 얻길 바란다.

아키텍처의 품질을 체계화하고 검증하는 방법의 장점

다니엘 브라이언트(*Daniel Bryant*)

모두가 합의한 애플리케이션의 아키텍처 품질을 코드화하고 강제하는 가장 중요한 곳은 여러분의 지속적 전달(CD, Continuous Delivery) 빌드 파이프라인이다. 하지만 품질 검증을 자동화했다고 해서 팀이 표준과 품질 수준에 대한 논의를 중단해서는 안 되며, 팀 내 또는 팀 간 의사소통이 줄어들어서도 안 된다. 즉, 빌드 파이프라인 내에서 품질 지표를 확인하고 게시하면, 다른 방법으로는 알아차리기 어려울 수 있는 아키텍처 품질의 점진적인 저하를 방지할 수 있다.

아키텍처를 굳이 테스트해야 하냐는 의문이 든다면 ArchUnit 모티베이션 페이지(motivation page, https://oreil.ly/q1OCY)를 살펴보길 바란다. 이 문서는 낯설지 않은 이야기로 시작한다. 언젠가 한 아키텍트가 시스템을 구성하는 컴포넌트와 각 컴포넌트가 어떻게 상호 작용해야 하는지를 표현하는 아키텍처 다이어그램을 그렸다. 이후 프로젝트가 커지고 용례가 복잡해지면서 새로운 개발자가 입사하고 오래 일하던 개발자가 퇴사했다. 그래도 결국 새로운 기능은 적절하게 구현되어 시스템에 추가되었다. 예전에는 모든 것이 모든 것에 의존하고 있었고 조그만 변경도 다른 컴포넌트에 예상치 못한 영향을 주곤 했다. 많은 독자가 같은 경험이 있었을 것이라고 확신한다.

ArchUnit(https://www.archunit.org)은 JUnit이나 TestNG 같은 자바 단위 테스트 프레임워크를 사용해 자바 코드의 아키텍처를 확인하는 확장 가능한 오픈소스 라이브러리다. ArchUnit은 순환 의존성(cyclic dependency)은 물론 패키지 및 클래스, 계층과 코드 조각 사이의 의존성을 검사한다. 이를 위해 자바 바이트코드를 분석하며, 분석을 위해 모든 클래스를 임포트(import)한다.

ArchUnit을 JUnit4와 함께 사용하려면 메이븐 센트럴에 다음 의존성을 추가해야 한다.

```
<dependency>
    <groupId>com.tngtech.archunit</groupId>
    <artifactId>archunit-junit</artifactId>
    <version>0.5.0</version>
    <scope>test</scope>
</dependency>
```

ArchUnit의 핵심 모듈은 자바 바이트코드를 자바 코드 구조에 임포트하는 인프라스트럭처를 제공한다. 이 과정은 ClassFileImporter 클래스를 이용해 이뤄진다. '서비스 객체는 컨트롤러만 접근할 수 있다'와 같은 아키텍처 규칙은 DSL과 유사한 플루언트(fluent) API를 이용해 정의할 수 있으며, 임포트된 클래스를 대상으로 이 규칙을 평가하게 된다.

```
import static com.tngtech.archunit.lang.syntax.ArchRuleDefinition;
// ...
@Test
public void Services_should_only_be_accessed_by_Controllers() {
    JavaClasses classes =
        new ClassFileImporter().importPackages("com.mycompany.myapp");
    ArchRule myRule = ArchRuleDefinition.classes()
        .that()
        .resideInAPackage("..service..")
        .should()
        .onlyBeAccessed()
        .byAnyPackage("..controller..", "..service..");
    myRule.check(classes);
}
```

이 예제를 다음과 같이 확장하면 계층 기반의 접근 규칙을 강제할 수도 있다.

```
@ArchTest
public static final ArchRule layer_dependencies_are_respected =
layeredArchitecture()
.layer("Controllers").definedBy("com.tngtech.archunit.eg.controller..")
.layer("Services").definedBy("com.tngtech.archunit.eg.service..")
.layer("Persistence").definedBy("com.tngtech.archunit.eg.persistence..")
.whereLayer("Controllers").mayNotBeAccessedByAnyLayer()
.whereLayer("Services").mayOnlyBeAccessedByLayers("Controllers")
.whereLayer("Persistence").mayOnlyBeAccessedByLayers("Services");
```

또한 클래스 이름의 접두어 같은 이름 규칙이 제대로 지켜졌는지, 올바른 이름의 클래스가 적절한 패키지에 선언되었는지 등도 확인할 수 있다. 이 라이브러리의 사용법을 확인하고 싶다면 깃허브에 업로드된 ArchUnit 예제 저장소(https://oreil.ly/Xv8CI)를 살펴보길 바란다.

숙련된 개발자나 아키텍트가 일주일에 한 번 정도 코드를 들여다보면서 위반 사항을 점검하고 수정하도록 해서 여기서 언급한 아키텍처 이슈를 탐지하고 해결해도 된다. 하지만 사람은 행동의 일관성을 보장하기가 어려우며, 프로젝트에 어쩔 수 없는 이유로 시간에 대한 압박이 발생하면 결국 사람이 하던 일이 제일 먼저 내팽개치게 되기 마련이다.

조금 더 현실적인 방법은 ArchUnit이나 다른 도구를 이용해 합의된 아키텍처 가이드라인과 규칙을 체계화하고 지속적 통합 빌드에 포함하는 것이다. 그러면 이슈가 발생해도 엔지니어가 빠르게 확인하고 수정할 수 있다.

문제와 업무를
더 작은 단위로 나누기

진 보야르스키(*Jeanne Boyarsky*)

여러분은 아직 프로그래밍을 배우고 있다. 그러다 작은 과제를 받았다. 1천 줄이 채 안 되는 코드를 작성하고 테스트했다. 그런 후 프린트 문을 추가하거나 디버거를 사용한다. 어쩌면 커피도 한 잔 마셨을 테다. 그런 후에야 생각하던 것들을 모두 짜 맞췄다.

익숙한 광경인가? 이건 그저 쉬운 문제일 뿐이다. 직장에서의 업무와 시스템은 이보다 훨씬 크다. 큰 문제는 해결하는 데 더 오래 걸린다. 더 안 좋은 점은 여러분의 뇌에 기억해야 할 것이 너무 많다는 점이다.

이 문제를 해결하는 좋은 방법은 문제를 더 작은 조각으로 나누는 것이다. 더 작게 나눌수록 더 좋다. 일단 작은 문제를 하나 해결하면 더는 그 문제를 고민할 필요 없이 다른 문제로 넘어가면 된다. 문제를 잘 분할하면 그다음에는 작게 나눈 문제를 확인할 자동화된 테스트를 작성하게 된다. 또한 커밋도 더 자주 하게 된다. 커밋을 자주 하면 뭔가 원하는 대로 동작하지 않을 때 롤백할 수 있는 지점이 생긴다.

언젠가 팀 동료가 돌파구를 찾지 못하던 때를 기억한다. 필자는 그에게 마지막으로 커밋한 시점이 언제냐고 물었다. 사태를 해결할 가장 쉬운 방법은 롤백 후 변경을 다시 적용하는 것이기 때문이었다. 하지만 동료의 대답은 '일주일 전'이었다. 그런 상황에서 이제 동료의 문제는 2개가 됐다. 원래 해결하려고 했던 문제와 자신이 일주일이나 진행한 작업의 디버깅을 필자가 도와줄 수 없다는 문제였다.

이런 상황을 경험한 후, 필자는 팀 전체에게 업무를 작은 조각으로 나누는 방법을 설명했다. 그런데 시니어급 개발자가 자신의 업무는 '특별'해서 더 작게 나눌 수 없다는 소리를 했다. 업무와 관련해서 특별하다는 말을 들으면 곧바로 의심해야 한다.

필자는 곧바로 두 번째 회의를 준비했다. 이 회의에는 모두가 그 '특별'한 업무의 예시를 가져와야 했고 필자가 그 업무를 나누는 것을 도왔다. 첫 번째 예시는 개발에 2주나 걸린 화면이었다. 필자는 이 업무를 다음과 같이 분리했다.

- 올바른 URL에 '안녕하세요'만 출력하는 화면을 만든다. 필드도 없고 그냥 무조건 안녕하세요만 출력한다.
- 데이터베이스에서 가져온 목록을 출력하는 기능을 구현한다.
- 텍스트를 입력할 수 있는 필드를 추가한다.
- 드롭다운 필드를 추가한다.
- 〈그 외에 구구절절한 작은 업무들〉

어떻게 됐을까? 업무를 작게 나누니 커밋도 할 수 있게 됐다. 즉, 커밋이 하루에도 몇 번씩 일어났다는 뜻이다.

그러고 나니 누군가 화면 구현은 이렇게 나눌 수 있지만 파일 처리는 '특별'하다고 토로했다. '특별'한 건 어떻게 해야 한다고? 나눠버리면 된다.

- 파일에서 한 줄을 읽는다.
- 데이터베이스 호출 및 첫 번째 필드를 검증한다.
- 두 번째 필드를 검증한 후 비즈니스 로직을 이용해 변환한다.
- 〈남은 필드도 똑같이 검증하고 변환한다〉
- 모든 필드에 첫 번째 비즈니스 로직 규칙을 적용한다.
- 〈남은 규칙을 모두 적용한다〉
- 큐에 메시지를 추가한다.

자, 특별한 업무 따위는 없었다. 만일 본인이 맡은 업무가 특별하다고 생각된다면 한 발짝 물러나 왜 그런지 생각해 보자. 분명히 상당 부분에 이 기법을 적용할 수 있을 것이다.

마지막으로 한 개발자가 자기는 코드를 커밋하려면 일주일 이상이 필요하다고 했다. 결국 그 업무는 필자에게 다시 할당됐다. 필자는 요점을 간추리기 위해 몇 개의 커밋을 더 했다. 세어 보니 이틀 만에 22개의 커밋을 하면서 업무를 완료할 수 있었다. 그 개발자가 좀 더 자주 커밋했더라면 이 일은 더 빨리 해결됐을 것이다.

09

PROPOSAL

다양성을 인정하는 팀 만들기

익셀 루이즈(*Ixchel Ruiz*)

수년 전만 해도 훌륭한 의사는 모든 것을 알고 행했다. 골절된 부위를 접합하고 수술을 진행하고 혈액을 채취하기도 했다. 훌륭한 의사는 독립적이며 스스로 문제를 해결할 수 있었고 그런 자율성은 대단히 높은 가치로 평가받았다.

시간을 거슬러 현재를 돌아보자. 요즘은 지식이 넘쳐나 개인을 능가하고 더 전문화되고 있다. 처음부터 끝까지 적절한 해결책을 제시하려면 수많은 전문가가 함께해야 하며 여러 팀이 서로 협업해야 한다.

이는 소프트웨어 개발 분야도 마찬가지다.

협업은 이제 '훌륭한' 전문가를 구분하는 가치 있는 자질 중 하나가 됐다. 과거에는 독립적이며 자기 주도적이면 충분히 '훌륭하다'고 할 수 있었다. 현대의 우리는 모두가 피트 크루(pit crew)[1], 즉 팀의 구성원이다.

이제 문제는 다양성을 인정하면서도 성공적으로 기능하는 팀을 만드는 방법이다.

몸담아 온 업계, 태어난 나라, 지금까지 쌓은 경험, 성별 등 네 가지 다양성은 혁신과 긍정적인 관계가 있다. 팀 구성원의 동질성이 강하면, 학력과는 무관하게 비슷한 관점을 갖게 된다. 예를 들면 여성은 혁신에 방해가 된다느니 하는 관점 말이다.

그렇다면 다양성의 영향은 어느 정도일까? 성별이 다양한 관리 조직을 관찰한 결과 혁신을 통해 8%의 매출 상승이 있었음이 밝혀졌다.

---

1 역주: 레이싱 경기에서 차량이 점검을 위해 피트로 들어오면 순식간에 몰려들어 차량을 손보는 메카닉을 이르는 말. 이들에게 짝 맞춘 듯한 협업은 생명이나 다름없다.

그룹 구성원 간 차이점은 더 나은 통찰을 얻을 기회이기도 하다. 서로 다른 배경과 경험, 아이디어는 정보와 기술, 네트워크의 폭을 넓힌다. 시각이 다양할수록 합의에 이르기 위한 토론은 더 생산적이다. 아이디어를 교환하는 환경이 긍정적이면 독창적인 해결 방법이 자연스럽게 나타난다.

하지만 그룹의 다양성을 확보하기란 쉽지 않다. 서로 다른 그룹이 효율적으로 의사소통하지 않거나 파벌을 만들어 서로 나뉘면 충돌이 발생한다. 사람은 누구나 자신과 비슷한 사람과 협업하는 것을 선호한다. 강하게 결집한 그룹은 자신만의 언어와 문화를 창조하며 외부인은 신뢰하지 않는다. 특히 디지털 커뮤니케이션은 갖가지 작은 사건이 발생할 수 있는 위험과 더불어 거리상의 이유로 소프트웨어 팀이 '우리 팀과 나머지'로 선을 긋고 불완전한 정보에 의존하게 되는 경향이 있다.

그렇다면 어떻게 하면 다양성의 긍정적인 영향을 취하면서 부정적인 영향은 최소화할 수 있을까?

협업의 핵심은 팀 내 심리적 안정성과 신뢰를 쌓는 것이다.

주변에 믿을 만한 사람뿐이라면 그 사람이 설령 우리와 다르다고 해도 자신감을 가지고 위험에 도전할 수 있다. 서로 신뢰한다면 다른 사람에게서 현재 수행 중인 과제를 해결하는 데 도움이 될 정보나 아이디어를 기대할 수도 있다. 따라서 협업의 기회가 만들어진다. 피드백을 통해 어려운 상황에서 벗어날 수도 있다.

심리적으로 안정된 팀에서는 사람들이 커뮤니케이션은 그 비용보다 장점이 더 크다고 생각하는 경향이 있다. 참여를 통해 변화에 대한 저항이 줄어들고, 사람들이 더 자주 참여할수록 더 참신한 아이디어가 떠오른다.

소프트웨어 개발에 있어 개인의 성향도 무시할 수 없다. 개인의 성향은 다른 성향의 사람을 신뢰할 수 있는 환경을 만드는 것만큼이나 중요하다. 새로 등장하는 라이브러리, 프레임워크, 도구를 하나하나 테스트하고 싶은 동료, 새로 출시되어 아직 무르익지 않은 기술을 어떻게 활용할 것인지에만 몰두하는 동료, 그러다 가끔은 놀라운 결과물을 들고 나타나는 동료를 한 번쯤 만나본 적이 있을 것이다. 새로운 프로세스, 코딩 스타일, 커밋 메시지 형식을 정립하길 좋아하고 적절한 절차를 따르지 않으면 한 번 더 설명해 주는 사람도 있다. 함께 일하는 팀원 중에는 약속은 보수적으로 하면서 기대를 웃도는 결과물을 내놓는 사람도 있고, 의존성 갱신, 패치 설치, 보안 위험 등 뭐든지 잘못될 수 있다고 생각하는 사람도 있다. 모두의 다양성을 존중하고 너무 심하게 몰아붙이진 말자.

팀의 다양성은 배경과 성향 등 두 가지 측면에서 늘일 수 있다. 팀 내의 관계가 좋고 계속해서 서로 간에 신뢰를 쌓아갈 수 있다면 프로그래머로서 크게 성공하게 될 것이다.

빌드는 느려서도 안 되고
불안정해서도 안 된다

젠 스트레이터(*Jenn Strater*)

필자는 예전에 기반 코드와 개발팀의 크기가 매일 커져만 가는 초기 단계의 스타트업에서 일한 적 있다. 계속해서 테스트를 추가하면서 빌드 속도는 점점 더 느려졌다. 대략 8분 정도 걸렸는데, 그것을 기억하는 이유는 그때 즈음에 빌드가 느려지고 있음을 눈치챘기 때문이다. 그 이후 빌드 시간이 거의 2배 가까이 증가했다. 처음에는 그럭저럭 괜찮았다. 빌드를 시작하고 커피를 한 잔 집어 든 다음 다른 팀 동료들과 수다를 떨다 보면 빌드가 완료되곤 했다. 하지만 몇 달이 더 지나자 슬슬 짜증이 나기 시작했다. 이제 커피도 마실 만큼 마셨고 다른 사람이 뭘 하는지도 충분히 알게 될 즈음, 차라리 빌드가 완료될 때까지 트위터를 확인하거나 다른 개발자를 돕곤 했다. 그러다 보니 내 업무로 돌아올 때마다 콘텍스트 스위치(context switch)[1]를 하게 되었다.

게다가 빌드는 불안정하기까지 했다. 소프트웨어 프로젝트에서 흔히 일어나는 일이지만, 우리에게도 불안정한 테스트(flaky test)[2]가 몇 개 있었다. 처음에는 그냥 실패하는 테스트를 (예를 들면 @Ignore 애노테이션을 추가해서) 꺼버렸다. 그런데 마침내 로컬에서 테스트를 실행하는 것보다 변경 사항을 푸시(push)하고 지속적 통합(CI, Continuous Integration) 서버에서 테스트를 실행하는 것이 차라리 편한 시점이 되어 버렸다. 이 방법을 도입하면서 문제가 있던 테스트를, 코드를 작성하는 시점이 아니라 빌드하는 시점에 진행하게 된다는 것이 문제가 되기 시작했다. CI 서버상에서 테스트가 실패하면 디버깅에 더 오랜 시간이 걸렸다. 게다가 처음에는 통과했던 불안정한 테스트가 머지(merge) 후에 실패하게

---

1 역주: 복수의 일을 병행하면서 그때그때 집중하는 업무가 바뀌는 현상. 적어도 역자가 알기로 모든 개발자가 이 현상을 기피한다.
2 역주: 아무 이유 없이 간헐적으로 실패하는 테스트. 역자도 현재 이 문제로 골머리를 썩고 있다.

되면, 그 원인을 파악하고 테스트가 적절한 원인 때문에 실패한 것인지 결정하기까지 전체 팀 활동이 정지되는 것도 문제였다.

이 상황에 짜증이 난 필자는 문제가 되는 테스트를 수정하려고 했다. 그중 한 테스트가 유독 마음에 걸렸다. 이 테스트는 전체 테스트를 한 번에 실행할 때만 실패했으므로, 코드를 변경할 때마다 최소 15분은 기다려야 결과를 볼 수 있었다. 15분은 테스트 결과를 받아보기에는 지나치게 긴 시간이며, 실패의 원인과 관련된 정보가 없다는 것은 이 버그를 추적하느라 며칠씩 허비해야 했음을 의미한다.

게다가 이 문제는 필자가 일하던 회사에만 국한된 문제는 아니다. 직장을 자주 바꾼 덕분에 수많은 다른 팀이 일하는 방법을 직접 경험할 수 있었다. 새로운 회사에서 정확히 같은 문제를 직접 해결하려고 하기 전까지는 그저 그러려니 했다.

데이터를 기반으로 개발자 경험을 향상하려는 절차와 철학인 개발자 생산성 엔지니어링(Developer Productivity Engineering)을 따르는 팀은 느리고 불안정한 빌드를 향상할 수 있는 능력이 있다. 이런 팀에서 일하면 더 만족감을 느끼며 높은 생산성을 발휘해 비즈니스의 만족감도 높다.

어떤 빌드 도구를 사용하든, 개발자 생산성을 책임지는 사람은 빌드 성능을 효율적으로 측정하고 성능이 떨어지는 원인을 추적하며 로컬 및 CI 빌드의 회귀 테스트를 실행한다. 이 역할을 하는 사람은 빌드 결과를 분석해 빌드 과정에서 병목을 일으키는 원인을 찾는다. 그리고 뭔가 잘못되면 보고서(예를 들면 그레이들 빌드 스캔 결과)를 팀원과 공유하고 실패한 빌드와 성공한 빌드를 비교해 설령 자신의 머신에서 해당 이슈를 재현하지 못하더라도 정확한 원인을 찾아낸다.

또한 개발자 생산성 담당자는 이렇게 축적된 데이터 기반으로 빌드 프로세스를 최적화하고 개발자의 부담을 줄여준다. 사실 이 업무는 끝이 없으므로 개발자 생산성을 유지하는 일은 계속 반복된다. 물론 쉬운 일은 아니지만 이 일을 하는 팀은 필자가 설명한 문제의 발생을 미연에 방지할 수 있다.

아니, 내 머신에서는
잘 실행됐다니까!

벤자민 무쉬코(*Benjamin Muschko*)

새로운 팀에 합류하거나 새 프로젝트에 참여해 개발자 머신에서 소스 코드를 빌드하는 데 필요한 인프라스트럭처를 자신만의 방법으로 구축해 보려고 시도해 본 적 있는가? 그렇다면 여러분은 결코 혼자가 아니며 다음과 같은 사항을 고민해 봤을 것이다.

- 코드를 컴파일하려면 어떤 JDK 배포판과 버전을 사용해야 하지?
- 나는 리눅스를 사용하는데 다른 사람은 윈도우를 사용하면 어떡하지?
- 어떤 IDE를 사용하며 나는 어떤 버전이 필요하지?
- 개발자 워크플로를 제대로 따라가려면 어떤 버전의 메이븐이나 다른 빌드 도구를 설치해야 하지?

누군가에게 이런 질문을 했을 때 돌아오는 답이 "잠깐만, 내 머신에 어떤 도구가 설치되었는지 확인해 볼게."와 같은 것은 아니었길 바란다. 모든 프로젝트는 코드의 컴파일과 테스트, 실행 및 패키징에 필요한 기술적인 요구 사항과 호환되는 도구를 명확히 정의해야 한다. 운이 좋다면 이런 요구 사항이 문서나 위키(wiki)에 작성되었을 것이다. 물론 문서라는 것이 제대로 관리가 안 되기 십상이고 항상 최신 상태로 유지하려면 엄청난 노력이 필요하긴 하다.

이 문제를 해결하는 더 나은 방법이 있다. 코드로서의 인프라스트럭처(infrastructure as code) 개념에 따르면, 도구를 제공하는 사람이나 조직은 사람의 개입 없이 표준화된 버전의 빌드 도구 런타임을 프로비저닝(provisioning)할 수 있는 솔루션인 래퍼(wrapper)를 제공한다. 래퍼는 런타임을 다운로드하고 설치하기 위한 과정을 감싼 것이다. 자바의 경우라면 그레이들 래퍼(https://oreil.ly/CmZP1)나 메이븐 래퍼(https://oreil.ly/xu50T)를 사용하면 된다. 구글의 오픈소스 빌드 도구인 바젤(Bazel)도 실행 메커니즘(https://oreil.ly/OY7R7)을 제공한다.

메이븐 래퍼가 실제로 어떻게 동작하는지 살펴보자. 래퍼 파일을 생성하려면 사용 중인 머신에 메이븐 런타임을 미리 설치해야 한다. 래퍼 파일은 프로젝트의 모든 개발자가 사전에 정의한 버전의 메이븐 런타임을 이용해 프로젝트를 빌드하는 데 필요한 스크립트, 설정, 절차를 표현하는 파일이다. 그러므로 이 파일은 SCM에 프로젝트 소스 코드와 함께 보관해야 한다.

다음 명령은 타카리(Takari) 메이븐 플러그인(https://oreil.ly/sI2pO)이 제공하는 래퍼 골(goal)을 실행한다.

mvn -N io.takari:maven:0.7.6:wrapper

다음 디렉터리 구조는 래퍼 파일이 확장한 보편적인 메이븐 프로젝트의 구조이며, 래퍼 파일이 생성한 파일은 굵게 표시되어 있다.

래퍼 파일이 있으면 어떤 머신에서도 mvnw 스크립트에 원하는 골(goal)을 지정해서 손쉽게 프로젝트를 빌드할 수 있다. 이 스크립트는 maven-wrapper.properties 파일에 미리 정의해 둔 메이븐 런타임이 설치되어 있는지를 자동으로 확인한다. 물론 설치 과정은 시스템에 해당 런타임이 설치되지 않은 경우에만 시작된다.

다음 명령은 리눅스, 유닉스 또는 맥OS 시스템에서 clean 골과 install 골을 함께 실행한다.

```
./mvnw clean install
```

윈도우에서는 .cmd 확장자를 갖는 배치 파일을 다음과 같이 실행하면 된다.

```
mvnw.cmd clean install
```

IDE나 CI/CD 파이프라인에서 원하는 작업을 실행하는 것은 어떨까? 다른 실행 환경도 래퍼 파일에 정의된 것과 같은 런타임 설정을 사용한다는 점을 확인할 수 있을 것이다. 그러므로 래퍼 스크립트를 이용해서 빌드를 시작하도록 구성하기만 하면 된다.

"내 머신에서는 잘 실행됐다니까!"라고 외치던 시절은 지났다. 한 번에 표준화하고 어디서든 실행하자. 모든 JVM 프로젝트에 래퍼 개념을 도입해서 빌드의 재현성(reproducibility)과 유지보수성(maintainability)을 확보하자.

12

PROPOSAL

비대한 JAR은 이제 그만

다니엘 브라이언트(*Daniel Bryant*)

애플리케이션을 하나의 거대한 JAR(fat JAR) 파일을 사용하지 않고 다른 형태로 패키징해서 실행하는 것은 현대의 자바 웹 개발 환경에서는 금기시되고 있다. 하지만 프로젝트를 빌드하고 그 결과 파일을 배포하는 방법에도 단점은 있다. 그중 한 가지 확실한 문제는 주로 JAR 파일의 크기가 스토리지 공간과 네트워크 대역폭보다 커지는 것이다. 게다가 일체형(monolithic) 빌드 절차는 시간도 오래 걸릴뿐더러, 개발자가 빌드를 기다리는 동안 다른 업무로 콘텍스트 스위칭하게 되기도 한다. 의존성을 공유하지 않는다는 점도 로깅 같은 유틸리티를 제각각 사용하는 문제나 여러 서비스 간 통합이나 직렬화(serialization)가 어려워지는 문제의 원인이 된다.

자바 애플리케이션을 하나의 커다란 JAR 파일에 담아 배포하는 방법은 마이크로서비스 아키텍처, 데브옵스(DevOps) 그리고 공개 클라우드나 컨테이너, 오케스트레이션 플랫폼 같은 클라우드-네이티브 기법의 등장과 더불어 점점 더 보편화되고 있다. 애플리케이션을 독립적으로 실행하고 관리할 수 있는 여러 개의 작은 서비스로 나누게 되면서, 운영 측면에서 모든 애플리케이션 코드를 하나의 실행 가능한 바이너리로 묶는 것이 타당해 보였기 때문이다. 하나의 애플리케이션 파일은 추적이 용이하며, 독립적으로 실행이 가능하므로 추가적인 애플리케이션 서버를 실행할 필요도 없다. 하지만 일부 조직은 이런 방법에서 벗어나 '날씬한 JAR' 파일을 만들기 시작했다.

헙스팟(HubSpot) 엔지니어링 팀은 'JAR 파일의 실수: 우리가 거대한 JAR 파일을 더는 만들지 않는 이유'라는 블로그 포스트(https://oreil.ly/WqX2D)에서 앞서 나열한 문제점이 자신들의 개발 수명주기에 어떤 영향을 미쳤는지 설명했다. 결국 그들은 슬림패스트(SlimFast, https://oreil.ly/3Kf5Y)라는 새로운 메이븐 플러그인을 만들었다. 이 플러그인은 대부분 자바 개발자가 이미 익숙하게 사용하는 메이븐 셰이드(Shade) 플러그인과는 달랐다. 슬림패스트는 애플리케이션 코드를 관련된 의존성으로부터 분리해서 두 개의 결과 파일을 빌드하고 업로드한다. 애플리케이션의 의존성을 별개로 빌드해서 업로드한다는 것이 비효율적으로 들릴 수도 있겠지만 이 과정은 의존성에 변경이 있는 경우에만 실행된다. 애플리케이션의 의존성이 변경되는 경우는 대부분 드물기 때문에 이 과정이 실행되는 경우 역시 드물다. 따라서 의존성을 패키징한 JAR 파일이 원격 스토리지로 업로드되는 경우는 겨우 몇 번뿐이다.

슬림패스트는 메이븐 JAR 플러그인을 이용해 날씬한 JAR 파일에 의존성 JAR 파일을 가리키는 클래스 경로 매니페스트(manifest)를 추가한다. 그리고 나중에 다운로드할 수 있도록 S3에 업로드한 모든 의존성 결과 파일에 대한 정보를 담은 JSON 파일을 생성한다. 애플리게이션의 모든 의존성은 빌드 시점에 다운로드되지만 각 애플리케이션 서버에 캐시되므로 이 다운로드 과정 역시 빈번하게 실행되지 않는다. 그 결과 빌드 시점에는 애플리케이션의 날씬한 JAR 파일만 원격 스토리지에 업로드된다. 대부분 이 파일의 크기는 수백 킬로바이트 정도다. 배포 시점에도 마찬가지로 대상 배포 환경에 날씬한 JAR 파일만 다운로드하면 되는 경우가 대부분이므로 불과 몇 초 만에 배포가 완료된다.

데브옵스가 출현하게 된 배경 중 하나는 개발팀과 운영팀 등이 공통의 목표를 위해 협업해야 한다는 사실이다. 최종 사용자에게 지속해서 새로운 기능을 배포하려는 목표를 달성하려면 적절한 배포 결과물 형식을 선택하는 것이 중요하다. 그리고 개발자의 경험과 배포에 사용되는 리소스를 관리할 수 있는 능력에 관련된 요구 사항을 이해하기 위해 모두가 협업해야 한다.

슬림패스트 플러그인은 현재 빌드 결과물의 저장소로 AWS S3를 사용하지만 코드는 깃허브(GitHub)에 공개되어 있으며, 기본 원리는 어떤 종류의 외부 스토리지에도 적용할 수 있다.

코드 복원전문가

에이브라함 마린-페레즈(*Abraham Marin-Perez*)

> 우리가 100년 전에 만들어진 물건을 복원하는 사람을 위해 일하고 있다는 점을 명심해. 이
> 사람이야말로 우리가 닮고 싶은 사람이야.

이 문구는 도나 타트(Donna Tartt)의 소설 《황금방울새》의 의 등장인물인 호비(Hobie)의 대사다. 호비는 오래된 가구를 복원하는 사람이다. 필자가 이 문구를 특별히 애정하는 이유는 필자가 항상 코드에 대해 생각하던 것을 아름답게 표현하고 있기 때문이다. 최고의 코드는 나중에 그 코드를 보게 될 프로그래머를 생각하며 작성한 코드다.

필자가 보기에 현재 소프트웨어 방법론은 너무 서둘러서 생기는 문제로 고통받고 있다. 우거진 정글의 나무처럼 경쟁자보다 커지는 것에만 목표를 둔다. 정글의 나무는 빛을 더 받기 위해 경쟁하느라 과도하게 성장해서, 길고 가늘게 자라며 작은 현상에도 예민해진다. 그래서 바람이 강하게 불거나 가벼운 재해에도 무너지게 된다. 물론 단기 목표를 무시하라는 말은 아니다. 사실 단기 목표에 집중하길 권한다. 다만 장기 안정성을 담보로 하지 말라는 뜻이다.

오늘날 소프트웨어 산업은 이 나무 같다. 많은 '모던(modern)' 팀이 그저 다음 주나 다음 달에만 집중하고 있다. 기업은 그저 또 하루, 다음 전력질주, 그다음 주기를 살아가기에 급급하다. 더 안타까운 점은 누구도 이런 현상에 대해 우려하지 않는 것 같다는 점이다. 개발자는 언제나 다른 직업을 구할 수 있고 매니저도 마찬가지다. 기업가는 새로 창업하고 회사가 가치를 잃기 전에 현금을 만들 수도 있다. 이런 기업에 초기에 투자를 진행하는 VC도 마찬가지 방법으로 돈을 번다. 엄청나게 성장하는 것처럼 보인 것이 암 덩어리였을 뿐이라는 사실을 사람들이 깨닫기 전에 투자금을 회수(exit)하고 내빼는 것이 성공이라고 생각하는 경우가 너무 많다.

하지만 한편으로 생각해 보면 그렇게 나쁜 일도 아니다. 어떤 가구 조각은 수백 년이 지나도 유지되고 어떤 가구 조각은 10년이 채 지나지 않아 부서진다. 소더비(Sotheby's)[1]가 내놓은 중국산 장식장을 수백만 원에 구입해도 되지만 그 돈이면 이케아(IKEA)에서 집 전체를 꾸밀 가구를 살 수도 있다. 어쩌면 우리가 만든, 모든 것이 일시적이고 단기적인 이 새로운 경제를 조금 더 이해할 필요가 있을지도 모른다. 우리 모두 자산(asset)이 영원할 거라 기대하진 않지만 그래도 충분히 오래갈 것이라고 기대한다. 마찬가지로 이익이 되는지 테스트하는 기간만 버텨내는 물건을 만들어 내는 것도 우리의 역할은 아닐 것이다.

그래서 필자는 그 중간이 있다고 믿는다. 그 중간 역할을 할 코드 복원전문가가 나타나기 시작했다. 처음부터 영원히 지속될 것을 만들려면 비용이 크게 증가하므로 그럴 가치가 없지만 반대로 단기 이익만을 생각하고 코드를 만들면 결국 그 자체의 무게를 견디지 못하고 무너질 것이다. 그렇기에 '(모두가 바라지만 거의 항상 실패하는) 같은 것을 더 나은 방법으로 다시 만드는' 일이 아니라 기존 코드를 천천히 다듬어 다시 관리할 수 있는 상태로 재창조하는 코드 복원전문가가 필요하다. 여기에 테스트를 조금 더 추가하고, 말도 안 되는 클래스를 잘게 나누고, 사용하지 않는 기능은 과감히 제거해서 더 나아진 코드를 다시 내놓는 그런 사람이 필요하다.

프로그래머로서 우리는 어떤 종류의 소프트웨어를 만들고 싶은지 결정해야 한다. 한동안은 이익에 집중해서 뭔가를 만들지만 어느 시점에서는 내구성, 코드를 조심스럽게 재구성하는 것, 이익, 다 갖다버리고 새롭게 시작하는 것 사이에서 선택해야 하는 때가 온다. 결국은 이익이 바탕이 되겠지만 돈보다 중요한 것도 있다는 점을 기억하자.

---

1 역주: 영국의 유명한 골동품 경매업자

14

PROPOSAL

JVM의 동시성

마리오 푸스코(*Mario Fusco*)

애초에 JVM에서 가능한 동시성 모델은 원시 스레드(raw thread)뿐이었으며 여전히 자바에서 병렬과 동시성 프로그램을 작성하기 위한 기본 옵션이다. 하지만 25년 전 자바를 디자인할 때의 하드웨어는 현저히 달랐다. 병렬 애플리케이션 실행에 대한 수요는 매우 낮았으며 멀티코어(multi-core) 프로세서가 부족했기에 동시성의 장점은 크지 않았다. 즉, 태스크(task)를 서로 분리할 수는 있었지만 그렇다고 동시에 실행되지 않았다.

요즘은 병렬화의 가용성과 기대로 인해 명시적 멀티스레딩(multithreading)의 한계가 더 명확해졌다. 스레드와 록(lock)은 너무 저수준이다. 즉, 제대로 사용하기가 어렵다. 자바 메모리 모델(Java Memory Model)을 이해하는 것은 그보다 더 어렵다. 공유할 수 있는 가변 상태를 이용해 통신하는 스레드는 대규모 병렬성에는 어울리지 않으며 메모리 접근이 제대로 동기화되지 않으면 어떤 결과가 나올지 알 수 없다. 게다가 록을 제대로 사용하더라도 록의 목적은 병렬로 실행 중인 스레드로 제한되므로 애플리케이션의 병렬성을 오히려 감소시킨다.

자바는 분산 메모리를 지원하지 않으므로 멀티스레드 프로그램을 여러 머신에 수평적으로 확장하는 것이 불가능하다. 또한 멀티스레드 프로그램을 작성하는 것이 어렵다면 이를 테스트하는 것은 거의 불가능에 가깝다. 게다가 유지보수를 터무니없이 어렵게 만드는 경우도 다반사다.

공유 메모리 제한을 극복하는 가장 간단한 방법은 록 대신 분산 큐(distributed queue)를 이용해 스레드를 조율하는 것이다. 즉, 공유 메모리 대신 메시지를 전달하는 방법이며 디커플링(decoupling)도 향상된다. 큐는 양방향 통신에 적합하지만 지연 응답(latency)이 발생할 수 있다.

아카(Akka)는 또 다른 JVM 언어인 얼랭(Erlang)에서 보편화되었으며 특히 스칼라(Scala) 프로그래머에게 더 친숙한 액터 모델(actor model)을 구현한다. 각각의 액터는 자신의 상태를 조작하는 객체다. 동시성은 액터 간의 메시지 흐름으로 구현하므로 큐를 더 구조적인 방법으로 사용하는 것처럼 보인다. 액터는 계층 구조로 체계화할 수 있으며 수퍼비전(supervision)을 이용한 장애 허용(fault tolerance) 및 복구 기능을 내장하고 있다. 액터에는 몇 가지 단점도 존재한다. 우선 자바가 패턴 매칭(pattern matching)을 지원하지 않으므로 타입이 명확하지 않은 메시지를 처리하기가 수월치 않다. 또한 메시지의 불변성(immutability)이 필요하지만 현재 자바에서는 이를 강제할 수 없다. 때때로 메시지의 결합(composition)이 어려울 수도 있으며 액터 간에 데드록(deadlock)이 발생할 확률도 여전히 존재한다.

클로저(Clojure)는 내장된 소프트웨어 트랜잭션 메모리를 이용해 JVM 힙 메모리를 트랜잭션을 지원하는 데이터셋으로 바꾸는 방법을 채택하고 있다. 보통의 데이터베이스처럼 데이터는 (낙관적(optimistic)) 트랜잭션 내에서 변경된다. 만일 어떤 이유로 충돌이 발생하면 자동으로 트랜잭션을 재시도한다. 덕분에 넌블러킹(nonblocking) 형식으로 처리되어 명시적 동기화와 관련한 여러 문제를 해결할 수 있다. 그래서 코드를 쉽게 작성할 수 있다. 게다가 많은 개발자가 트랜잭션에 이미 익숙하다. 안타깝게도 이 방법은 동시 쓰기가 많이 발생하는 대규모 병렬 시스템에는 효율적이지 않다. 대규모 병렬 시스템에서는 재시도의 비용이 훨씬 증가하며 성능을 예측할 수 없게 된다.

자바 8의 람다(lambda)는 불변성과 참조 투명성(referential transparency) 같은 함수형 프로그래밍(FP, Functional Programming)의 특성을 자바 코드에 결합한 것이다. 액터 모델은 공유를 금지해서 상태 변경의 모순을 줄이는 반면, 함수형 프로그래밍은 가변성(mutability)을 금지하므로 상태의 공유를 허락한다. 순수(pure)하며 부수효과가 없는(side-effect-free) 함수로 병렬 코드를 쉽게 작성할 수 있지만 함수형 프로그램은 명령형(imperative) 프로그램보다 시간 효율성이 떨어지며 가비지 컬렉터에 더 많은 부담을 줄 수 있다. 또한 람다 덕분에 자바에서 이벤트 스트림을 비동기로 처리하는 반응형(reactive) 프로그래밍 패러다임도 쉽게 사용할 수 있다.

동시성에 있어 만능 해결책은 없지만 각자의 장단점을 가진 옵션이 많다. 프로그래머로서 여러분의 임무는 이 옵션을 이해하고 지금 해결해야 할 문제에 가장 적합한 것을 선택하는 것이다.

15 CountDownLatch, 친구인가 적인가?

PROPOSAL   알렉세이 소신(*Alexey Soshin*)

여러 개의 동시성 태스크를 실행한 후 다른 작업을 수행하기 전에 이 태스크가 모두 끝날 때까지 기다리는 상황을 가정해 보자. ExecutorService 클래스를 이용하면 첫 번째 부분은 쉽게 구현할 수 있다.

```java
ExecutorService pool = Executors.newFixedThreadPool(8);
Future<?> future = pool.submit(() -> {
    // 여기서 태스크를 실행한다.
})
```

그런데 이 태스크가 끝날 때까지 기다리려면 어떻게 해야 할까? 이때 CountDownLatch 클래스를 이용하면 된다. CountDownLatch 클래스는 생성자 매개변수를 통해 실행한 태스크의 개수를 전달받는다. 그러면 각 태스크는 CountDownLatch 클래스 인스턴스에 대한 참조를 가지며, 태스크가 완료되는 시점에 countDown 메서드를 호출한다.

```java
int tasks = 16;
CountDownLatch latch = new CountDownLatch(tasks);
for (int i = 0; i < tasks; i++) {
    Future<?> future = pool.submit(() -> {
        try {
            // 여기서 태스크를 실행한다.
        }
        finally {
        latch.countDown();
        }
    });
}
if (!latch.await(2, TimeUnit.SECONDS)) {
    // 타임아웃을 처리한다.
}
```

이 예제 코드는 16개의 태스크를 실행한 후 계속 진행하기 전에 이 태스크가 모두 완료될 때까지 기다린다. 하지만 여기에는 반드시 알아 둬야 할 점이 몇 가지 있다.

1. finally 블록에서 반드시 CountDownLatch 인스턴스를 릴리스해야 한다. 그렇지 않으면 예외가 발생했을 때 주 스레드가 태스크가 끝날 때까지 영원히 기다릴 수 있기 때문이다.
2. await 메서드에 타임아웃 기간을 지정하자. 이렇게 하면 CountDownLatch 인스턴스를 릴리스하는 것을 잊어버려도 금세 스레드가 깨어난다.
3. 메서드의 리턴값을 확인한다. 이 메서드는 타임아웃이 발생하면 false를 리턴하며 지정한 시간 내에 태스크가 완료되면 true를 리턴한다.

앞서 설명했듯이 CountDownLatch 클래스는 생성자 매개변수를 정의한다. 이 값은 늘어나지도 않고 재설정되지도 않는다. CountDownLatch 클래스와 유사하지만 태스크의 개수를 리셋할 수 있는 기능이 필요하다면 CyclicBarrier 클래스를 대신 사용하면 된다.

CountDownLatch 클래스는 여러 상황에서 유용하게 사용할 수 있다. 특히 태스크의 결과를 확인하기 전에 모든 태스크가 완료되므로 동시성 코드를 테스트할 때 더 유용하다.

이제 실제 사용 사례를 살펴보자. 프록시와 임베디드(embedded) 서버를 보유하고 있으며 프록시를 호출하면 프록시가 서버의 올바른 엔드포인트를 호출하는지 테스트하려고 한다.

프록시와 서버가 모두 시작하기 전에 요청을 보내는 것은 당연히 말이 되지 않는다. 이 상황을 해결하는 방법 중 하나는 CountDownLatch 클래스의 인스턴스를 두 메서드에 모두 전달해서 양쪽이 모두 준비되면 테스트를 계속하는 것이다.

```
CountDownLatch latch = new CountDownLatch(2);
Server server = startServer(latch);
Proxy proxy = startProxy(latch);
boolean timedOut = !latch.await(1, TimeUnit.SECONDS);
assertFalse(timedOut, "타임아웃 발생");
// 검증이 완료되면 테스트를 계속한다.
```

여기서 주의할 점은 서버와 프록시를 성공적으로 시작하면 startServer와 start Proxy 메서드 안에서 latch.countDown 메서드를 반드시 호출해야 한다는 점이다.

CountDownLatch 클래스는 매우 유용하지만 한 가지 알아 둬야 할 점이 있다. 코틀린 (Kotlin)의 코루틴(coroutine), Vert.x 또는 스프링 웹플럭스(WebFlux) 같은 동시성 라이브 러리나 프레임워크를 사용하는 프로덕션 코드에서는 사용하지 말아야 한다. 그 이유는 CountDownLatch 클래스가 현재 스레드를 블록하기 때문이다. 서로 다른 동시성 모델 을 혼합하는 것은 좋은 방법이 아니다.

선언적 표현식은 병렬성으로 가는 지름길이다

PROPOSAL

러셀 윈더(*Russel Winder*)

자바는 태생적으로 명령형이자 객체 기반 프로그래밍 언어다. 사실 지금도 그렇다. 하지만 지난 몇 년간 자바는 발전을 거듭해 왔으며 단계마다 더 많은 선언적 표현식(declarative expression)을 도입해 왔다. 명령형(imperative) 프로그래밍은 명시적으로 컴퓨터가 해야 할 일을 코드로 서술하는 것이다. 반면 선언적(declarative) 프로그래밍은 목적을 달성하기 위한 방법에 대한 목표 추상화를 표현하는 코드를 작성하는 것이다. 추상화는 프로그래밍의 핵심이므로 명령형 코드에서 선언형 코드로의 이전은 자연스러운 결과다.

선언적 표현식의 핵심에는 고차 함수(higher-order function)가 있다. 고차 함수란 함수를 매개변수로 받으며 함수를 리턴하는 함수다(물론 아무것도 리턴하지 않을 수도 있다). 이 개념은 본래 자바에는 포함되지 않았지만 자바 8부터 도입되었다. 자바 8은 자바의 역사에서 전환점이 되는 버전으로, 명령형 표현식을 선언형 표현식으로 바꾸기 위한 지원이 추가되었다.

(간단하지만 주요 문제점을 보여주는) 다음 예제는 함수의 매개변수로 전달된 List의 값을 제곱한 값을 가진 List를 리턴하는 함수다. 명령형 코드를 사용하면 이 코드는 다음과 같이 작성할 수 있다.

```java
List<Integer> squareImperative(final List<Integer> datum) {
    var result = new ArrayList<Integer>();
    for (var i = 0; i < datum.size(); i++) {
        result.add(i, datum.get(i) * datum.get(i));
    }
    return result;
}
```

이 함수는 저수준 코드를 약간 추상화해서 함수를 호출하는 코드로부터 상세 구현을 숨긴다.

자바 8 또는 그 상위 버전에서는 스트림을 표현해 선언적인 방식으로 알고리즘을 표현할 수 있다.

```
List<Integer> squareDeclarative(final List<Integer> datum) {
    return datum.stream()
               .map(i -> i * i)
               .collect(Collectors.toList());
}
```

이 코드를 보면 어떤 작업을 수행하는지를 더 높은 수준으로 표현할 수 있다. 어떻게 수행할 것인지에 대한 상세 정보는 라이브러리의 구현에 담겨 있다. 전통적인 추상화라 할 수 있다. 사실 이 함수의 구현은 이미 추상적이며 숨겨져 있지만 여러분이라면 어떤 코드를 작성하고 싶은가? 저수준의 명령형 구현체인가 아니면 고수준의 선언형 구현체인가?

이게 왜 중요한지 궁금한가? 앞서 살펴본 코드는 병렬 연산의 전통적인 예다. 각 결과의 평가는 입력 중 하나의 아이템만을 대상으로 한다. 따라서 결합(coupling)이 발생하지 않는다. 그러므로 이 코드는 다음과 같이 다시 작성할 수 있다.

```
List<Integer> squareDeclarative(final List<Integer> datum) {
    return datum.parallelStream()
               .map(i -> i * i)
               .collect(Collectors.toList());
}
```

이렇게 하면 라이브러리가 플랫폼에서 뽑아낼 수 있는 최대의 병렬성을 확보하게 된다. 방법에 대한 상세 구현을 추상화하고 목적에만 집중할 수 있으므로 연속된 데이터-병렬 연산 형태의 코드를 병렬 코드로 손쉽게 전환할 수 있다.

명령형 코드를 병렬 버전으로 작성하는 것은 여러분의 몫으로 남겨 둔다. 왜냐고? 데이터 병렬화의 문제에 있어서는 스트림을 사용하는 것이 올바른 추상화이기 때문이다. 다른 방법을 사용한다는 것은 자바 8이 가져다 준 자바의 혁신을 무시하는 것일 뿐이다.

더 나은 소프트웨어를
더 빨리 전달하기

버크 허프나겔(*Burk Hufnagel*)

더 나은 소프트웨어를 더 빨리 출시하기는 여러분도 채택하길 강력하게 권하고 싶은 원칙이다. 이 원칙이 사용자를 만족시키기 위해 필요한 것을 서술하고 있기 때문이다. 게다가 (그리고 어쩌면 더 중요한 것은) 여러분의 경력에도 많은 도움이 된다. 먼저 이 중요한 원칙을 세 부분으로 나눠서 살펴보자.

1. 전달(deliver)이란 코드를 작성하고 디버깅하는 것 이상의 책임을 갖는 것을 의미한다. 여러분은 코드를 작성하고 대가를 받는 것이 아니라 사용자가 뭔가 가치 있는 것을 더 쉽게 할 수 있도록 만듦으로써 대가를 받는 것이며, 여러분이 작성한 코드가 프로덕션 환경에서 동작하기 전까지는 아무리 열심히 일한들 소용이 없다.

   코드를 작성하는 것보다 소프트웨어를 출시하는 것에 주의를 더 기울이려면 여러분이 작성한 변경 내역을 프로덕션 환경에 적용하기 위한 전반적인 절차를 이해해야 하며 그 이후에는 다음 두 가지 핵심 작업을 수행해야 한다.

   - 실제 구현에 앞서 모호한 요구 사항을 명확하게 이해하려 하지 않고 자의적인 해석으로 업무를 수행하는 등 절차를 무시하지 않는다.
   - 여러분이 작성한 코드가 요구 사항에 부합하는지를 확인하는 자동화된 테스트를 작성하고 실행하는 등 절차를 더 빠르게 수행하기 위해 노력한다.

2. 더 나은 소프트웨어(better software)란 이미 여러분도 익숙한 '올바른 기능을 구현'하는 것과 '올바르게 기능을 구현'하는 두 가지 개념을 짧게 표현한 것이다. 첫 번째는 항상 요구 사항과 수용 조건(acceptance criteria)을 만족하는 코드를 작성한다는 뜻이다. 두 번째는 다른 프로그래머도 버그를 성공적으로 수정하거나 새로운 기능을 추가할 수 있도록 이해하기 쉬운 코드를 작성한다는 뜻이다.

특히 테스트 주도 개발(TDD, Test-Driven Development) 같은 절차를 도입하고 있다면 쉬운 일처럼 들리겠지만, 많은 팀이 어느 쪽으로든 기울어지는 경향이 있다.

- 프로그래머가 아닌 사람은 '제대로 만드는 것'은 나중에 하자며 개발자에게 새 기능을 더 빨리 출시할 지름길을 택하도록 강요할 수 있다.
- 간혹 새로운 것을 익힌 프로그래머는 심지어 유사한 솔루션이 제대로 동작하고 있어도 자신이 익힌 것을 가능한 한 많은 부분에 적용하려고 한다.

두 가지 모두 균형 잡힌 방법은 아니며 그 결과 기술 부채(technical debt) 때문에 제대로 된 가치를 사용자에게 전달하기 위해 필요한 시간이 늘어나게 된다. 게다가 이런 현상은 올바른 균형을 맞추기 전까지 계속된다.

3. 빨리(faster)는 전달과 더 니은 소프트웨어를 모두 지칭하며 자칫 달성이 어려운 부분이 될 수 있다. 사람은 복잡한 작업을 빨리 끝내려고 하다 보면 실수하게 마련이기 때문이다. 필자가 생각하는 해결책은 다음과 같다.

- TDD 같은 절차를 이용해 자동화된 테스트를 작성한 후 시스템의 동작을 검증하기 위해 자동화된 단위(unit), 통합(integration), 사용자 수용(user acceptance) 테스트를 정기적으로 실행한다.
- 모든 테스트를 여러 환경에서 실행하고 모든 테스트가 성공하면 프로덕션 환경으로 코드를 배포하는 자동화된 절차를 구현하고 실행한다.

이 두 절차는 여러 번 실행하게 되며 컴퓨터가 사람보다 더 정확하고 빠르게 실행할 수 있는 것은 그저 절차일 뿐이므로 사람이 상세 구현에 매우 집중해야 한다. 여기서 필자가 권장하고 싶은 것이 한 가지 더 있다. 문제가 발생할 확률을 낮추고 사용자들이 더 신속하게 여러분이 업데이트한 시스템을 사용할 수 있도록 더 작은 변경 내역을 프로덕션 환경에 더 자주 배포하는 것이다.

더 나은 소프트웨어를 더 빨리 전달하기는 어렵지만 재미있는 가이드 원칙이다. 이 원칙을 제대로 적용하기 위해 필요한 부분을 찾아 수정하기까지는 많은 시간이 필요할 것이다. 하지만 그 결과는 그만한 가치가 있다.

18

PROPOSAL

크리스틴 고르만(*Christine Gorman*)

지금 몇 시예요?

오슬로(Oslo)[1]에서 아테네(Athens)[2]까지 운항하는 스칸디나비아 항공(Scandinavian Airline) 여객기는 월요일 몇 시에 도착할까? 왜 일상에서는 별것 아닌 질문이 프로그래밍에서는 이다지도 어려운 걸까? 시간을 다루는 것은 쉬워야 한다. 그냥 매초(second)가 흘러가는 것일 뿐이니 컴퓨터가 훨씬 잘 측정할 수 있는 것이어야 한다.

```
System.currentTimeMillis() = 1570964561568
```

맞는 값이긴 하지만 1570964561568은 사람이 몇 시냐고 물을 때 기대하는 답이 아니다. 우리는 2019년 10월 13일 오후 1시 15분이라는 답을 원한다.

사실 시간은 두 가지로 구분할 수 있다. 한편으로는 매초가 흘러가는 것이 시간이다. 다른 한편으로는 천문학과 정치가 불편하게 결합한 개념이다. "지금 몇 시예요?"라는 질문의 답은 현재 여러분이 있는 곳부터 하늘에 떠 있는 태양까지의 상대적 위치는 물론 정치적 결정으로 만들어진 해당 시점의 지역(region)에 따라 다르다.

코드에서 날짜와 시간을 다루면서 발생하는 수많은 문제는 모두 이 두 개념이 섞여 있어 발생하는 것이다. 이런 문제는 최신 버전의 java.time 라이브러리(또는 .NET의 경우 Noda Time 라이브러리(https://nodatime.org))를 사용해 도움을 얻는 편이 낫다. 시간을 제대로 이해하려면 LocalDateTime, ZonedDateTime, Instant 등 세 가지 주요 개념을 이해해야 한다.

---

1 역주: 노르웨이의 수도
2 역주: 그리스의 수도

LocalDateTime은 2019년 10월 13일 오후 1시 15분의 개념을 의미한다. 이 시간은 여러 시간선(timeline)에 걸쳐 존재할 수 있다. Instant는 이 시간선의 특정 지점을 가리킨다. 이 지점은 보스턴이든 베이징이든 모두 같다. LocalDateTime부터 Instant를 얻으려면 특정 시간에 대한 협정 세계시(UTC, Coordinated Universal Time) 오프셋과 일광 절약 시간(DST, Daylight Saving Time) 규칙을 가진 TimeZone이 필요하다. ZonedDateTime은 TimeZone 정보를 가진 LocalDateTime이다.

여러분은 이 중에 어떤 것을 사용하는가? 여기에는 수많은 함정이 있다. 우선 몇 가지만 살펴보자. 국제 콘퍼런스를 관리하는 소프트웨어를 작성 중이라고 가정해 보자. 다음 코드가 제대로 동작할까?

```java
public class PresentationEvent {
    final Instant start, end;
    final String title;
}
```

동작하지 않는다.

물론 프레젠테이션이 특정 시간에 진행되어야 하지만, 미래에 있을 이벤트를 생각해 보면 설령 시간과 시간대를 알고 있다 하더라도 DST 규칙이나 UTC 오프셋이 언제든지 바뀔 수 있으므로 Instant를 사전에 알 수 없다. 그래서 ZonedDateTime이 필요하다.

비행 일정처럼 정기적으로 발생하는 이벤트는 어떨까? 다음 코드는 제대로 동작할까?

```java
public class Flight {
    final String flightReference;
    final ZonedDateTime departure, arrival;
}
```

그렇지 않다.

이 코드는 1년에 2번 실패한다. 토요일 오후 10시에 출발해서 일요일 오전 6시에 도착하는 비행 일정을 생각해 보자. 일광 절약 시간 때문에 1시간 뒤로 돌아가면 어떤 일이 벌어질까? 여객기가 아무 소득 없이 제자리에서 1시간 동안 돌지 않는 한 오전 6시가 아닌 5시에 도착하게 된다. 반대로 1시간 앞으로 이동하면 오전 4시에 도착한다. 반복적이면서 일정 기간 동안 발생하는 이벤트인 경우에는 시작 시간과 종료 시간을 수정할 수 없다. 이 문제를 해결하기 위해 우리가 필요한 코드는 다음과 같다.

```
public class Flight {
    final String flightReference;
    final ZonedDateTime departure
    final Duration duration;
}
```

오전 2시 30분에 시작하는 이벤트는 어떨까? 어떤 2시 30분을 의미하는 걸까? 그 2시 30분은 2번 존재할 수도 있고 아예 존재하지 않을 수도 있다[3]. 자바에서는 다음과 같이 가을에 발생하는 DST 시간 변경을 처리할 수 있다.

```
ZonedDateTime.withEarlierOffsetAtOverlap()
ZonedDateTime.withLaterOffsetAtOverlap()
```

Noda Time 라이브러리에서는 Resolvers를 이용해 2번의 DST 시간 변경[4]을 명시적으로 지정할 수 있다.

이번 장에서는 잠재적으로 발생할 수 있는 이슈를 맛보기 정도로 소개했지만, 좋은 도구는 일을 절반으로 줄여준다는 말도 있다. java.time(또는 Noda Time)을 사용하면 수많은 에러로부터 여러분 자신을 구할 수 있다.

---

3 역주: 현재 한국에서는 시행하지 않지만 DST가 시작하면 1시간 앞으로 이동해서 2시가 되는 순간 3시가 되어 버린다. 따라서 2시 30분은 존재하지 않게 된다. 반면 DST가 끝나면 1시간 뒤로 이동하면서 3시가 다시 2시가 되어 2시 30분이 2번 존재하게 된다.

4 역주: DST의 시작과 종료

기본 도구의 사용에 충실하자

게일 올리스(*Gail Ollis*)

모든 자바 프로그래머에게 필요한 기본 도구 하나를 꼽으라면 여러분은 어떤 것을 선택하겠는가? 이클립스(Eclipse)? 인텔리제이(IntelliJ) IDEA? 넷빈즈(NetBeans)? 아니, 답은 javac다. javac가 없으면 우리가 작성한 코드는 그저 이상하게 보이는 텍스트로 가득한 파일일 뿐이다. 통합 개발 환경(IDE, Integrated Development Environment)이 없어도 일은 얼마든지 할 수 있다. 오래전부터 프로그래밍해 왔던 사람에게 물어보라. 하지만 기본 개발 도구가 없다면 프로그램을 작성할 수 없다.

기본 도구가 태스크의 중심이라는 점을 생각하면 javac 같은 도구를 직접 사용하는 사람이 드물다는 사실은 놀라울 따름이다. 물론 IDE를 사용해서 효율성을 높이는 것도 중요하다. 하지만 기본 도구가 어떤 작업을 어떻게 수행하는지 이해하는 것은 훨씬 더 중요하다.

필자는 오래전 2개의 서브시스템을 가진 프로젝트를 진행한 적 있다. 그중 하나는 C++로 작성했고 다른 하나는 자바로 작성했다. C++ 프로그래머는 자신이 선택한 편집기와 명령줄 인터페이스 환경에서 작업했다. 반면 자바 프로그래머는 IDE를 사용했다. 그러던 어느 날, 버전 제어 시스템을 사용하는 방법이 바뀌었다. C++ 프로그래머는 단순히 입력해야 할 명령이 바뀐 것뿐이어서 금세 적응했다. 반면 자바 프로그래머는 자신의 이클립스 설정을 바꾸느라 반나절을 허비했다. 그리고 오후가 되어서야 정상적으로 일할 수 있었다.

물론 이 이야기는 자바 프로그래머가 자신이 선택한 도구를 얼마나 잘 다루는지를 보여주는 사례는 아니다. 하지만 자바 프로그래머가 일과 중에 IDE만 사용하면서 얼마나 기본 도구의 사용법으로부터 멀어졌는지를 보여주는 사례다. 분명 정보 은폐(information hiding)는 세부 사항 대신 유용한 추상화에 집중하게 하는 훌륭한 원칙임은 틀림없다. 하지만 이는 필요한 경우에만 세부 사항을 다루기로 선택할 수 있다는 것이지 세부 사항을 무시하라는 것은 아니다.

IDE에만 의존하면 IDE가 의도적으로 정보를 은닉하므로 프로그래머가 자신이 사용하는 도구를 완벽하게 습득할 수 없다. 설정 – 심지어 다른 사람의 설정을 따라 하는 경우가 대부분이다 – 은 일단 한 번 적용하면 잊게 마련이다. 기본 도구를 직접 사용하는 방법을 익히면 여러 장점이 있다.

- '내 컴퓨터에선 문제없었는데' 시나리오가 발생하는 일이 적어지고 도구와 소스 코드, 다른 리소스, 생성된 파일의 관계를 이해한다면 더 쉽게 해결할 수 있다. 게다가 설치를 위해 무엇을 패키지에 추가해야 하는지도 알 수 있다.
- 여러 옵션을 적용하기가 월등히 빠르고 쉬워진다. `javac --help` 명령을 실행해서 어떤 옵션이 제공되는지부터 살펴보자.
- 기본 도구에 익숙하면 다른 환경에서 업무를 수행하는 사람을 도울 때도 유용하다. 또한 뭔가 잘못된 경우에도 유용하다. 예컨대 통합 도구가 동작하지 않으면 문제를 해결하기가 어렵다. 명령줄에서는 가시성(visibility)도 좋아지며 코드를 디버깅할 때처럼 절차의 일부를 격리할 수도 있다.
- 더욱 풍부한 도구를 다룰 수 있다. IDE가 지원하는 도구뿐만 아니라 명령줄 인터페이스를 제공하는 어떤 도구도 통합할 수 있다(예를 들면 스크립트나 리눅스 명령어).
- 최종 사용자는 여러분이 작성한 코드를 IDE에서 실행하지 않는다! 훌륭한 사용자 경험에 관심이 있다면 사용자의 머신에서 실행될 때처럼 코드를 실행하고 테스트를 시작해야 한다.

이 방법을 사용한다고 해서 IDE의 장점을 잃는 것은 아니다. 하지만 진정한 기술을 손에 넣으려면 기본 도구를 이해하고 충분히 활용하자.

변수를 바꾸지 말자

스티브 프리먼(*Steve Freeman*)

필자는 가능한 한 많은 변수를 final로 선언한다. 불변 코드가 훨씬 더 이해하기 쉽기 때문이다. 이렇게 하면 코딩이 더 간편해진다. 필자는 이 부분이 매우 중요하다고 생각한다. 코드 블록에서 변숫값이 어떻게 바뀌는지 추적하느라 엄청난 시간을 허비하기 때문이다. 물론 자바의 불변성(immutability) 지원은 나른 언어보다 제한적이지만 그래도 몇 가지 가능한 부분이 있다.

한 번만 할당하기

다음 예제는 흔히 볼 수 있는 코드다.

```
Thing thing;
if (nextToken == MakeIt) {
    thing = makeTheThing();
} else {
    thing = new SpecialThing(dependencies);
}
thing.doSomethingUseful();
```

필자의 시각에서 이 코드는 thing 변수를 사용하기 전에 값을 할당하고 그 이후에는 다시 변경하지 않을 것임을 충분히 표현하지 못하고 있다. 그래서 이 변숫값이 null이 되지 않을 것임을 확인하려면 시간을 들여 코드 전체를 훑어봐야 한다. 게다가 더 많은 조건식을 추가하고 로직을 제대로 작성하지 않을 때 문제가 발생할 확률도 높다. 최신 IDE는 thing 변수에 값을 할당하지 않으면 경고를 내보내기도 하지만 많은 프로그래머가 그 경고를 무시한다. 이 문제를 해결하기 위해 처음 수정해야 할 것은 조건식(conditional expression)이다.

```
final var thing = nextToken == MakeIt
                    ? makeTheThing()
                    : new SpecialThing(dependencies);
thing.doSomethingUseful();
```

이제 thing 변수에 값이 할당되지 않을 가능성은 없어졌다.

다음으로는 이 동작을 적절한 이름의 함수로 추출하는 것이다.

```
final var thing = aThingFor(nextToken);
thing.doSomethingUseful();

private Thing aThingFor(Token aToken) {
    return aToken == MakeIt
                        ? makeTheThing()
                        : new SpecialThing(dependencies);
}
```

이제 thing 변수의 수명주기를 확인하기가 훨씬 쉬워졌다. 그런데 이런 식으로 코드를
리팩토링하면 thing 변수가 한 번만 사용되는 경우가 빈번하므로 다음과 같이 변수를
아예 없앨 수 있다.

```
aThingFor(aToken).doSomethingUseful();
```

이 방법은 불가피하게 조건이 더 복잡해질 때를 대비하는 방법이기도 하다. switch 문
을 이용하면 break 절을 반복하지 않고 더 간단하게 조건식을 확장할 수 있다.

```
private Thing aThingFor(Token aToken) {
    switch (aToken) {
        case MakeIt:
            return makeTheThing();
        case Special:
            return new SpecialThing(dependencies);
        case Green:
            return mostRecentGreenThing();
        default:
            return Thing.DEFAULT;
    }
}
```

범위를 지역화하기

앞서와는 조금 다른 코드를 살펴보자.

```
var thing = Thing.DEFAULT;
// nextToken을 가져오기 위한 여러 줄의 코드
if (nextToken == MakeIt) {
    thing = makeTheThing();
}
thing.doSomethingUseful();
```

이 코드가 더 좋지 않은 이유는 thing 변수에 값을 할당하는 코드가 근접해 있지 않으며 심지어 할당이 일어나지 않을 수도 있기 때문이다. 다시 말하지만 이 코드는 메서드로 추출해야 한다.

```
final var thing = theNextThingFrom(aStream);

private Thing theNextThingFrom(Stream aStream) {
    // nextToken을 가져오기 위한 여러 줄의 코드
    if (nextToken == MakeIt) {
        return makeTheThing();
    }
    return Thing.DEFAULT;
}
```

아니면 다음과 같이 관심사 분리(separation of concern) 원리를 더 적용할 수도 있다.

```
final var thing = aThingForToken(nextTokenFrom(aStream));
```

변수의 범위를 지역화하면 그 상위 코드를 예측할 수 있다. 마지막으로, 일부 개발자는 이 방법을 사용하지 않겠지만 다음과 같이 스트리밍 방법을 사용해도 된다.

```
final var thing = nextTokenFrom(aStream)
                .filter(t -> t == MakeIt)
                .findFirst()
                .map(t -> makeTheThing())
                .orElse(Thing.DEFAULT);
```

필자는 종종 값이 변하지 않은 변수를 불변 요소로 정의하면서 코드의 디자인을 조금 더 세심하게 고민하게 되고 잠재적인 버그도 찾을 수 있음을 깨닫는다. 덕분에 변숫값이 변경되는 부분과 그 동작의 범위를 지역화해야 할 부분을 명확하게 표현할 수 있다.

SQL식 사고 도입하기

딘 웜플러(*Dean Wampler*)

다음 쿼리를 살펴보자.

```
SELECT c.id, c.name, c.address, o.items FROM customers c
JOIN orders o
ON o.customer_id = c.id
GROUP BY c.id
```

이 쿼리를 이용해 물건을 주문한 적이 있는 고객의 이름과 주소, 주문에 포함된 제품의 상세 내역을 알 수 있다. 필요한 것은 겨우 코드 4줄뿐이다. 프로그래머가 아니더라도 SQL을 다뤄본 경험이 조금이라도 있다면 이 쿼리를 쉽게 이해할 수 있다.

이제 이 기능을 자바로 구현해 보자. 먼저 Customer와 Order 클래스부터 선언해야 한다. 게다가 저명한 컨설턴트는 자바의 '기본' 컬렉션을 사용하는 것보다는 우리가 정의한 클래스를 캡슐화할 클래스도 구현해야 한다고 주장한다는 점도 기억하고 있다. 더군다나 여전히 데이터베이스를 쿼리해야 하므로 객체-관계 매퍼(ORM, Object-Relational Mapper) 도구를 사용한 코드도 작성해야 한다. 겨우 코드 4줄이 순식간에 수십, 수백 줄이 된다. SQL 쿼리는 몇 분이면 작성할 수 있지만 이제는 코드와 단위 테스트를 작성하고 코드 리뷰를 수행하는 등 하루에 몇 시간을 소비해야 한다.

그냥 SQL 쿼리만으로 전체 솔루션을 구현할 수는 없을까? 정말 그럴 수 없다고 확신하는가? 설령 그럴 수 없다고 하더라도 불필요한 것은 버리고 기본적으로 필요한 것만 작성할 수는 없을까? SQL 쿼리의 장점을 생각해 보자.

조인 결과를 저장하기 위해 새 테이블이 필요하지 않다

객체지향 프로그래밍의 가장 큰 문제는 코드가 도메인 모델을 충실하게 재현해야 한다는 믿음이다. 실질적으로는 몇 개의 핵심 타입만 정의해도 캡슐화와 이해도 향상에 충분하며 나머지 필요한 것은 튜플, 셋, 배열이다. 불필요한 클래스는 코드가 발전함에 따라 오히려 부담이 될 뿐이다.

쿼리는 선언적이다

쿼리의 어느 부분도 데이터베이스가 쿼리를 어떻게 실행해야 하는지 명시하지 않는다. 그저 데이터베이스가 반드시 만족해야 할 관계적 제약(relational constraint)만 명시할 뿐이다. 자바는 명령형 언어이므로 어떤 동작을 수행할 것인지 서술하는 코드를 작성하는 경우가 대부분이다. 하지만 더 나은 방법은 제약과 원하는 결과만을 선언하고 실행 방법의 구현은 한 곳으로 격리하거나 이 기능을 구현한 라이브러리에 위임하는 것이다. 함수형 프로그래밍처럼 SQL은 선언적인 언어다. 함수형 프로그래밍에서는 map, filter, reduce 등과 같은 기본 함수를 조합해서 원하는 동작을 선언적으로 구현한다.

도메인 전용 언어(DSL, Domain-Specific Language)는 문제에 잘 부합한다

DSL은 어떤 면에서는 논란의 여지가 있다. 제대로 된 언어를 디자인하기가 매우 힘들고 구현 역시 까다롭다. SQL은 데이터 DSL이다. 조금 독특하긴 하지만 지금까지 장수하고 있다는 것은 보편적인 데이터 처리에 대한 요구를 얼마나 잘 표현하고 있는지에 대한 반증이기도 하다.

모든 애플리케이션은 사실 데이터 애플리케이션이다. 결국 우리가 작성하는 모든 것은 우리의 생각과는 관계없이 데이터 조작 프로그램이다. 이 사실을 받아들이면 불필요한 상용구(boilerplate)가 드러날 것이므로 우리는 기본적으로 필요한 것만 작성하면 된다.

22

PROPOSAL

자바 컴포넌트 간의 이벤트

A. 마디 압델아지즈(*A.Mahdy AbdelAziz*)

자바 객체지향성의 핵심 개념은 모든 클래스를 컴포넌트(component)로 간주할 수 있다는 점이다. 컴포넌트는 확장하거나 더 큰 컴포넌트에 포함할 수도 있다. 최종 애플리케이션 역시 컴포넌트로 간주할 수 있다. 한마디로 컴포넌트는 더 큰 구조물을 조립할 수 있는 레고 블록 같은 것이다.

자바의 이벤트는 컴포넌트의 상태를 변경하는 행위다. 예를 들어, 버튼 컴포넌트를 클릭하면 버튼의 상태를 클릭됨으로 변경하는 이벤트가 발생한다.

이벤트는 반드시 시각적 컴포넌트에서만 발생하는 것은 아니다. 예를 들어 USB 컴포넌트는 장치가 연결됨 이벤트를 발생한다. 네트워크 컴포넌트는 데이터가 전송됨 이벤트를 발생한다. 이벤트는 컴포넌트 간 의존성을 분리하는 데 도움이 된다.

이제 Oven 컴포넌트와 Person 컴포넌트를 가지고 있다고 가정해 보자. 이 두 컴포넌트는 병렬로 존재하며 각자 독립적으로 동작한다. Person 컴포넌트를 Oven 컴포넌트의 일부로 선언해서도 안 되고 반대로 Oven 컴포넌트를 Person 컴포넌트의 일부로 만들어서도 안 된다. 이제 스마트 홈을 구축하기 위해 Person 컴포넌트가 배고픔을 느끼면 Oven 컴포넌트가 음식을 준비하도록 하는 기능을 구현하려 한다. 이 기능을 구현하는 두 가지 방법은 다음과 같다.

1. Oven 컴포넌트에서 짧은 간격으로 Person 컴포넌트를 확인한다. 이 방법은 Person 컴포넌트를 귀찮게 할 뿐 아니라 여러 Person 인스턴스를 확인해야 한다면 Oven 컴포넌트 자체에도 부담이 된다.
2. Person 컴포넌트가 공개 이벤트 Hungry를 발생하고 Oven 컴포넌트가 이를 구독

(subscribe)한다. Hungry 이벤트가 발생하면 Oven 컴포넌트가 이를 알아채고 음식을 준비한다.

두 번째 방법은 Person과 Oven 컴포넌트 간에 직접 결합 없이도 컴포넌트가 서로를 리스닝(listening)하고 통신할 수 있는 이벤트 아키텍처를 사용하는 방법이다. Person 컴포넌트가 이벤트를 발생하므로 Oven, Fridge, Table 같은 다른 컴포넌트도 Person 컴포넌트를 다루기 위한 특별한 조작 없이도 이 이벤트를 구독할 수 있다.

자바 컴포넌트에서 이벤트를 구현하는 방법은 이벤트를 처리하려는 방법에 따라 다르다. Person 컴포넌트가 사용할 HungerListener를 최소 기능만으로 구현하려면 먼저 리스너 인터페이스를 정의해야 한다.

```java
@FuntionalInterface
public interface HungerListener {
    void hungry();
}
```

이제 Person 클래스에서 리스너를 저장할 리스트를 선언한다.

```java
private List<HungerListener> listeners = new ArrayList<>();
```

다음으로 새 리스너를 추가할 API를 정의한다.

```java
public void addHungerListener(HungerListener listener) {
    listeners.add(listener);
}
```

리스너를 제거하는 API도 같은 방법으로 구현한다. 또한 배가 고파지면 모든 리스너에게 이벤트를 전달하는 행위를 실행할 메서드도 추가한다.

```java
public void becomesHungry() {
    for (HungerListener listener: listeners) {
        listener.hungry();
    }
}
```

마지막으로 Oven 클래스에 이벤트를 구독하고 해당 이벤트가 발생했을 때의 동작을 구현하는 코드를 추가한다.

```
Person person = new Person();
person.addHungerListener(() -> {
  System.err.println('배가 고파졌습니다!');
  // Oven 클래스가 음식을 준비하는 코드를 여기에 작성한다.
})
```

이제 다음의 코드를 실행해 보자.

```
person.becomesHungry();
```

코드를 완전히 분리하려면 마지막 섹션은 Person과 Oven 인스턴스를 가진 별도의 클래스에 작성해서 두 컴포넌트를 다루는 로직을 처리해야 한다. 마찬가지로 Fridge, Table 등의 클래스를 위한 동작도 추가할 수 있다. 그러면 이 클래스는 Person 클래스의 becomesHungry 메서드를 호출하여 이벤트를 통한 알림을 모두 받게 된다.

피드백 루프

리즈 커프(*Liz Keogh*)

- 제품 관리자는 자신이 뭘 원하는지 모르므로 고객으로부터 요구 사항을 수집한다. 그 과정에서 요구 사항을 잘못 이해할 수 있다.

- 제품 관리자는 시스템을 완전히 이해하지 못하므로 프로젝트의 이해관계자 역할을 할 다른 전문가를 초대한다. 이 이해관계자가 프로젝트를 잘못 이해할 수 있다.

- 개발자로서 나는 어떤 코드를 개발해야 할지 모르므로 제품 관리자로부터 요구 사항을 전달받는다. 이 과정에서 나도 요구 사항을 잘못 이해할 수 있다.

- 코드를 작성하다가 실수할 수도 있지만 나는 IDE를 사용한다. 그래서 IDE가 실수를 보완해 준다.

- 기존 코드를 이해하는 과정에서 실수할 수도 있지만 나는 정적 타입 언어(statically typed language)를 사용한다. 그래서 내 실수를 컴파일러가 고쳐준다.

- 구현 방법을 고민하는 동안 실수할 수 있으므로 동료와 함께 짝을 이뤄 일한다. 내 동료가 나의 실수를 고쳐준다.

- 내 동료도 사람이고 실수할 수 있으므로 단위 테스트를 작성한다. 단위 테스트가 우리의 실수를 고쳐준다.

- 코딩 업무를 함께하는 팀이 있으므로 팀의 코드에 우리가 작성한 코드를 통합한다. 우리가 실수를 저지르면 이 코드는 컴파일되지 않는다.

- 팀도 실수할 수 있으므로 전체 시스템을 점검하기 위한 수용 테스트(acceptance test)를 작성한다. 우리가 실수를 저지르면 수용 테스트가 실패한다.

- 수용 테스트를 작성하면서 실수할 수 있으므로 수용 조건에 대해 3명의 동료와 논의한다. 이 동료가 우리의 실수를 지적해 준다.

- 수용 테스트를 실행하는 것을 잊어버릴 수 있으므로 빌드 과정에서 수용 테스트를

실행하도록 한다. 이제 빌드 시스템이 우리의 실수를 지적해 준다.

- 우리가 모든 시나리오를 고려할 수 없으므로 테스터에게 시스템의 확인을 부탁한다. 뭔가 잘못되면 테스트가 이를 지적해 준다.
- 지금까지 구현한 코드는 헨리의 노트북에서만 동작하므로 실제 환경에 시스템을 배포한다. 그러면 뭔가 잘못됐을 때 테스트가 이를 지적해 준다.
- 제품 관리자나 다른 이해관계자의 의견을 잘못 이해할 수 있으므로 공개적으로 시스템 사용법을 시범한다. 잘못된 부분이 있으면 이해관계자가 이를 지적해 준다.
- 제품 관리자도 고객의 요구 사항을 잘못 이해할 수 있으므로 시스템을 프로덕션 환경에 배포한다. 잘못된 부분이 있으면 고객이 이를 지적해 준다.
- 고객은 제대로 동작하는 것보다 제대로 동작하지 않는 것을 더 잘 알아채므로 의견에만 의존하지 않는다. 즉, 분석과 데이터를 활용한다. 잘못된 부분이 있으면 데이터가 이를 증명해 준다.
- 시장 상황은 계속 변화하므로 그전까지는 문제가 없던 부분도 결국에는 문제가 된다.
- 뭔가 잘못된다는 것은 결국 비용이 드는 것이므로 지금까지 나열한 것을 최대한 자주 수행한다. 그렇게 해서 실수를 최소화한다.
- 제대로 만드는 것을 고민하지 말고 잘못된 것을 어떻게 알아낼지, 잘못된 것을 찾았을 때 얼마나 쉽게 수정할 수 있는지를 고민하자. 왜냐하면 분명 뭔가 잘못될 것이기 때문이다.
- 뭔가를 잘못 이해했더라도 괜찮다.

불꽃 그래프를 이용한 성능 확인

마이클 헝거(*Michael Hunger*)

보편적인 자바 프로파일러(profiler)는 바이트 코드 계측(byte code instrumentation)이나 샘플링(짧은 주기로 스택 트레이스(stack trace)를 수집하는 방법) 기법을 이용해 실행 시간이 긴 구간을 찾는다. 두 방법 모두 각자의 편법이 동원된다. 프로파일러의 출력을 이해하는 것은 그 자체로 예술이며 경험이 많이 필요하다.

다행히 넷플릭스(Netflix)의 성능 엔지니어인 브렌든 그렉(Brendan Gregg, https://oreil.ly/dhd5O)이 거의 모든 시스템으로부터 스택 트레이스를 수집해 기발한 형태의 다이어그램으로 보여주는 불꽃 그래프(flame graphs, https://oreil.ly/2kCDd)를 만들어냈다.

불꽃 그래프는 트레이스를 각 스택 수준으로 정렬해 집계한 것으로 각 스택 수준별 카운트는 코드의 각 부분의 총 실행 시간의 백분율을 의미한다. 이 백분율을 너비로 하는 블록(사각형)으로 렌더링하고 각 블록을 쌓아보면 매우 유용한 결과를 볼 수 있다.

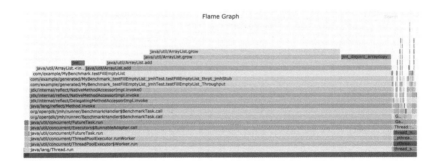

'불꽃'은 아래에서 위로 향하며 프로그램이나 스레드(main 또는 이벤트 루프)의 진입점부터 코드가 실행되는 과정을 거쳐 불꽃의 끝에서는 코드 실행이 완료되는 지점을 표현한다.

왼쪽부터 오른쪽으로의 순서는 그다지 중요하지 않다. 대부분 알파벳순으로 정렬할 뿐이다. 색상도 크게 중요하지 않다. 중요한 것은 각 블록의 너비와 스택의 깊이(depth)다.

이 그래프를 보면 프로그램에서 예상보다 많은 시간을 소비하는 부분을 즉각 알아볼 수 있다. 그래프의 높이가 높을수록 더 많은 시간을 허비한 것이다. 특히 꼭대기 부분에서 매우 넓은 블록을 본다는 것은 해당 부분에서 병목이 발생하고 있다는 뜻이다. 이슈를 해결하고 다시 측정해 보자. 만일 전체적인 성능 이슈가 계속된다면 새로운 조짐이 드러나는지 다이어그램을 다시 확인하자.

보편적인 프로파일러의 단점을 극복하기 위해 최근의 도구들은 안전점(safepoint) 외부에서 스택 트레이스를 수집할 수 있는 JVM의 내장 기능(AsyncGetCallTrace)을 사용한다. 게다가 JVM 작업의 측정 결과를 네이티브 코드 및 운영체제로의 시스템 콜과 결합해서 보여주므로 네트워크에서 소비된 시간, 입출력, 가비지 컬렉션(garbage collection) 등에 사용된 시간도 불꽃 그래프에 함께 표시된다.

어니스트 프로파일러(Honest Profiler), perf-map-agent, async-profiler 같은 도구는 물론 심지어 인텔리제이(IntelliJ) IDEA도 쉽게 정보를 수집해 불꽃 그래프를 생성한다.

대부분 해당 도구를 다운로드하고 자바 프로세스의 프로세스 ID(PID)를 지정한 후 해당 도구를 일정 시간 실행하면 대화형 SVG 형식으로 결과를 얻을 수 있다.

```
# https://github.com/jvm-profiling-tools/async-profiler에서
# async profilder를 다운로드해서 압축 해제한다.
./profiler.sh -d <duration> -f flamegraph.svg -s -o svg <pid> && \
open flamegraph.svg -a "Google Chrome"
```

이 도구가 생성한 SVG는 색상이 적용되었을 뿐 아니라 대화형으로 확인할 수 있다. 예를 들어 어떤 섹션을 확대하거나 심볼을 검색하는 등의 기능이 제공된다.

불꽃 그래프는 프로그램의 전반적인 성능 특성을 쉽게 확인할 수 있는 매우 강력한 도구다. 문제가 있는 부분을 즉시 확인하고 집중할 뿐 아니라 더 많은 정보를 제시하기 위해 JVM 이외의 시스템 특성값도 포함한다.

지루하더라도 표준을 따르자

아담 베이언(*Adam Bien*)

자바 초창기에는 시장에 호환성이 없는 애플리케이션 서버가 많았으며 서버 벤더는 완전히 다른 패러다임을 따르고 있었다. 일부 서버는 심지어 C++ 같은 네이티브 언어로 구현된 부분도 있었다. 여러 서버를 모두 이해하는 것은 어려웠고 애플리케이션을 한 서버에서 다른 서버로 이전하는 것은 불가능에 가까웠다.

JDBC(JDK 1.1에서 도입), JNDI(JDK 1.3에서 도입), JMS, JPA, 서블릿 같은 API가 등장하면서 이미 구현된 제품의 추상화, 간결화, 통합이 이루어졌다. EJB와 CDI 덕분에 배포와 프로그래밍 모델이 벤더와 무관해졌다. 처음 J2EE로 등장해서 Java EE로, 지금은 자카르타(Jakarta) EE가 된 기술과 마이크로프로파일(Microprofile)은 애플리케이션 서버가 구현해야 할 최소한의 API 집합을 정의했다. J2EE의 장점 덕분에 개발자는 J2EE API만 알면 애플리케이션을 개발하고 배포할 수 있었다.

서버가 개선되어도 J2EE와 Java EE API는 여전히 호환되었다. 새로운 애플리케이션 서버가 릴리스된다고 해서 애플리케이션을 마이그레이션할 필요가 없었다. 심지어 Java EE를 더 높은 버전으로 업그레이드하기도 쉬웠다. 애플리케이션을 다시 컴파일할 필요도 없이 테스트만 다시 하면 그만이었다. 애플리케이션의 리팩토링도 새로운 API의 장점을 적용하고 싶은 경우에만 하면 됐다. J2EE를 도입함으로써 개발자들은 세부 명세를 깊이 파고들지 않아도 여러 애플리케이션 서버들을 활용할 수 있었다.

현재 웹/자바스크립트 생태계도 유사한 상황에 처해 있다. 제이쿼리(jQuery), 백본(Backbone.js), 앵귤러JS 1, 앵귤러2+ (앵귤러JS 1과는 완전히 다르다), 리액트JS, 폴리머(Polymer), 뷰(Vue.js), 엠버(Ember.js) 등의 프레임워크는 완전히 다른 규칙과 패러다임을 따른다. 그래서 한 번에 여러 프레임워크를 학습하기가 어렵다. 많은 프레임워크의 본질적인 목적은 서로 다른 브라우저 사이의 호환성 이슈를 해결하기 위한 것이었다. 하지만 브라우저가 놀라운 수준으로 호환성을 높이면서 프레임워크는 데이터 바인딩, 단방향 데이터 흐름(unidirectional data flow)은 물론 의존성 주입(dependency injection) 같은 엔터프라이즈 자바 기능까지 제공하기 시작했다.

동시에 브라우저는 호환성을 갖췄을 뿐 아니라 예전에는 서드파티 프레임워크에서만 지원하던 기능까지 지원하기 시작했다. querySelector 기능은 이제 모든 브라우저에서 사용할 수 있으며 제이쿼리의 DOM 접근 기능과 호환되는 기능을 제공한다. 사용자 정의 요소(custom element)를 이용한 웹 컴포넌트, 쉐도우 DOM, 템플릿 등의 기능 덕분에 개발자는 새로운 요소를 정의해 UI와 동작을 구현할 수 있음은 물론 이를 애플리케이션 전체 구조로까지 확대할 수 있다. ECMA 스크립트 6부터 자바스크립트는 자바와 더 유사해졌으며 ES6 모듈은 번들링(bundling)을 선택적으로 수행할 수 있게 바뀌었다. MDN(Mozilla Developer Network)은 구글, 마이크로소프트, 모질라, W3C, 삼성 등 웹 표준에 관여하는 기업이 모두 힘을 합쳐 웹 표준과 관련한 정보를 제공하는 서비스가 되었다.

이제는 프레임워크 없이도 프론트엔드를 구현할 수 있다. 브라우저의 하위 호환성은 점점 더 훌륭해지고 있다. 어쨌든 모든 프레임워크는 브라우저 API를 사용하므로 표준을 학습하면 프레임워크를 더 잘 이해할 수 있다. 새 버전 브라우저에 브레이킹 체인지(breaking change)가 등장하지 않는 한 프레임워크 없이 웹 표준에만 의지해도 애플리케이션을 구현할 수 있다.

표준에 집중하면 시간이 지나면서 더 많은 지식을 확보할 수 있다. 매우 효율적인 학습 방법이다. 대중적인 프레임워크를 활용해 보는 것은 재미있겠지만 그렇게 얻은 지식은 다음에 다른 '인기 기술'이 등장하면 소용없는 지식이 되어버린다.

26

PROPOSAL

자주 릴리스하면
위험을 줄일 수 있다

크리스 오델(*Chris O'Dell*)

'자주 릴리스하면 위험을 줄일 수 있다' – 지속적 전달을 이야기하다 보면 매번 이 말을 듣게 된다. 그런데 얼마나 위험을 줄일 수 있다는 걸까? 뭔가 직접적인 연관은 없어 보이는 데 말이다. 더 자주 릴리스하면 프로덕션 환경에 더 많은 불안 요소가 생기지 않나? 릴리스를 최대한 늦추고 패키지의 안전성을 보장하기 위한 테스트에 시간을 쏟는 것이 더 안전하지 않을까? 이쯤에서 위험(risk)의 정의를 생각해 보자.

위험의 정의

위험이란 장애가 발생했을 때 받을 수 있는 최악의 영향과 장애가 발생할 가능성을 결합한 요소다. 즉,

> 위험 = 장애의 가능성 x 최악의 영향

으로 표현할 수 있다.

그래서 장애가 발생할 가능성이 작고 장애의 영향이 무시해도 될 정도라면 그 행위는 위험도가 낮다고 할 수 있다. 또한 이 두 요소(가능성과 영향도) 중 하나가 낮아서 한쪽의 여파를 상당히 줄일 수 있는 행위도 저위험 행위라고 할 수 있다.

복권을 사는 것은 위험도가 낮다. 물론 복권에 당첨되지 않을 확률이 훨씬 높지만 복권 자체가 비싸지 않으므로 그 영향은 낮다. 따라서 복권을 산다고 해서 발생할 부정적인 결과는 그다지 많지 않다.

항공기에 탑승하는 것 역시 그 반대의 이유로 위험도가 낮다. 즉, 문제가 발생할 확률은 낮지만 (항공기는 가장 안전한 교통수단이다) 문제가 발생했을 때의 영향도는 상당히 높다. 더 자주 비행할수록 그 위험도는 더 낮아진다.

고위험 행위는 가능성이 크고 영향도가 높은 경우다. 즉, 가능성도, 그 영향도 큰 경우다. 예를 들어 단독 암벽 등반이나 동굴 다이빙 같은 익스트림 스포츠는 고위험 행위다.

규모가 크며 더딘 릴리스가 더 위험하다

단일 릴리스 패키지에 일련의 변경 사항을 포함해 배포하면 장애 가능성이 커진다. 즉, 여러 사항이 한 번에 변경되기 때문이다.

실패가 발생했을 때 최악의 결과는 릴리스 때문에 장애가 발생하거나 심각한 데이터 유실이 발생하는 경우다. 릴리스에 포함된 변경 사항이라면 어떤 것이든 이런 결과를 초래할 수 있다.

이때 모든 실패를 하나씩 테스트해 보는 것도 가능하겠지만 실질적으로는 불가능하다. 우리가 이미 알고 있는 시나리오는 테스트할 수 있지만, 모르는 시나리오는 실제로 발생하기 전까지는 테스트할 수 없다.

테스트가 무의미하다는 뜻이 아니다. 오히려 테스트는 변경 사항이 알려진 동작에 문제를 일으키지 않을 것이라는 자신감을 심어준다. 한 가지 주의할 점은 포괄적인 테스트에 대한 요구, 테스트로 문제점을 찾아낼 가능성, 테스트를 실행하고 유지보수하는 시간 사이의 균형을 맞추는 것이다.

이미 알고 있는, 실패할 시나리오에 대한 자동화 테스트를 구축하자. 그리고 새로운 실패를 발견할 때마다 테스트에 추가하자. 회귀 테스트를 계속 늘리되, 가볍고 빠르며 반복할 수 있게 유지하자.

얼마나 많은 테스트를 실행하든 결국은 성공 여부를 확인할 수 있는 곳은 프로덕션 환경뿐이다. 작고 빈번한 릴리스는 실패의 가능성을 줄인다. 릴리스에 최대한 작은 변경 사항만 포함하면 릴리스로 인해 실패할 가능성이 작아진다.

장애 영향도를 낮출 방법은 없다. 최악의 경우 릴리스 후 시스템 전체가 다운되어 심각한 데이터 유실이 발생할 수 있다. 하지만 릴리스를 작고 빈번하게 가져가면 전반적인 위험도를 낮출 수 있다.

작은 변경 사항을 자주 릴리스해서 장애 가능성을 줄이고 변경 위험을 낮추자.

퍼즐에서 제품까지

제시카 커(*Jessica Kerr*)

나는 프로그래밍이 쉬워서 시작했다. 온종일 눈앞에 놓인 문제를 해결하고 5시 반쯤 퇴근해 집으로 돌아가 친구들과 어울렸다. 하지만 20년이 지난 지금도 소프트웨어 분야에서 일하는 것은 이 일이 어려운 일이기 때문이다.

쉬웠던 일이 이제 와서 어려워진 이유는 문제를 해결하는 역할에서 제품을 성장시키는 역할로, 이미 정해진 올바름만 추구하는 역할에서 변화를 위해 무엇이 올바른지 최적화하는 역할로 바뀌었기 때문이다.

개발자 경력 초기에는 그저 시스템의 한 부분만을 담당했다. 팀장은 내게 새로운 기능에 대한 요구 사항을 전해 줬다. 이 요구 사항에는 무엇이 '올바른 것'인지 이미 정해져 있었으므로 내가 작성한 코드가 이 올바른 동작을 구현하면 내 일은 그것으로 끝이었다.

사용 가능한 수단도 제한적이었다. 당시 우리는 C 표준 라이브러리와 오라클을 사용했다. 게다가 모든 사람이 같은 방법으로 코드를 작성했다.

몇 년이 지나자 나의 시야가 넓어졌다. 고객을 만나고 디자인과 구현 사이의 협상에 참여하기 시작한 것이다. 어떤 새 기능을 구현하는 데 좋지 않은 방향으로 코드를 작성해야 하는 경우에는 거꾸로 고객에게 같은 문제를 해결할 다른 방법을 제시하기도 했다.

이제 문제 해결은 내 업무의 본질이 아니라 전제조건이 되었다. 내 업무의 본질은 타인에게 유용한 제품을 관리하면서 내가 속한 조직(또는 세상)에 새로운 역량을 제공하는 것이었다.

문제에는 해결이라는 상태가 정해져 있다. 마치 야구 경기처럼 확실한 끝이 있다. 제품을 기준으로 생각하면 제품의 목적은 계속 유용한 도구가 되는 것이다. 마치 야구 선수가 경기에 계속 참여하고 싶어 하듯 말이다.

문제에는 보드게임처럼 정해진 수단이 있다. 하지만 제품의 지속 성장 측면에서 생각하면 우리는 이미 수많은 라이브러리와 서비스를 필요에 따라 선택할 수 있으며, 수많은 문제를 이미 다른 사람이 해결해 둔 상태다. 그래서 제품을 성장시키는 일은 마치 이런 모든 옵션을 포용할 수 있는 척하는 게임에 가깝다.

경력이 더 쌓이자 나의 시야는 더 넓어졌다.

요구 사항을 만족하는 코드를 푸시하는 일은 그저 내 업무의 시작일 뿐이다. 나는 그저 코드를 바꾸는 것 이상을 원한다. 나는 시스템의 변화를 목표한다. 내 앱의 새로운 기능은 내가 담당하는 시스템에 의존하는 현재 시스템에서 동작해야 한다. 그래서 나는 내 시스템에 의존하는 시스템을 담당하는 사람들과 함께 일하며 그들이 새로운 기능을 사용하기 시작하도록 돕는다.

나는 이제 '내 직업은 코드를 바꾸는 일이 아니라 변화를 설계하는 일'이라고 생각한다. 코드는 그저 세부 사항일 뿐이다.

변화의 설계는 기능 플래그, 하위 호환성, 데이터 마이그레이션, 점진적 배포 등이 갖춰져야 함을 의미한다. 또한 문서화, 유용한 에러 메시지, 협업하는 팀과의 사회적 연결 등도 의미한다.

한 가지 더. 기능 플래그, 사용이 금지된 deprecated 메서드, 하위 호환성을 처리하기 위해 if 문으로 도배한다고 해서 잘못된 코드라고 볼 수 없다. 이런 if 문은 변화를 표현하는 것뿐이다. 그리고 중요한 것은 변화이지 코드의 어떤 특정 상태가 아니다.

변화를 디자인한다는 것은 관측성(observability)을 구축해서 누가 금지된 기능을 여전히 사용하는지, 누가 새로운 기능에서 값을 얻어가는지 확인할 수 있음을 의미한다. 단순히 문제를 해결할 때에는 사람들이 이 기능을 좋아하는지, 해당 기능이 프로덕션에 배포가 되었는지 전혀 신경 쓰지 않았다. 하지만 제품을 성장시키는 지금의 나는 그런 부분에 신경을 많이 쓴다. 프로덕션 환경에서 얻는 자료로 제품을 어떻게 더 유용하게 만들 수 있는지 배울 수 있기 때문이다.

'올바른' 제품은 한 가지로 정의할 수 없다. 분명 많은 것이 올바르지 않기에 '오동작'하지 않도록 주의해야 한다. 그 외에는 '더 나은 것'에 초점을 맞춘다.

제품을 성장시키는 것은 문제를 해결하는 것과는 다른 측면에서 어려운 일이다. 열심히 일한다고 해서 성취감을 느낄 수 있는 것이 아니라 모호함과 정치, 콘텍스트 등 엉망진 창이다. 하지만 그 보상은 단순한 느낌 이상이다. 제품의 성장은 회사, 나아가 세상에 실질적 영향을 미친다. 바로 그 점이 문제를 해결하면서 느끼는 일반적인 재미보다 훨씬 큰 만족감을 준다.

'풀스택 엔지니어'는 마음가짐이다

마체이 발코비악(*Maciej Walkowiak*)

내가 처음 자바 개발자로 일하기 시작한 2007년에는 일상적인 웹 개발에 속하는 기술 스펙트럼은 매우 좁았다. 대부분 개발자가 알아야 할 데이터베이스 유형은 관계형 데이터베이스뿐이었다. 프론트엔드 개발은 HTML과 CSS만으로 이뤄졌으며 자바스크립트를 약간 활용하는 정도였다. 자바 개발 자체도 주로 스프링(Spring)이나 스트럿츠(Struts)와 하이버네이트(Hibernate)를 결합해 작업하는 형태였다. 당시에는 이 정도 기술만으로 애플리케이션 개발에 필요한 거의 모든 것을 처리할 수 있었다. 당시에는 존재하지 않는 용어였지만 그 당시 자바 개발자 대부분은 풀스택(full-stack) 개발자였다.

2007년 이후로 상황이 급변했다. 사용자 인터페이스는 점점 더 복잡해지고 이런 복잡성을 다루기 위해 고수준 자바스크립트 프레임워크가 도입되었다. 이제는 NoSQL 데이터베이스를 사용하며 이들은 서로 큰 차이점을 보인다. 카프카(Kafka)로 데이터를 스트리밍하고 래빗MQ(RabbitMQ)로 메시지를 처리하며 그 외에도 여러 기술을 사용한다. 게다가 많은 경우 테라폼(Terraform)이나 클라우드포메이션(CloudFormation)을 이용해 인프라스트럭처를 셋업하거나 유지보수하는 책임도 맡으며 심지어 쿠버네티스(Kubernetes) 클러스터를 사용하거나 설정하기도 한다. 전반적인 복잡도가 증가하면서 이제는 프론트엔드 개발자, 백엔드 개발자, 그리고 데브옵스 엔지니어 등으로 역할이 분리되기에 이르렀다. 그런데도 여전히 누군가를 풀스택 개발자라고 할 수 있을까? 그것은 용어 자체를 어떻게 이해하는가에 따라 다르다.

모든 기술을 전문가 수준으로 다룰 수는 없다. 자바 생태계가 얼마나 성장했는지 생각해 보면 자바 자체의 전문가가 되기도 쉽지 않다. 한 가지 위안이 되는 점은 굳이 전문가가 될 필요는 없다는 점이다. 다양한 프로젝트에서, 특히 기업 규모가 작을수록, 가장 이상적인 팀 구조는 한 분야에 적어도 한 명의 전문가를 확보하되 각 전문가가 자기 영역만 책임지지 않는 형태다. 백엔드 서비스 개발에 전문성을 가진 개발자도 - 완벽하지는 않더라도 - 프론트엔드 코드를 작성할 수 있고, 프론트엔드 개발자도 마찬가지다. 이렇게 팀을 구성하면 한 사람이 애플리케이션의 각 계층을 모두 손대야 하는 변경 사항도 개발할 수 있으므로 프로젝트를 더 빠르게 진행할 수 있다. 또한 누구나 어떤 작업도 수행할 수 있으므로 개선 회의(refinement meeting)에 대한 참여도도 높아진다.

더 중요한 것은 어느 특정 분야로 스스로를 제한하지 않으면 작업을 대하는 태도가 달라진다는 점이다. 누구도 '그건 내 일이 아닌데요' 따위의 말은 하지 않으며 개발자가 더 많은 것을 학습할 수 있다. 누군가 휴가를 가더라도 다른 사람이 그 사람의 일을 대신할 수 있으므로 문제가 되지 않는다. 물론 효율성이나 결과물의 품질이 다소 떨어질 수는 있지만 프로젝트를 계속 진행하기에는 충분하다. 또한 기술 스택에 새로운 기술을 도입하는 경우에도 새로운 팀원을 찾을 필요가 없다. 기존 팀원은 이미 자신이 익숙한 분야 외의 것을 다루는 데 익숙하기 때문이다.

그러므로 풀스택 개발자는 결국 마음가짐이다. 할 수 있다는 태도로 시니어(senior)이면서 동시에 주니어(junior)가 되는 것이다.

가비지 컬렉션은 나의 친구

홀리 쿠민스(*Holly Cummins*)

불쌍한 가비지 컬렉션. 비난만 받고 대접은 받지 못하는 안타까운 자바 영웅 중 하나다. 자바가 가비지 컬렉션을 주류 언어로 가져오기 이전에 프로그래머가 선택할 수 있는 옵션은 없었다. 그저 자신이 할당(allocate)한 모든 메모리를 손수 추적해서 더 사용하지 않게 되면 이를 해제(deallocate)해야 했다. 이 과정은 어렵다. 아무리 숙련되었다 하더라도 메모리를 손수 해제하는 것은 메모리 누수(메모리 해제가 너무 늦은 경우)나 심지어 크래시(메모리 해제를 너무 빨리 한 경우)의 원인이 된다.

자바 GC(Garbage Collection)는 필요에 의해 지불해야 하는 비용으로 취급되며 'GC 시간의 단축'은 가장 보편적인 성능 가이드라인이다. 하지만 현대의 가비지 컬렉션은 메모리 할당/해제보다 더 빠르게 동작하며 GC가 실행되는 시간에도 속도를 높일 수 있다. 어째서? 가비지 컬렉터는 메모리 해제 외에 다른 작업도 수행하기 때문이다. 즉, 메모리의 할당과 메모리상 객체 재정렬도 실행한다. 좋은 메모리 관리 알고리즘은 단편화와 경합을 줄여 효과적으로 메모리를 할당한다. 또한 객체를 재정렬해서 처리량을 향상하고 응답 시간을 줄인다.

어째서 메모리상 객체 위치가 애플리케이션 성능에 영향을 주는 걸까? 프로그램 실행 시간 대부분을 차지하는 것은 하드웨어에 묶여 있거나 메모리 접근을 기다리는 시간이다. 힙 메모리로의 접근은 명령 처리보다 위치적으로 느릴 수밖에 없다. 그래서 현대의 컴퓨터는 캐시를 사용한다. 프로세서의 캐시에서 객체를 불러오면(fetch) 이웃한 데이터도 함께 가져오게 된다. 그래서 다음 작업에서 이웃한 데이터에 접근하면 빠르게 실행된다. 이렇게 동시에 사용하는 객체를 메모리상에 서로 가깝게 배치하는 것을 객체 지역성(object locality)라고 하며 성능 향상에 도움이 된다.

효율적인 배치의 장점은 더욱 명확하다. 힙 메모리가 파편화되어 있으면 프로그램이 객체를 생성할 때 충분한 크기의 빈 메모리 공간을 찾는 시간이 오래 걸린다. 실험 삼아 강제로 GC가 더 자주 실행되게 하면 GC 오버헤드는 많이 증가하지만 애플리케이션 성능이 향상된다.

GC 전략은 JVM 구현체마다 다르며 각 JVM은 여러 설정 옵션을 제공한다. JVM 기본값은 보편적으로 큰 문제가 없지만 몇몇 메커니즘과 가능한 설정 변경을 알아 둘 필요가 있다. 처리량과 응답 지연 사이에는 트레이드오프가 있으며 워크로드는 최적의 선택에 영향을 준다.

스톱-더-월드(stop-the-world) 컬렉터는 모든 프로그램 동작을 멈추므로 안전하게 메모리를 수집할 수 있다. 동시적(concurrent) 컬렉터는 수집 작업을 애플리케이션 스레드에 넘기므로 전체적인 멈춤 현상은 없다. 대신 각 스레드에서 약간 지연이 발생한다. 명시적인 멈춤 현상은 없지만 동시적 컬렉터는 스톱-더-월드 컬렉터보다 효율성이 떨어지므로 (마우스 재생이나 GUI와 같이) 멈춤 현상을 느낄 수 있는 애플리케이션에 더 적합하다.

수집 자체는 복사나 표시 후 삭제(marking and sweeping) 방식으로 이뤄진다. 표시 후 삭제 방식은 힙 메모리를 훑어보고 빈 공간을 확인한 후 그 공간에 새 객체를 할당한다. 복사 컬렉터는 힙을 두 영역으로 분리한다. 객체는 '새 공간'에 할당한다. 이 공간이 가득 차면 여기에 할당된 객체를 예약된 공간으로 복사한 후 메모리 공간을 서로 바꿔치기한다. 보편적인 워크로드상에서는 대부분 객체가 이른 시기에 소멸한다(이를 세대 가설(generational hypothesis)이라고 한다). 객체의 수명이 짧으면 복사 단계가 훨씬 빨라진다(복사할 것이 없기 때문이다!). 하지만 객체가 오래 존속하면 수집 작업의 효율성이 떨어진다. 복사 컬렉터는 불변 객체에 적합하며, (대부분 좋지 않은 선택이지만) 객체 풀링 '최적화'와는 최악의 궁합을 보인다. 한 가지 장점은 복사 컬렉터는 힙 메모리를 압축하므로 근거리 객체 할당과 빠른 객체 접근(캐시 미스(miss)가 적다)을 제공한다는 점이다.

성능을 측정할 때는 비즈니스 가치와 관련 있어야 한다. 초당 트랜잭션, 평균 서비스 시간 또는 최악의 응답 지연을 최적화하자. 하지만 GC가 소비하는 시간을 너무 세세히 최적화할 필요는 없다. GC가 소비하는 시간은 실질적으로 프로그램의 속도에 도움이 되기 때문이다.

이름 짓기를 잘 하자

피터 힐튼(*Peter Hilton*)

> 무엇보다 필요한 것은 의미를 두고 단어를 선택하는 것이지 그 반대가 아니다. 단어를 선택
> 하는 데 최악의 방법은 그 단어에 굴복하는 것이다.
>
> —조지 오웰(George Orwell)

이름을 더 잘 지으면 무엇보다도 코드의 유지보수성 향상에 도움이 된다. 물론 유지보수
가 용이한 코드를 작성하려면 좋은 이름 짓기 외에도 생각할 것이 많다. 하지만 좋은 이
름 짓기는 굉장히 어려우며 그래서 대부분 등한시한다. 다행히 프로그래머는 도전을 좋
아한다.

먼저 무의미한 이름(foo), 너무 추상적인 이름(data), 중복된 이름(data2), 모호한 이름
(DataManager), 약자나 줄인 이름(dat), 한 글자(d) 등은 피하는 것이 좋다. 이렇게 모호
한 이름을 사용하면 프로그래머가 시간을 들여 코드를 읽은 후에야 코드를 작성할 수
있으므로 모든 사람의 업무 속도가 저하된다.

다음으로 더 나은 이름을 위한 가이드라인을 도입하자. 간편한 의미를 가진 단어를 사
용하면 코드 스스로 자신의 의미를 표현할 수 있다.

이름을 지을 때 단어를 최대 4개 사용하고 (id나 문제 도메인에 적용된 것을 제외하고) 약어
는 사용하지 말자. 한 단어만으로 충분한 경우는 드물다. 네 단어 이상 사용하는 것은
어설프며 더는 의미를 부여하지 않는다. 자바 프로그래머는 클래스 이름은 길게 짓지만
그다지 좋은 방법이 아닌데도 지역 변수 이름은 짧게 짓는 편이다.

문제 도메인의 용어(도메인 주도 디자인의 유비쿼터스 용어)를 배우고 사용하자. 그러면 훨씬
간편하다. 출판 업계에서는 텍스트를 변경하는 것을 변경 주체에 따라 개정(revision)이나

편집(edit)이라고 한다. 단어를 스스로 만들어내지 말고 위키피디아의 토픽을 읽어보고 해당 도메인에서 일하는 사람과 대화하면서 그들이 사용하는 단어를 내 용어 사전에 추가하자.

복수형은 집합 명사로(예를 들면 appointment_list 대신 calendar로) 대체하자. 더 나아가 더 짧고 간편한 이름을 지을 수 있도록 영어 어휘 능력을 키우자. 영어권 국가 출신이 아니라면 어렵겠지만 어쨌든 누구나 해당 도메인의 용어를 학습해야 한다.

엔티티 쌍의 이름은 관계의 이름으로(예를 들면 company_person은 employee, owner, shareholder 등으로) 대체하자. 필드를 정의할 때는 필드 타입과 해당 필드를 가진 클래스 사이의 관계를 이름으로 사용한다. 보통은 명시적으로 이름을 지정할 수 있도록 새 변수, 메서드, 클래스를 추출하는 것이 좋다.

자바에서는 객체와는 별개로 클래스 이름을 지정하므로 좋은 이름을 짓는 데 도움이 된다. 기본 타입이나 JDK가 제공하는 클래스 이름 대신 자신이 정의하는 타입의 이름을 지어야 한다. 예컨대 String 대신 CustomerName처럼 더 명확한 이름으로 클래스를 선언해야 한다. 그렇지 않으면 빈 문자열처럼 대입할 수 없는 문자열은 주석으로 문서화해야 한다.

클래스와 객체 이름을 혼합하지 말자. 날짜 필드인 dateCreated는 created로 바꾸고 Boolean 타입의 필드 isValid는 valid로 바꾸자. 그러면 객체 이름에 타입이 중복되는 상황을 방지할 수 있다. 객체에는 서로 다른 이름을 지정하자. 즉, Customer 타입의 변수에 customer라는 이름 대신 더 구체적인 이름을 사용하자. 예컨대 알림을 보낼 때는 recipient, 제품 리뷰를 등록할 때는 reviewer 등의 이름을 사용하는 것이 좋다.

이름 짓기의 첫 번째 단계는 클래스 이름은 명사절을 사용하는 등의 기본 이름 규칙을 사용하는 것이다. 좋은 이름을 짓는 다음 단계는 여기서 설명한 가이드라인을 사용하는 것이다. 하지만 가이드라인에는 한계가 있다. 자바빈 명세 때문에 그 시대의 자바 프로그래머는 객체 캡슐화를 위반하고 rate 같은 좋은 이름 대신 setRating 같은 모호한 메서드 이름을 사용해도 된다고 배웠다. Customer.instance().rating(FIVE_START). active() 같은 빌더 API처럼 메서드 이름을 지을 때는 명령형의 동사절을 사용할 필요가 없다. 결국, 이름 짓기를 마스터한다는 것은 구시대의 규칙 중 어떤 것을 지키지 않을 지 선택하는 것이다.

이봐 프레드, 해시맵 좀 전해 주겠는가?

커크 페퍼다인(*Kirk Pepperdine*)

이런 장면을 상상해 보자. 오래된 나무책상 몇 개가 서로 마주 보는 오래되고 비좁은 사무실이 있다. 각 책상에는 검은색 낡은 다이얼 전화기와 재떨이가 놓였다. 그중 한 책상은 고객 데이터를 저장하는 ArrayList를 가진 검은 HashMap이다. Acme Inc에 연락해야 하는 샘(Sam)은 HashMap을 찾기 위해 사무실을 훑어본다. 마침내 HashMap을 찾은 그는 이렇게 소리친다. '이봐 프레드(Fred), 거기 해시맵 좀 전해 주겠는가?' 이런 상황을 상상할 수 있나? 글쎄, 필자 생각은 그렇지 않다.

프로그램을 작성할 때 중요한 부분은 어휘(vocabulary)다. 사용하는 단어는 모두 우리가 모델링하는 도메인을 구성하는 뭔가를 표현해야 한다. 무엇보다 이 코드는 다른 사람이 읽고 이해해야 하는 모델을 표현한다. 따라서 어휘 선택은 코드를 이해하는 데 도움이 되기도 하고 방해가 되기도 한다. 이상하게도 어휘 선택은 단순히 가독성에만 영향을 미치지 않는다. 우리가 사용하는 단어는 우리 손에 들려 있는 문제를 생각하는 방법에도 영향을 미친다. 그 결과 코드 구조, 선택하는 알고리즘, API 형태, 시스템이 목적에 부합하는 정도, 시스템 유지보수와 확장 용이성에도 영향을 미치며 나아가 프로그램이 얼마나 잘 실행되느냐에도 영향을 미친다. 그렇다. 우리가 코드를 작성할 때 사용하는 어휘는 매우 중요하다. 그런 만큼 코드를 작성할 때 사전을 옆에 두는 것은 이상하리만치 도움이 된다.

이 장의 첫머리에서 언급한 우스꽝스러운 예시를 다시 생각해 보자. 당연히 아무도 HashMap을 전해 달라고 부탁하지 않는다. 프레드에게 HashMap을 전해 달라고 하면 상대방은 어처구니없어 할 것이다. 그런데 도메인을 모델링한 방법을 살펴보면 이름순으로 정렬된 고객 연락처 데이터를 조회해야 한다는 것을 알 수 있다. 이 때문에 HashMap이 필요하다. 도메인을 더 깊이 분석해 보면 Rolodex[1]에 깔끔하게 정리된 인덱스 카드에 연락처 정보가 기록되어 있음을 발견할 것이다. 따라서 HashMap을 Rolodex라는 단어로 바꾸면 더 나은 추상화를 코드에 제공할 수 있을 뿐만 아니라 코드를 읽는 사람도 작성자의 의도를 더 잘 이해할 수 있다.

여기서 말하려는 것은 기술적인 클래스 이름이 우리가 모델링하는 도메인의 어휘와 일치하는 경우는 드물다는 점이다. 클래스 이름은 더 깊고 더 의미 있는 추상화를 구현하기 위한 빌딩 블록을 제공할 뿐이다. 유틸리티 클래스가 필요하다는 것은 어딘가 추상화를 놓쳤다는 적색 신호다. 게다가 API에 클래스 이름이 노출되는 것도 적색 신호라고 봐야 한다.

예를 들어 어떤 메서드 시그너처에 이름을 표현하는 String과 성을 표현하는 String 매개변수가 필요하다고 가정해 보자. 이 매개변수를 이용해 다음과 같이 HashMap에 저장된 데이터를 조회한다.

```
return listOfNames.get(firstName + lastName);
```

문제는 여기서 놓친 추상화가 무엇이냐는 점이다. 두 필드로 하나의 키를 만드는 방법은 복합 키(composite key)라고 한다. 이 추상화를 이용하면 다음과 같이 코드를 작성할 수 있다.

```
return listOfNames.get(new CompositeKey(firstName, lastName));
```

이렇게 바꾼 코드를 벤치마크해 보면 3배나 빠르다는 점을 알 수 있다. 게다가 필자의 관점에서는 표현력도 더 좋다. CompositeKey 클래스를 사용하면서 문제의 본질을 더 잘 표현할 수 있게 됐다.

---

1 역주: 여러 개의 연락처 카드를 묶어 두고 하나씩 넘겨서 찾을 수 있도록 한 장치

널을 피하는 방법

카를로스 오브레건(*Carlos Obregón*)

토니 호어(Tony Hoare)는 널(null)을 '10억 달러짜리 실수'라고 부른다. 널은 실수가 맞다. 그러므로 널을 사용하는 코드를 기피하는 버릇이 생긴 것이다. 널 값을 가질 수 있는 객체를 참조하면 이 객체의 메서드를 호출하기 전에 반드시 객체가 널 값을 가졌는지 확인할 것을 기억해야 한다. 하지만 널 참조와 널이 아닌 참조 간에 명확한 차이가 없으므로 이 사실을 쉽게 잊어버리고 결국 NullPointerException이 발생하게 된다.

이 문제를 회피할 수 있는 안전한 방법은 가능하면 다른 방법을 사용하는 것이다.

변수를 널 값으로 초기화하지 말자

어떤 값을 저장할지 결정하기 전에 변수를 선언하는 것은 대부분 좋은 생각이 아니다. 초기화가 복잡하다면 초기화 로직을 메서드로 옮기자. 예를 들어 다음 코드는 좋지 않은 초기화의 예다.

```java
public String getEllipsifiedPageSummary(Path path) {
    String summary = null;
    Resource resource = this.resolver.resolve(path);
    if (resource.exists()) {
        ValueMap properties = resource.getProperties();
        summary = properties.get("summary");
    } else {
        summary = "";
    }
    return ellipsify(summary);
}
```

이 코드는 다음과 같이 수정하는 것이 좋다.

```
public String getEllipsifiedPageSummary(Path path) {
    var summary = getPageSummary(path);
    return ellipsify(summary);
}

public String getPageSummary(Path path) {
    var resource = this.resolver.resolve(path);
    if (!resource.exists()) {
        return "";
    }
    var properties = resource.getProperties();
    return properties.get("summary");
}
```

변수를 널 값으로 초기화하면 에러 처리 코드를 제대로 작성하지 않을 경우 의도치 않게 널 값을 노출하게 된다. 그러면 다른 개발자가 문제를 인지하지 못한 채 코드의 흐름을 변경할 수도 있다. 그리고 그 개발자가 코드를 작성한 3개월 후의 여러분 자신일 수도 있다.

널 값을 리턴하지 말자

이 메서드의 시그니처를 보면 해당 메서드가 항상 T 타입의 객체를 리턴하는지, 경우에 따라서는 그렇지 않을 수도 있는지 이해할 수 있어야 한다. 따라서 Optional<T>를 리턴하는 것이 코드를 더욱 명확하게 만드는 방법이다. Optional의 API를 사용하면 T 값이 할당되지 않을 경우를 훨씬 쉽게 처리할 수 있다.

널 값 매개변수를 전달하거나 받지 말자

T 객체가 필요하다면 이 객체를 전달해 달라고 요구하자. 이 객체가 없어도 된다면 아예 요구하지 말자. 매개변수를 선택적으로 사용할 수 있다면 해당 매개변수를 가진 메서드와 갖지 않는 메서드 등 메서드를 2개 생성하자.

예를 들어 JDK의 Graphics 클래스는 매개변수가 5개 필요하며 6번째 ImageObserver 매개변수를 선택적으로 지정할 수 있는 메서드를 제공한다. ImageObserver 인스턴스가 없다면 다음과 같이 널 값을 전달하면 된다.

```
g.drawImage(original, X_COORD, Y_COORD, IMG_WIDTH, IMG_HEIGHT, null);
```

이런 경우에는 처음 매개변수 5개만 요구하는 다른 메서드를 정의하는 편이 낫다.

허용할 수 있는 널 값

그렇다면 언제 널 값을 허용할 수 있을까? 예를 들면 애트리뷰트(attribute)의 값을 다루는 클래스의 상세 구현에서 널 값을 허용할 수 있다. 이 경우 값이 존재하지 않을 수 있음을 인지해야 하는 코드를 같은 파일에 작성하자. 그러면 값이 널일 수 있음을 쉽게 추측할 수 있고 널 값을 외부로 리턴하는 경우도 쉽게 방지할 수 있다.

따라서 애트리뷰트를 다루지 않는다면 코드에서 상위 구문을 이용해 널을 사용하지 않는 것이 가능하다. 널이 필요하지 않은 곳에서 널을 사용하지 않으면 널 값이 유출되어 NullPointException 예외가 발생하는 것이 불가능해진다. 그리고 이 예외가 발생하지 않으면 이 10억 달러짜리 문제를 해결하는 셈이다.

JVM의 크래시를 유발하는 방법

토마스 론존(*Thomas Ronzon*)

요즘은 새 API, 멋진 라이브러리, 반드시 경험해 봐야 할 기술이 너무 많아서 최신 트렌드를 따라잡기가 어렵다.

하지만 자바 개발자로서 정말 이 정보를 다 알아야 할까? 여러분이 작성한 소프트웨어가 실행 중인 환경은 어떤가? 이 중에 문제가 있어서 여러분의 소프트웨어에 크래시(crash)를 유발했는데 실질적인 문제가 라이브러리나 코드 외부에서 발생해서 왜 이 문제가 발생했는지 이해하거나 찾아낼 수 없다면 더 문제가 아닐까? 다른 시각에서 이 주제를 바라볼 준비가 되었는가?

여기 한 가지 과제가 있다. 여러분의 자바 가상 머신에 크래시를 유발하는 방법을 찾아보자(아니면 최소한 정상적으로 작동하던 코드가 갑자기 의도치 않게 멈추도록 해 보자). 더 많은 방법을 찾을수록 여러분 주변의 것을 더 잘 이해하고 실행 중인 소프트웨어 시스템에서 잘못될 수 있는 부분을 알아보게 될 것이다.

다음의 몇 가지 예시를 살펴보자.

1. 최대한 많은 메모리를 할당해 보자. RAM은 무한하지 않다. 더 할당할 RAM이 없으면 메모리 할당이 실패한다.
2. 하드디스크에 여유 공간이 없어질 때까지 데이터를 기록해 보자. RAM과 같은 문제가 발생할 것이다. 물론 하드디스크는 RAM보다 크지만 디스크 공간도 무한하지 않다.
3. 최대한 많은 파일을 열어보자. 여러분의 환경이 지원하는 파일 서술자(descriptor)의 최대 개수를 알고 있는가?
4. 최대한 많은 스레드를 생성해 보자. 리눅스 시스템에서는 '/proc/sys/kernel/pid_max'

파일을 통해 시스템에서 얼마나 많은 프로세스가 실행 중인지 알 수 있다. 현재 시스템에서 얼마나 많은 스레드를 생성할 수 있는가?

5. 파일시스템의 .class 파일을 직접 수정해 보자. 수정한 파일로 다시는 애플리케이션을 실행할 수 없을 것이다.

6. 직접 프로세스 ID를 찾아보고 Runtime.exec를 이용해 프로세스를 킬(kill)해 보자(예를 들어 프로세스 ID로 kill -9 명령을 실행해 보자).

7. System.exit만 호출하는 클래스를 런타임에 생성하고 동적으로 클래스 로더로 로드한 후 호출해 보자.

8. 최대한 많은 소켓 연결을 생성해 보자. 유닉스 시스템에서 생성할 수 있는 소켓 연결의 최대 수는 최대 파일 서술자의 수(대부분 2,048)와 같다. 애플리케이션이 실행 중인 시스템에서 최대로 생성할 수 있는 소켓 연결은 몇 개인가?

9. 시스템을 해킹해 보자. 코드나 wget을 이용해 시스템을 탈취하는 소프트웨어를 다운로드해 실행한 후, 유닉스 시스템은 root 계정으로 shutdown -h 명령을, 윈도우 시스템에서는 shutdown /s를 관리자 권한으로 실행해 보자.

10. 안전장치를 건너뛰어 보자. 자바 안정성은 언어 디자인의 일부이자 JVM의 바이트코드 검증의 일부로 구현되었다. JVM을 -noverify나 -Xverify:none 스위치를 이용해 실행해서 바이트코드 검증을 비활성화한 후, 평소에는 허용되지 않던 코드를 작성해서 실행해 보자.

11. Unsafe 클래스를 사용해 본다. 이 백도어(backdoor) 클래스는 메모리 관리 같은 저수준 리소스에 접근할 때 사용한다. 문법은 자바지만 코드의 안정성은 C 언어와 유사해진다.

12. 네이티브 코드를 작성해 본다. C 언어를 사용해서 C 언어의 안정성을 토대로 코드를 작성해 본다.

JVM에 크래시를 유발할 자신만의 방법을 찾고 동료의 생각을 들어보자. 그리고 면접을 볼 때 후보자에게도 물어보자. 답변에 따라 후보자가 IDE가 없이도 업무가 가능한지 아닌지 금세 알 수 있을 것이다.

덧: JVM에 크래시를 유발할 창의적인 방법을 찾는다면 필자에게도 알려주길 바란다!

지속적 전달로 반복가능성과 감사가능성 향상하기

빌리 코란도(*Billy Korando*)

뭔가를 손으로 만드는 것은 투입하는 시간과 노력으로 그 가치가 생겨나며 약간의 결점이 오히려 특색과 독특함이 되기도 한다. 음식이나 가구, 그림 등은 이처럼 품질이 약간 떨어져도 충분히 가치가 있을 수 있지만 코드의 전달 관점에서 보면 이런 품질은 조직의 성공에 큰 장애물이 된다.

사람은 같은 작업을 반복하는 것에 익숙하지 않다. 설령 꼼꼼한 사람이라 하더라도 애플리케이션을 배포하기 위한 일련의 복잡한 단계를 수행하다 보면 실수하기 마련이다. 어떤 단계를 건너뛴다든가 다른 환경에서 작업을 실행하든가, 다른 방법으로 잘못 실행하면 배포가 실패하게 된다.

배포가 실패하면 그 원인을 찾는 데 엄청난 시간이 소모된다. 게다가 배포 절차를 수동으로 실행하면 중앙 제어 지점이 없고 과정이 불투명해서 조사 작업에 큰 방해가 된다. 일단 원인을 찾으면 대부분은 해당 문제의 재발을 방지하기 위해 또 다른 계층을 추가하지만 결국은 배포 절차 자체가 더 복잡하고 어려워질 뿐이다.

많은 조직이 코드 전달에 어려움을 겪는다는 것은 놀라운 사실은 아니다. 그리고 많은 조직이 지속적 전달을 도입해 이 문제를 해결하기 시작했다. 지속적 전달(CD, Continuous Delivery)은 코드를 프로덕션 환경에 전달하는 단계를 자동화하는 방법이다. 개발자가 변경 사항을 커밋(commit)하는 시점부터 해당 변경 사항이 프로덕션 환경에 배포될 때까지의 모든 과정에 포함된 테스트, 변경 제어, 배포 처리 등은 반드시 자동화해야 한다.

CD를 도입하는 주된 계기는 코드를 배포하는 데 드는 시간과 노력을 줄이기 위해서다. CD를 도입하면 시간과 노력의 절감 면에서 엄청난 장점이 있다. 하지만 CD의 장점은 그것만이 아니다. CD를 도입하면 배포 절차의 반복가능성(repeatability)과 감사가능성(auditability)이 향상된다. 이 부분에 주목해야 하는 이유는 다음과 같다.

반복가능성

코드 배포 절차를 자동화한다는 것은 각 단계를 스크립트화해서 사람 대신 컴퓨터가 실행하게 하는 것이다. 반복 작업의 실행은 사람보다 컴퓨터가 훨씬 나으므로 배포 단계의 반복가능성이 크게 향상된다.

반복할 수 있는 절차는 본질적으로 위험도가 낮으므로 조직은 더 작은 변경 내역을 더 자주 릴리스할 수 있다. 따라서 성능 같은 특정 이슈를 수정하려는 목적의 릴리스도 실행할 수 있다는 부차적인 장점도 얻을 수 있다. 따라서 릴리스에 성능과 관련한 변경만 포함해서 변경으로 인해 성능이 향상되었는지, 감소하였는지 아니면 아무런 영향이 없는지도 쉽게 측정할 수 있다.

감사가능성

배포를 자동화하면 투명성이 크게 향상되어 본질적으로 감사가능성이 향상된다. 배포 절차를 실행하는 스크립트와 이 스크립트에 전달하는 값은 버전 제어에 저장되어 손쉽게 리뷰할 수 있다. 게다가 자동화된 배포는 감사에 도움이 되는 보고서를 생성하기도 한다. 이처럼 배포 절차의 감사가능성이 향상된다는 점 때문에 스타트업에서 덜 중요한 애플리케이션의 배포에 사용하던 CD가 이제는 규제와 통제가 심한 업계에서도 기본적으로 도입하는 기술이 되었다.

필자는 CD에 대해 처음 들었을 때는 원할 때마다 배포한다는 개념이 무척 마음에 들었다. 제즈 험블(Jez Humble)과 데이비드 팔리(David Farley)가 집필한 《Continuous Delivery》(Addison-Wesley)를 읽은 후에는 여러 면에서 시간과 노력을 절감할 수 있다는 것보다는 반복가능성과 감사가능성이 향상된다는 점이 더 중요하다는 사실을 깨달았다. 현재 여러분의 조직에서 프로덕션 환경에 코드를 전달하는 데 어려움을 겪고 있다면 이번 장의 내용이 CD를 도입하기 위한 사례를 만드는 데 도움이 되길 바란다.

자바는 자바만의 강점이 있다

제니퍼 레이프(*Jennifer Reif*)

우리는 모두 자신이 선호하는 것을 선택하고 나머지 옵션은 등한시한다(색상, 차, 스포츠 팀 등). 프로그래밍 언어의 선택도 예외는 아니다. 단순히 다루기 편해서 선택했든 아니면 직업을 얻기 위해 선택했든 우리는 그 선택에 집착한다.

이번 장에서는 자바에 초점을 맞춘다. 자바 언어에 대한 불만도 많고 칭찬도 많다. 지금부터는 필자의 경험담을 이야기하는 것이며 다른 사람의 경험과는 차이가 있을 수 있다.

개인적인 자바 사용 경력

먼저 필자의 관점으로 이 언어를 바라보자.

필자가 애플리케이션 프로그래밍을 처음 접한 것은 대학에서 자바를 사용할 — 도입을 검토하고 있을 — 때였다. 그전에는 HTML, 앨리스(Alice), 비주얼 베이직(Visual Basic)에 대한 기초 과정을 몇 개 수강했을 뿐이었다. 그중에 복잡한 코드 구조를 다루는 과정은 없었다. 그래서 필자가 엔터프라이즈 환경과 중요한 절차를 프로그래밍해 본 언어는 자바가 처음이었다. 그 후로 여러 언어를 다뤄봤지만 여전히 자바를 사용하고 있다.

자바의 디자인과 배경

자바는 1995년에 출시되었으며 C와 유사한 문법과 WORA(Write Once, Run Anywhere) 원칙을 따른다. 자바의 목표는 C 계열 언어에 필요한 복잡한 프로그래밍을 단순화하고 JVM을 이용해 플랫폼 독립성을 제공하는 것이었다.

필자의 생각에 언어의 역사를 이해하는 것은 장단점이 있다. 배경을 이해하면 창시자가 다른 목적을 이루기 위해 어떤 것을 희생했는지 이해하게 되기 때문이다.

자바의 단점

자바에 대한 불만 대부분은 배포할 파일 크기가 크다는 것과 문법이 장황하다는 것이다. 물론 맞는 말이지만 자바의 역사를 설명한 이전 내용에서 이미 그 이유를 설명했다.

먼저 자바의 배포 파일은 전반적으로 크기가 크다. 자바의 역사에서도 알 수 있듯이 '한 번 작성해서 어디서든 실행'을 목적으로 개발되었으므로 같은 애플리케이션을 어떤 JVM 구현체에서도 실행할 수 있다. 이는 단일 JAR로 배포하든 아니면 여러 컴포넌트(WAR 파일 + 앱 서버 + JRE + 의존성)로 배포하든, 배포 파일에 모든 의존성을 포함해야 한다는 뜻이다. 그래서 배포 파일의 크기가 커진다.

둘째로 자바는 장황하다. 다시 말하지만 필자는 자바의 디자인 때문이라고 본다. 자바는 C 및 유사 언어가 주류 언어인 시절에 개발되었으며 당시에는 개발자가 저수준의 상세 내용을 모두 알아야 했다. 자바의 목표는 이런 상세 내용을 추상화해서 더 사용자 친화적인 언어가 되는 것이었다.

필자가 자바를 좋아하는 이유

- 자바는 개발자가 무엇을 어떻게 개발하고 있는지 설명해 준다. 다른 언어에서는 작성해야 할 코드가 조금 더 적을 수도 있지만 실질적으로 어떤 동작이 이루어지는지 이해도는 낮을 것이다. 필자는 이런 상황에 놓이는 것을 선호하지 않는다.
- 적용 범위가 넓은 기술이다. 자바의 다양한 기능을 다룬다는 것은 비즈니스와 기술 시장 모두에 대한 지식을 품을 수 있게 해 준다. 자바는 그저 장점이 풍부한 언어가 아니라 가장 오래 존속하는 언어다.
- 자바는 모든 스택과 영역의 기술을 다룰 수 있게 해 준다. 마치 다른 모든 것과의 연결고리 같다. 나는 이것저것 손대기를 좋아하고 자바는 그럴 수 있는 가능성을 열어준다.

개발자에게 의미하는 바는?

시장에는 비즈니스 요구에 부합할 수 있는 다양한 옵션이 존재한다. 한 가지 옵션으로 모든 요구를 충족할 수 없으므로(그리고 그래서도 안 되므로) 개발자는 수행할 작업에 가장 적합한 언어를 선택해야 한다. 여러분은 자바를 주 언어로 고려하지 않을 수도 있겠지만 필자는 여전히 배워 둘 가치가 있는 기술이라고 생각한다.

36

PROPOSAL

인라인식 사고

패트리샤 애아스(*Patricia Aas*)

컴퓨터는 변화했다. 컴퓨터는 다양한 방식으로 변화했지만 이번 장에서는 그중 중요한 한 가지, 즉 RAM으로부터 데이터를 읽는 상대적인 비용이 급격히 커지고 있다는 점에 중점을 둔다.

이 변화는 RAM으로의 접근이 애플리케이션 성능 지표를 완전히 장악할 때까지 점진적으로 이뤄졌다. CPU는 계속해서 메모리 접근이 완료될 때까지 기다린다. 그리고 RAM에 접근하는 비용은 레지스터(register)로의 접근 비용과 비교해 계속 증가해 왔고 칩 제조사는 더 용량이 큰 캐시를 더 많이 추가해 왔다.

물론 캐시는 훌륭하다. 다만 우리에게 필요한 것이 캐시에 저장된 때에만 그렇다.

캐시는 복잡하지만 규칙에 따라 메모리에 대한 후속 접근이 앞서 접근한 메모리에 가까울 것 또는 아주 근접하리라 예측한다. 그래서 메모리에서 실제 필요한 것보다 조금 더 많은 데이터를 가져와 캐시에 저장하며 이를 프리패칭(prefetching)이라고 한다. 나중에 발생한 메모리 접근이 필요한 값을 RAM 대신 캐시에서 읽을 수 있다면 이를 '캐시 친화적(cache-friendly)' 접근이라고 한다.

상대적으로 크기가 작은, 예를 들면 삼각형 같은 객체를 대량으로 저장한 배열을 순회해야 한다고 가정해 보자. 현대의 자바 환경에서는 실제로 삼각형의 배열을 사용하는 대신 삼각형 객체에 대한 포인터의 배열을 사용한다. 자바에서 보통 객체는 '참조 타입(reference type)' 즉 자바 포인터/참조를 이용해 접근할 수 있는 타입이기 때문이다. 그래서 배열은 메모리상에 인접한 공간에 저장되었다 하더라도 삼각형 객체 그 자체는 자바의 힙 메모리 어디든 저장되었을 수 있다. 그래서 이 배열을 순회하는 동작은 '캐시 비친화적(cache-unfriendly)'인 동작이 된다. 그 이유는 삼각형 객체를 찾아 메모리의 여기저기를 뛰어다녀야 하며 이 경우 캐시에 프리페치한 데이터는 거의 무용지물일 것이기 때문이다.

배열이 삼각형 객체에 대한 포인터가 아닌 실제 객체를 저장하고 있다고 가정해 보자. 이제 모든 객체가 근접한 메모리에 저장되었으므로 배열을 순회하는 동작은 훨씬 '캐시 친화적'인 동작이 된다. 다음에 참조할 삼각형 객체가 캐시에 바로 저장되었을 것이기 때문이다. 이렇게 배열에 직접 저장할 수 있는 객체 타입을 '값 타입(value type)' 또는 '인라인 타입(inline type)'이라고 한다. 자바는 이미 int와 char 같은 여러 인라인 타입을 제공하며 곧 '인라인 클래스(inline class)'라고 부르는 사용자 정의 타입도 지원할 것이다. 인라인 클래스는 보통의 클래스와 유사하지만 훨씬 간단하다.

캐시 친화적인 동작을 수행하는 또 다른 방법은 객체를 스택 프레임에 저장하거나 레지스터에 직접 저장하는 것이다. 인라인 타입과 참조 타입의 차이점은 인라인 타입은 힙 메모리를 할당할 필요가 없다는 점이다. 이는 현재 호출한 메서드의 범위 내에서만 유효한 객체를 저장할 때 유용하다. 이 객체와 관련한 스택은 이미 캐시에 있을 것이므로 스택상 객체에 접근하는 것은 캐시 친화적이라고 할 수 있다. 게다가 자바 힙 메모리에 할당되지 않은 객체는 가비지 컬렉터가 수집할 필요도 없다.

자바는 int나 char 같은 소위 '기본 자료 타입(primitive type)'을 다룰 때 캐시 친화적으로 동작한다. 기본 자료 타입은 인라인 타입이며 그로 인한 장점이 있다. 인라인 타입은 처음에는 다소 생소해 보이겠지만 여러분은 이미 이 타입을 다뤄 본 적이 있다. 그저 이 타입을 객체로 생각하지 않았을 뿐이다. 그러므로 '인라인 클래스'가 잘 이해되지 않는다면 'int 타입이라면 어떻게 동작할지' 생각해 보길 바란다.

37

PROPOSAL

코틀린과의 상호운용

세바스티아노 포기(*Sebastiano Poggi*)

최근 몇 년간 코틀린은 JVM 커뮤니티의 뜨거운 감자였다. 이 언어를 사용하는 개발자가 점점 늘어났고 모바일에서 백엔드 프로젝트로까지 이어졌다. 코틀린의 장점 중 하나는 자바와의 뛰어난 상호운용성(interoperability)이다.

코틀린 코드에서 어떤 자바 코드를 호출해도 잘 동작한다. 코틀린은 자바를 완벽하게 지원하지만 자바의 권장 사례를 제대로 따르지 않는다면 살짝 짜증 나는 점이 한 가지 드러난다. 바로 자바에 널 값을 허용하지 않는(non-nullable) 타입이 없다는 점이다. 자바 타입에 널 가능성 애노테이션(nullability annotation)을 적용하지 않으면 코틀린은 이 타입의 널 가능성을 모른다고 간주한다. 이런 타입을 플랫폼 타입(platform type)이라고 부른다. 만일 어떤 타입이 절대 널 값을 갖지 않을 것임을 확신한다면, 연산자를 이용해 그 타입을 널이 아닌 타입으로 강제하거나 널이 아닌 타입으로 변환하면 된다. 두 경우 모두 런타임에 해당 타입이 널 값을 갖게 되면 크래시가 발생한다. 이 상황을 처리하기 위한 최선의 방법은 @Nullable이나 @NotNull 같은 널 가능성 애노테이션을 자바 API에 추가하는 것이다. 지원하는 애노테이션으로는 젯브레인스(JetBrains), 안드로이드, JSR-305, 파인드버그스(FindBugs) 등이 있다(https://oreil.ly/hKoXx). 이렇게 하면 코틀린이 타입의 널 가능성을 이해할 수 있으며 자바 코드를 작성할 때 IDE로부터 추가 정보와 잠재적인 널 가능성에 대한 경고를 지원받을 수 있다. 그야말로 윈-윈이다.

자바에서 코틀린 코드를 호출한다면 대부분 코드는 잘 동작하겠지만 자바에 직접적으로 대응하지 않는 코틀린의 고급 언어 기능을 사용해야 하는 경우도 있다. 코틀린 컴파일러는 이 기능을 몇 가지 창의적인 방법으로 바이트코드에 적용하고 있다. 그래서 코틀린에서는 숨겨져 있지만 자바의 경우는 이 메커니즘을 전혀 인식하지 못하므로 API를 사용할 수는 있지만 코드가 완전히 최적화되지는 않는다.

최상위 선언이 좋은 예다. JVM 바이트코드는 클래스 외부에 메서드나 필드를 선언하는 것을 지원하지 않으므로 코틀린 컴파일러는 이런 필드나 메서드가 선언된 파일과 같은 이름을 가진 가공(synthetic) 클래스에 선언한다. 예를 들어 FluxCapacitor.kt 파일에 선언한 모든 최상위 심볼은 자바 입장에서 보면 FluxCapacitorKit 클래스의 정적(static) 멤버다. 코틀린 파일에 @file:JvmName("FluxCapacitorFuncs")처럼 애노테이션을 추가하면 이 가공 클래스의 이름을 변경할 수 있다.

(컴패니언) 객체[1]에 정의한 멤버가 바이트코드에서도 정적 멤버로 변환되길 원하겠지만 실제로는 그렇지 않다. 코틀린은 내부적으로 이 멤버를 INSTANCE라는 이름의 필드나 컴패니언 클래스의 중첩 클래스로 옮긴다. 이 멤버를 정적 멤버처럼 사용하고 싶다면 @JvmStatic 애노테이션을 추가하면 된다. 또한 @JvmField 애노테이션을 이용하면 (컴패니언) 객체의 속성을 자바에서 필드처럼 사용할 수도 있다.

마지막으로 코틀린은 선택적 매개변수에 기본값을 지정하는 것을 허용한다. 이는 매우 편리한 기능이지만 안타깝게도 자바는 이 기능을 지원하지 않는다. 자바에서는 선택적 매개변수를 포함한 모든 매개변수에 값을 제공해야 한다. 이 문제를 해결하려면 @JvmOverloads 애노테이션을 사용해 컴파일러가 모든 선택적 매개변수를 메서드 오버로드(overload)로 구현하도록 해야 한다. 이때 선택적 매개변수의 모든 조합에 대응하는 오버로드된 메서드가 생성되지 않고 코틀린에서 선언한 선택적 매개변수 순서에 따라 매개변수별로 하나의 오버로드된 메서드가 생성되므로 매개변수 순서가 중요하다.

요약하자면 코틀린과 자바는 거의 완전한 상호운용성을 제공한다. 다른 JVM 언어보다 코틀린이 좋은 점 중 하나다. 하지만 어떤 시나리오에서는 API에 작업을 약간만 추가해도 다른 언어에서 훨씬 더 쾌적하게 사용할 수 있다. 적은 노력으로 큰 결실을 얻을 수 있다면 그 방법을 택하지 않을 이유가 없다.

---

1 역주: 자바의 정적 클래스와 유사한 개념의 코틀린 클래스

일은 끝났어요. 그런데...

진 보야르스키(*Jeanne Boyarsky*)

스탠드업 회의나 일일 스크럼 회의에서 누군가 "일은 끝냈어요(done). 그런데..."라고 말하는 것을 얼마나 자주 들어봤는가? 나는 이 말을 들으면 '그럼 끝낸 게 아니잖아.'라는 생각부터 든다. 아직 끝나지 않은 일을 '끝났다'고 말하는 것에는 크게 세 가지 문제가 있다.

1. 의사소통과 명료성

이상적이라면 여러분의 팀은 끝에 대한 정의가 있어야 한다. 하지만 설령 그 정의가 없다하더라도 끝이라는 것이 무엇을 의미하는지 어떤 기대치는 있을 것이다. 그리고 현재 상태를 보고하는 사람이 끝에 대한 기대치가 뭔지 알고 있다면 더 나은 상황이다. 그렇지 않다면 어떤 작업의 끝이 정확히 어떤 상태인지 모른다는 뜻이다.

아직 끝나지 않은 상태는 테스트의 작성이나 문서화 또는 예외 상황에 대한 처리가 안된 경우가 보통이다. 혹시 이외에 다른 사항도 추가할 것이 있는지 잠깐 스스로 생각해보기 바란다. 마찬가지로 나는 끝 끝(done done)이라는 단어도 좋아하지 않는다. 이 단어는 끝이라는 단어가 실제로 끝을 의미하지 않는다는 점을 암묵적으로 받아들이고 있을 뿐이다.

아직 끝나지 않은 상태는 여러분이 더 많은 정보를 제공할 기회다. 예를 들어 "사용자가 정상 순서로 이 기능을 사용할 때를 가정한 코드는 다 작성했습니다. 이제 데이터 검증 코드를 추가할 거예요."라거나 "모든 코드 작업은 마쳤고 한 가지 남은 것은 사용자 설명서를 수정하는 것입니다." 또는 "끝냈다고 생각했는데 화요일에 위젯이 동작하지 않는다는 걸 알았어요."처럼 말하면 팀에게 더 많은 정보를 제공할 수 있다.

2. 인지(perception)

관리자는 끝이라는 단어를 좋아한다. 이 말은 이제 여러분이 다른 일을 더 하거나 다른 팀원을 도울 여력이 생겼다는 의미다. 또는 현재 작업에 더 많은 시간을 할애해야 할 일이 아니라면 무엇이든 할 수 있는 상태라는 뜻이다.

이제 첫 번째 작업을 완전히 끝내지 못한 상태에서 다른 작업을 시작했다고 생각해 보자. 바로 이 시점에 기술 부채(technical debt)가 생겨나는 것이다! 경우에 따라서는 선택에 의해 기술 부채를 남기기도 한다. 하지만 여러분이 끝내지 않은 일을 끝냈다고 말하는 바람에 기술 부채가 생기는 것보다는 논의를 거쳐 기술 부채를 남기도록 결정하는 것이 훨씬 올바른 선택이다.

나는 처음에 세 가지 문제를 지적했지만 지금까지 두 가지 문제만 설명했다. 이 시점에 내가 에세이 집필을 끝냈다고 말한다면 어떻게 들리겠는가? 실제로는 끝난 게 아니다.

3. 부분적인 완료 따위는 없다

끝이라는 것은 이분법적 상태다. 즉, 끝냈거나 끝내지 못한 상태가 있을 뿐이다. 부분적으로 끝낸 상태 따위는 없다. 기둥을 세우는 데 50%만 끝냈다고 말하는 상황을 생각해 보자. 이게 대체 무슨 의미일까? 기둥을 하나만 세운 상태일 수도 있다. 전혀 도움이 안 되는 정보다. 그보다는 기둥 하나는 세웠지만 나머지 하나도 세우고 그다음에 테스트도 해야 한다는 것을 의미하는 것일 가능성이 더 크다. 하지만 테스트하다 보면 다시 일의 처음으로 돌아가 뭔가 바꿔야 하는 상황이 되기 일쑤다. 이렇게 재작업이 필요한 경우라면 50%도 채 끝내지 못한 상황이라는 것을 의미한다. 그렇다면 처음에 50%를 끝냈다고 말한 것 자체가 너무 낙관적이지 않았을까?

반드시 기억하자. 실제로 끝내기 전까지는 절대 끝냈다고 말하지 말자.

자바 자격증:
기술 업계의 터치스톤

말라 굽타(*Mala Gupta*)

로봇 수술을 받아야 한다고 가정해 보자. 집도의는 경험이 풍부하고 자격도 충분하지만 수술용 로봇 장비 관련 자격증은 없다. 그래도 이 집도의에게 로봇 수술을 맡기겠는가? 그 집도의가 자신의 로봇 장비 기술을 증명하지 못한다면 필자는 절대 맡기지 않을 것이다.

비슷한 비유를 하나 더 들어보자. 중요한 프로젝트에 투입하기 전에 후보자의 기술을 어떻게 검증할 것인가? 대학에서 컴퓨터 과학 학위를 받았다는 것만으로는 충분치 않다. 대학 커리큘럼을 통해 얻은 기술은 실제 업무에서 필요한 기술과는 큰 차이가 있다.

독립 기술 훈련 조직은 이런 간극을 좁혀준다. 하지만 그것마저도 충분치 않다. 누가 후보자의 콘텐츠 품질을 측정할 것이며 어떻게 측정할 것인가? 바로 이 지점이 업계가 개입하는 지점이다.

터치스톤(touchstone)[1]이 좋은 비유다. 터치스톤은 고대에 금이나 화폐로 사용한 귀한 금속의 순도를 측정하기 위해 사용하던 원더스톤(wonderstone)이다. 금속 동전을 벽옥(jasper) 같은 짙은 규산질 돌에 문지를 때 발생하는 화려한 잔여물로 그 금속의 순도를 측정한 것이다.

오라클 같은 조직은 전문가 자격증의 형태로 개인의 능력을 벤치마킹하는 방법을 정의한다. 이 자격증이 일종의 터치스톤 역할을 해서 표준화된 방식으로 IT 기술에 대한 숙련도를 측정하는 것이다.

---

1 역주: 여기서는 비교를 위한 척도를 의미한다.

많은 사람이 컴퓨터 과학을 전공한 대학 졸업자나 대학원 졸업자에게 이런 전문 자격증이 필요한지 의문을 품는다. 대학의 커리큘럼에서 얼마든지 배울 수 있지 않은가? 이쯤에서 단기 관점과 장기 관점에서 생각해 볼 필요가 있다. 대학이나 대학원에서 컴퓨터 공학을 전공하는 것은 장기 관점에서 전략적인 선택이지만 전문 자격증을 취득하는 것은 즉시 프로젝트에 지원하는 데 필요한 기술을 갖췄음을 증명하고 단기 목표를 달성할 수 있는 전술적인 선택이다.

오라클이 인증하는 자바 전문 자격증의 수요는 대단하다. 이 자격증은 후보자가 정해진 요건을 충족하면 수여된다. 자격증에 따라 후보자는 특정 코스나 프로젝트를 완수하거나 시험을 통과해야 한다. 그 목적은 어떤 직군에 적합한지 특정 프로젝트에서 일할 자격이 있는지 확인하는 것이다. 공인 자격은 현재 후보자가 습득한 기술과 업계에서 필요한 기술 사이의 차이를 이어주고 프로젝트의 성공률을 높인다. 그리고 이런 자격증은 정기적으로 갱신된다.

오라클은 개발자가 관심 있어 하는 주제와 동선(pathway)을 정의하는 여러 자바 자격증을 갖추고 있다. 따라서 개발자는 자신의 관심에 따라 적절한 자격증을 선택할 수 있다.

검증된 기술은 특정 언어를 이용한 개인의 프로그래밍 능력이나 플랫폼, 방법론, 미래의 고용주에 대한 이해도에 신뢰성을 부여한다. 따라서 이력서 검토와 면접 선발이라는 초기 장애물을 극복하는 데 도움이 된다.

자바 자격증은 개인의 경력 향상에 도움이 된다. 사람이 직업을 찾거나 조직과 팀이 검증된 기술을 갖춘 인재를 찾을 때는 이 자격증을 고려하는 것이 첫 번째 단계일 것이다.

자바는 90년대생

벤 에번스(*Ben Evans*)

> 세상에는 사람들이 불만을 느끼는 언어와 아무도 사용하지 않는 언어, 두 가지만 존재할 뿐
> 이다.
>
> — 비야네 스트롭스트룹(Bjarne Stroustrup)

나는 스트롭스트룹이 프로그래밍 언어를 말하는 것인지 인간의 본질을 말하는 것인지
잘 모르겠다. 하지만 프로그래밍 언어의 디자인은 인간의 노력의 결실이라는, 자칫 잊기
쉬운 사실에 주목하게끔 했다. 그 결과 언어에는 항상 그 탄생 시기의 환경과 콘텍스트
가 담겨 있다.

그러므로 자바의 디자인에서 90년대 말의 흔적을 찾을 수 있다는 점은 놀라운 점이 아
니다. 물론 어느 부분을 확인해야 할지 아는 사람에게만 보이겠지만.

예를 들어 임시 평가 스택(temporary evaluation stack)의 지역 변수 0에서 객체 참조를 로
드하기 위한 바이트는 다음 2바이트다.

```
19 00 // aload 00
```

하지만 JVM 바이트코드의 set 명령은 그보다 1바이트 짧은 다음과 같은 결과를 생성한다.

```
2A // aload_0
```

1바이트를 절약한다는 것이 큰 의미는 없어 보이겠지만 전체 클래스 파일에 적용될 수도
있다.

이제 이 점을 떠올려보자. 90년대 말에는 전화선 모뎀을 이용해 자바 클래스(당시에는 애플릿이라고 불렀다)를 다운로드했다. 이 모뎀은 최대 초당 14.4킬로 비트의 엄청난(?) 속도를 자랑했다. 겨우 이 정도 대역폭을 사용할 수 있는 환경이었기에 자바는 최대한 바이트 수를 줄일 수밖에 없었다.

어쩌면 기본 자료 타입(primitive type)의 개념은 성능 향상을 위한 방책이자 (90년대에 탄생한) 새로운 언어인 자바에 입문하는 C++ 프로그래머가 조금 더 친숙함을 느끼게 하기 위한 장치였다고 생각할 수노 있다.

심지어 모든 자바 클래스의 '매직 넘버'(운영체제가 파일의 형식을 인식하도록 하기 위한 파일의 처음 몇 바이트) 역시 구식처럼 보인다.

```
CA FE BA BE
```

'Cafe babe'는 현대 자바와는 잘 어울리지 않는다. 안타깝지만 이제 와서 바꿀 수도 없는 노릇이다.

바이트코드뿐만이 아니다. 자바 표준 라이브러리(특히 오래된 부분)에서 동일한 기능의 C API를 복제한 API가 곳곳에 존재한다. 손으로 파일의 콘텐츠를 읽어야만 했던 프로그래머라면 너무 잘 알고 있을 것이다. 설상가상 `java.util.Date` 클래스에 대한 문서는 충분한 정보를 제공하지 않아 많은 자바 프로그래머를 곤란하게 했다.

2020년 시점에서, 자바는 주류이며 중도(middle-of-the-road)적인 언어처럼 보인다. 하지만 한 가지 놓친 부분은 소프트웨어 세계가 자바의 등장을 기점으로 급진적으로 변했다는 점이다. 가상 머신, 동작 자기 관리(self-management), JIT 컴파일, 가비지 컬렉션 같은 굵직한 아이디어가 이제는 프로그래밍 언어의 보편적인 환경을 구성한다.

물론 일부는 자바를 기득권 세력으로 바라볼지도 모르겠지만 사실은 시대의 흐름이 원래 자바가 있던 공간으로 옮겨온 것이었다. 엔터프라이즈 시장의 실력자라는 허울을 벗겨 보면 자바는 그저 90년대에 태어난 아이일 뿐이다.

JVM 성능 관점에서의
자바 프로그래밍

모니카 벡위드(*Monica Beckwith*)

팁 1: 가비지에 대한 강박을 버려라

나는 간혹 자바 개발자가, 애플리케이션이 만들어내는 가비지 양에 집착하는 것을 목격하곤 한다. 이런 집착이 타당한 경우는 드물다. 가비지 컬렉터(GC)는 자바 가상 머신(JVM)의 메모리 관리를 돕는다. OpenJDK 핫스폿(HotSpot) VM의 경우 GC를 비롯해 동적 적시(JIT, Just-In-Time) 컴파일러는 계층화(클라이언트(C1) + 서버 클래스(C2))로 계층화되어 있으며 인터프리터가 실행 엔진을 구현한다. 동적 컴파일러는 우리를 위해 수많은 최적화를 처리한다. 예를 들어 C2는 동적 브랜치 예측(dynamic branch prediction)을 활용해서 코드의 어느 브랜치가 실행될지(또는 실행되지 않을지)에 대한 가능성(always 또는 never)을 구한다. 마찬가지로 C2는 상수, 루프, 복사, 역최적화 등과 관련한 최적화 능력도 뛰어나다.

적응형(adaptive) 컴파일러를 신뢰하되, 의심스러운 부분이 있다면 내구성(serviceability), 관측가능성, 로깅, 그 외 자바의 풍부한 생태계에서 구할 수 있는 다른 도구를 이용해 검증하자.

GC에 중요한 것은 객체의 생존/수명, 객체의 사용 빈도, 애플리케이션의 실제 크기, 오래 지속되는 임시 객체, 할당률, 마킹(marking) 오버헤드, (세대형(generational) 컬렉터의 경우) 프로모션(promotion) 비율 등이다.

팁 2: 벤치마크를 특정 지어 검증하라

한번은 내 동료가 여러 벤치마크를 실행한 벤치마크 수트(suite)를 관찰한 결과를 가져왔다. 이 결과 중 하나는 '시동 및 관련 사항'으로 특정한 벤치마크였다. OpenJDK 8u와

OpenJDK 11u LTS 릴리스를 전제로 성능 수치를 비교한 결과를 살펴본 후, 나는 둘 사이의 차이가 기본 GC가 병렬 GC에서 G1 GC로 바뀐 탓에 발생한 것이었음을 깨달았다. 그래서 (하위) 벤치마크가 대상을 제대로 특정 짓지도 않았고 검증도 되지 않은 것으로 생각했다. 이 두 가지는 벤치마킹에 있어 매우 중요한 것이며, '테스트 단위(UoT, Unit of Test)'를 특정하고 테스트 결과에 부정적 영향을 미칠 수 있는 다른 컴포넌트와 격리하는 데 도움이 된다.

팁 3: 할당 크기와 비율이 중요하다

나는 앞서 설명한 이슈의 원인을 알아내기 위해 GC 로그를 보여 달라고 부탁했다. 몇 분이 지나자 애플리케이션의 힙 크기를 기반으로 한 (고정된) 리전(region) 크기 때문에 '보통'의 객체가 '대형' 객체로 분류된 것을 확인할 수 있었다. G1 GC의 경우 대형 객체는 G1 리전의 50% 혹은 그 이상으로 확장된 객체를 의미한다. 이런 객체는 할당을 위한 단축 경로(fast path)를 따르지 않으며 이전 세대에 할당된다. 그래서 지역화된(regionalized) GC에서는 할당 크기가 중요하다.

GC는 객체 그래프의 변화를 주시하면서 객체를 'From' 공간에서 'To' 공간으로 이동한다. 애플리케이션이 GC의 (동시적) 마킹 알고리즘보다 빠르게 할당을 처리하면 문제가 발생한다. 또한 세대형 GC는 할당률이 너무 많아지면 단기(short-lived) 객체를 부적절하게 프로모션하거나 일시적인 객체의 수명을 적절히 증가시키지 못하기도 한다. OpenJDK는 G1 GC가 대체 기능이나 오류 방지, 비증분(nonincremental), 전체 힙 순회(full heap traversing), (병렬)스톱-더-월드 컬렉터 등에 의존하지 않도록 계속 노력을 기울이고 있다.

팁 4: 적응형 JVM은 권리이자 필요다

적응형 JIT와 시동(start up), 적재(ramp up), JIT 가용성, 설치 공간 최적화 등 모든 면에서 발전이 이뤄지는 것은 보기만 해도 흐뭇하다. 마찬가지로 GC 수준의 다양한 알고리즘도 점점 똑똑해지고 있다. 이 GC는 아직 출시되지 않았고 곧 등장할 예정이지만 커뮤니티의 도움 없이는 불가능하다. 자바 개발자라면 커뮤니티에 여러분의 사례를 피드백하고, 혁신을 이루는 데 도움을 주길 바란다. 또한 JIT에 지속해서 추가되는 기능도 테스트해 주길 바란다.

자바는 재미있어야 한다

홀리 쿠민스(*Holly Cummins*)

필자는 J2EE 1.2 시절부터 자바를 사용했다. 그리고 의문에 빠졌다. 왜 각 빈마다 클래스 4개와 자동 생성된 코드 수백 줄이 필요할까? 어째서 작은 프로젝트를 컴파일하는 데도 30분씩 필요한 걸까? 전혀 생산적이지도 않고 재미있지도 않다. 생산성과 재미는 종종 함께 언급된다. 뭔가 재미가 없다고 느껴지는 이유는 그게 낭비라는 것을 알기 때문이다. 아무런 결론이 없는 회의나 아무도 읽지 않는 현황 보고서 같은 것을 생각해 보면 무슨 의미인지 알 것이다.

재미가 없는 게 문제라면 재미란 대체 무엇일까? 좋은 걸까? 어떻게 느낄 수 있는 걸까? 재미는 여러 형태로 표현할 수 있다.

- 탐구 (대상에 대한 조사)
- 놀이 (목표는 없지만 그 자체로)
- 퍼즐 (규칙과 목표)
- 게임 (규칙과 승자)
- 업무 (만족감을 느낄 수 있는 목표)

자바는 이 모든 것을 갖췄다. 특히 업무 면에서는 확실하며 자바 프로그램을 디버깅해봤다면 퍼즐 면도 이해할 것이다(디버깅은 사실 재미있을 필요는 없지만 해결책을 찾았을 때의 느낌은 최고다). 우리는 탐구(뭔가 새로운 것에 당면했을 때)를 통해 학습하며 (충분한 지식을 확보하면) 놀이에 빠진다.

우리가 느낄 수 있는 재미는 차치하고, 자바는 본질적으로 재미있는 언어일까? 자바는 요즘 언어와 비교하면 분명 장황하다. 보일러레이트(boilerplate)는 재미는 없지만 그

중 일부는 필수로 필요하다. 예를 들어 롬복(Lombok)은 게터와 세터는 물론 hashCode 와 equals 메서드를 깔끔하게 자동 생성해 준다(그렇지 않으면 지루하고 에러에 취약한 코드를 작성할 가능성이 크다). 어떤 코드의 시작과 종료를 추적하는 코드를 손으로 작성하면 재미가 없지만 관점형(aspect) 또는 추적 라이브러리를 사용하면 동적으로 코드를 작성할 수 있다(그리고 코드의 가독성도 몰라보게 높아진다).

뭘 사용하면 재미있어질까? 표현력이 풍부하고 이해력이 좋아지면 재미가 있겠지만 이는 일부에 불과하다. 개인적으로는 클래스 기반 코드보다 람다를 사용하는 편이 짧거나 깔끔하다는 의견에 동의하지 않는다. 하지만 람다를 사용하면 재미있다.

자바 8이 출시되었을 때, 개발자는 람다를 보고 어린아이처럼 좋아했다. 어떻게 동작하는지 알고 싶어 했고(탐구), 알고리즘을 함수형으로 표현하는 것에 도전했다(퍼즐).

자바로 할 수 있는 재미있는 일은 종종 최선이 되기도 한다(승리). 자동 인스트루먼트 (auto-instrumenting) 추적은 재미없는 부분은 건너뛰고 메서드 이름 복사–붙여넣기 에러를 없애며 명확성을 향상한다. 아니면 성능을 고려해 보자. 어떤 시나리오상에서는 최대한 속도를 내기 위해 이상하고 복잡한 코드를 작성해야 할 때도 있다. 하지만 대부분 가장 간단한 코드가 가장 빠른 코드다(C 같은 언어에서는 그렇지 않다). 자바 JIT는 코드를 실행하면서 최적화한다. 깔끔하고 자연스러운 코드를 위한 가장 스마트한 방법이다. 직관적인 코드는 잘 읽히고 에러 또한 훨씬 명확해진다.

고통을 유발하는 코드는 연쇄효과를 갖는다. 심리학 연구에 따르면 행복과 직장에서의 성공은 정비례한다. 한 연구(https://oreil.ly/pmfaZ)에 따르면 긍정적인 태도를 가진 사람이 중립적이거나 부정적인 태도를 가진 사람보다 31% 더 생산적이라고 한다. 디자인이 형편없는 라이브러리를 사용하면 원하는 바를 달성하기 어렵고, 형편없는 코드는 여러분을 비참하게 만들기 때문에 계속해서 원하는 바를 이루지 못하게 된다.

'재미있는 것이 좋은 것'이라고 말한다고 무책임하다고 할 수 있을까? 절대 그렇지 않다. 모든 이가 재미를 느낀다고 생각해 보자. 여기서 모든 이에는 고객, 동료 그리고 나중에 여러분의 코드를 유지보수할 사람도 포함된다. 더 빠르고 느슨한 동적 타입스크립트 언어와 비교하면 자바의 안정성과 책임은 이미 검증되었다. 하지만 우리가 작성하는 프로그램은 책임감 있게 만들어져야 한다.

좋은 소식은 지루하다고 느끼는 작업 대부분은 컴퓨터가 사람보다 훨씬 더 빠르게 정확하게 처리한다는 점이다. 컴퓨터는 (아직) 재미를 추구하지 않으므로 컴퓨터를 잘 활용하자. 지루한 일을 떠맡지 말자. 뭔가 재미없어 보인다면 더 나은 방법을 찾자. 더 나은 방법이 없으면 그 방법을 만들어버리자. 우리는 프로그래머다. 그러므로 지루함도 수정할수 있다.

자바의 불분명한 타입들

벤 에번스(*Ben Evans*)

대체 널(null)이 무엇일까?

자바를 처음 접하는 프로그래머는 널을 이해하는 데 어려움을 겪는다. 하지만 다음 간단한 예제 코드를 보면 그 내막을 알게 된다.

```
String s = null;
Integer i = null;
Object o = null;
```

그래서 null이라는 심볼은 값이어야 한다.

자바의 모든 값은 타입을 가지므로 null 역시 타입을 가져야 한다. 그렇다면 어떤 타입이어야 할까?

당연하겠지만 우리가 평소에 사용하는 타입은 아니어야 한다. String 타입의 변수에는 Object 타입의 값을 저장할 수 없다. 리스코브 치환(Liskov substitution) 원리에 따르면 이 명제는 성립할 수 없다.

자바 11의 지역 변수 타입 추론도 별다른 도움이 되지 않는다.

```
jshell> var v = null;
| Error:
| cannot infer type for local variable v | (variable initializer is 'null')
| var v = null;
| ^ − − − − − −^
```

경험이 풍부한 자바 프로그래머라면 그냥 머리를 한 번 긁적이고는 여느 프로그래머와 마찬가지로 크게 신경 쓰지 않을 것이다. 그 대신 'null이란 어떠한 참조 타입도 될 수 있는 특별한 리터럴이지.'라고 치부해 버릴 것이다.

하지만 이런 시각이 마음에 들지 않는 사람이라면 자바 언어 명세(JLS, Java Language Specification) 4.1절에서 그 답을 찾을 것이다.

> 자바는 특별한 null 타입을 지원한다. 이 타입은 이름을 갖지 않는 널(§3.10.7, §15.8.1)을 표현한다.

> null 타입은 이름이 없으므로 null 타입의 변수를 선언하거나 null 타입으로의 타입 변환은 불가능하다.

그렇다. 자바는 변수 타입으로 선언할 수 없는 타입의 값을 사용하는 것을 허용한다. 이런 타입을 '불분명한 타입(unspeakable type)'이라고 하며 예전에는 '표시할 수 없는 타입 (nondenotable type)'이라고 불렀다.

null은 처음 등장한 이후로 꾸준히 사용되었다. 이런 부류의 타입은 그동안 2번 더 등장했다. 그중 첫 번째는 자바 7에서 등장했으며 JLS는 다음과 같이 설명한다.

예외 매개변수는 단일 클래스 타입이나 둘 혹은 그 이상의 클래스 타입을 결합한 타입을 나타낸다(이를 대체 타입(alternative)이라고 한다).

멀티캐치(multicatch) 매개변수의 실제 타입은 캐치할 수 있는 모든 타입을 결합한 타입이다. 현실적으로는 대체 타입의 가장 근접한 공통 수퍼타입(nearest common supertype)이라는 API 계약을 준수하는 코드만 컴파일된다. 매개변수의 실제 타입은 변수 타입으로 사용할 수 없는 타입이다.

다음 코드에서 변수 o의 타입은 무엇일까?

```
jshell> var o = new Object() {
...> public void bar() { System.out.println("bar!"); }
...> }
o ==> $0@3bfdc050jshell> o.bar();
bar!
```

변수 o의 bar() 메서드를 호출할 수 있으므로 이 변수는 Object 타입일 수 없다. 그런데 실제 타입을 표시할 수도 없다. 이 타입은 자바 코드에서 변수 타입으로 사용할 수 있는 이름을 가지고 있지 않기 때문이다. 이 타입은 런타임에 컴파일러가 할당한 자리지정자(placehomer)일 뿐이다(예제의 경우 $0).

var라는 '매직 타입(magic type)'을 사용하면 프로그래머는 메서드의 끝에 다다를 때까지 선언한 모든 var에 대한 타입 정보를 유지할 수 있다. 하지만 한 메서드에서 다른 메서드로 타입을 전달할 수는 없다. 그러려면 리턴 타입을 명시해야 하는데 그럴 수 없기 때문이다.

그래서 이런 타입을 사용할 수 있는 여건은 제한적이다. 자바의 타입 시스템은 명목상 존재하는 시스템이며 언어상에 진정한 구조적 타입을 제공할 가능성은 거의 없어 보인다.

마지막으로 (당최 알 수 없는 'capture of?' 에러를 포함한) 제네릭(generic)의 고급 기능 또한 표시할 수 없는 타입을 잘 활용하고 있다는 점을 알아 두길 바란다. 하지만 지금 소개한 것과는 전혀 다른 이야기다.

JVM은 멀티패러다임
플랫폼이다

러셀 윈더(*Russel Winder*)

자바는 명령형 언어(imperative language)다. 즉, 자바 프로그래머는 JVM이 무슨 동작을 언제 할 것인지 코드로 명령한다. 하지만 컴퓨팅이란 것은 추상화의 구현에 대한 것이다. 자바는 객체지향(object-oriented) 언어로 주목받고 있다. 자바의 추상화는 객체, 메서드, 메서드 호출을 통한 메시지의 전달 등이다. 지난 몇 년간 사람들은 객체, 메서드, 갱신할 수 있는 상태, 명시적 반복(explicit iteration)을 이용해 점점 더 큰 시스템을 구현해 왔지만 드디어 균열이 나타나기 시작했다. 높은 품질의 테스트를 이용해 많은 문제를 가려 왔지만 여전히 프로그래머는 문제를 우회하기 위해 '미봉책(hacking)'을 적용하곤 한다.

하지만 자바 8이 등장하면서 혁신적인 변화가 이루어졌다. 메서드 참조(method reference), 람다 표현식(lambda expression), 인터페이스 기본 메서드(default method), 고차 함수(higher-order function), 암묵적 반복(implicit iteration) 등을 비롯해 많은 기능이 추가되었다. 자바 8은 알고리즘을 구현하는 완전히 다른 방법을 제시하였다.

명령형 사고와 선언형(declarative) 사고는 알고리즘을 표현하는 완전히 다른 방법이다. 80년대와 90년대에는 이 두 가지 사고방식은 완전히 별개이며 공존할 수 없는 것처럼 보였다. 즉, 객체지향과 함수형(functional) 프로그래밍이 서로 대치하는 전개였다. 스몰톡(smalltalk, 오래된 객체지향 언어)과 C++는 객체지향 분야의 챔피언이었고 하스켈(Haskell)은 함수형 분야의 챔피언이었다. 추후 C++는 객체지향 언어가 되는 것을 그만두고 스스로를 멀티패러다임(multiparadigm) 언어라 선언했다. 그리고 자바가 객체지향의 챔피언 자리를 거머쥐었다. 하지만 자바 8이 등장하면서 자바 역시 멀티패러다임 언어가 되었다.

90년대 초반 자바가 이식성을 갖도록 하기 위해 JVM을 만들었다. 그린 프로젝트(Green project)와 오크(Oak) 프로그래밍 언어는 대충 넘어가자. 기본적으로 JVM은 웹서버

플러그인이었지만 서버 측 시스템을 구현하는 용도로 빠르게 전환되었다. 자바 코드는 하드웨어에 독립적인 JVM 바이트코드로 컴파일되고 다시 인터프리터(interpreter)가 바이트코드를 실행했다. 게다가 적시(JIT, Just-In-Time) 컴파일러 덕분에 전체 해석(interpretation) 모델을 JVM의 연산(computational) 모델로 바꾸지 않고도 훨씬 빠르게 실행할 수 있었다.

JVM이 큰 인기를 얻으면서 바이트코드를 대상 플랫폼으로 사용하는 언어가 만들어졌다. 그루비(Groovy), JRuby, 클로저처럼 JVM을 이용해 코드를 실행하는 동적 언어와 스칼라, 실론(Ceylon), 코틀린 같은 정적 언어가 등장한 것이다. 특히 2000년대 후반에 등장한 스칼라는 객체지향과 함수형 프로그래밍이 하나의 언어에 통합될 수 있음을 증명했다. 클로저는 함수형 언어지만 그루비와 JRuby는 멀티패러다임 언어였다. 코틀린은 자바, 스칼라, 그루비 등의 장점을 취합해 2010년과 2020년을 위한 JVM 언어를 탄생시켰다.

JVM을 최대한 활용하려면 문제를 해결할 올바른 프로그래밍 언어를 선택해야 한다. 반드시 한 언어로 문제를 해결해야 한다는 뜻은 아니다. JVM 덕분에 여러 언어를 혼합해 문제를 해결할 수도 있다. 즉, 정적 코드가 적합한 곳에는 자바나 코틀린을 사용하고 동적 코드가 적합한 곳에는 클로저나 그루비를 사용하면 된다. 자바에서 동적 코드를 작성하는 것은 상당히 어려우므로, JVM이 해석할 수 있는 여러 프로그래밍 언어 중에서 작업에 필요한 올바른 도구를 선택하자.

최신 동향을 파악하자

트리샤 지(*Trisha Gee*)

필자는 대학에서 자바 1.1을 배웠다(내가 나이 든 것이 아니라 대학에서 오래된 기술을 가르쳤기 때문이길 바랄 뿐이다). 그당시 자바는 충분히 작았고, 나는 순진했었기 때문에 필요한 것은 이미 다 알고 있다고 생각하고 자바 프로그래머로서의 삶을 시작했다.

대학을 졸업하기 전 입사한 첫 직장에서 1년이 채 되지 않는 시간 동안 자바를 사용하던 중 자바 1.2가 릴리스되었다. 1.2는 스윙(https://oreil.ly/6bJM0)이라는 완전히 새로운 사용자 인터페이스(UI, user interface) 라이브러리와 함께 등장했다. 사용자에게 더 나은 경험을 제공하기 위해 여름 동안 그 라이브러리 사용법을 학습했다.

몇 년 후 아직 신입으로 첫 직장에 다니던 시절, 애플릿(applet)이 사라지고 서블릿(servlet)이 대세가 되고 있음을 깨달았다. 이후 6개월 동안 사용자에게 온라인 회원가입 페이지를 제공하기 위해 서블릿과 JSP(https://oreil.ly/G_LNk)를 학습해야 했다.

첫 이직 후 이제는 Vector(https:// oreil.ly/uFBk4)를 사용하지 않고 ArrayList(https://oreil.ly/VrWT3)를 사용한다는 점을 깨달았다. 이 사실은 큰 충격이었다. 어떻게 언어의 가장 기초인 데이터 구조 자체가 나도 모르는 사이에 바뀔 수가 있지? 앞선 두 발견으로, 나는 Java 언어에 대한 추가 학습을 해야 했다. 세 번째로 깨달은 것은 이미 알고 있다고 생각한 것에 대한 변화였다. 필자가 대학에서 교육을 더 받고 있지 않았더라면 이런 것을 어떻게 알 수 있었을까?

필자는 운이 좋았다. 경력을 시작한 지 얼마 되지 않았음에도 필자가 참여한 자바 프로젝트에 영향을 미칠 수 있는 기술 변화를 아는 사람들을 주변에 둘 수 있었기 때문이다. 사실 이는 시니어(senior) 팀 구성원의 역할이어야 했다. 단순히 전달받은 사항을 지시하는 것이 아니라 문제를 해결하는 방법을 제시하고 나머지 팀이 함께 성장할 수 있도록 돕는 것 말이다.

자바 프로그래머로 살아남기 위해서는 자바가 정체된 언어가 아니라는 점을 받아들여야 한다. 자바는 단순히 버전만 올리는 것이 아니라 라이브러리, 프레임워크, 심지어 새로운 JVM 언어로 계속 발전하고 있다. 이런 사실이 처음 시작할 때는 두렵기도 하고 대처하기 힘들다고 느껴질 수도 있다. 하지만 최신 동향을 파악하는 것은 시장에 있는 모든 기술을 알아야 한다는 의미가 아니다. 그저 계속 동향을 파악하면서 공통 키워드에 주목하고 기술 트렌드를 이해하면 된다. 더 깊이 공부하는 것은 현재 수행 중인 업무와 관련이 있거나 개인적으로 흥미가 있을 때(이상적으로는 둘 다 해당할 때) 해도 늦지 않다.

현재 자바 버전에서 가능한 것과 앞으로 도입될 기능을 이해하는 것은 사용자에게 필요한 기능을 구현하는 데 도움이 된다. 즉, 개발자로서 더욱 생산적이 된다는 뜻이다. 자바는 이제 6개월마다 새 버전을 발표한다. 계속해서 동향을 파악하면 여러분의 삶이 훨씬 더 편안해진다.

46

PROPOSAL

주석의 종류

니콜라이 팔로그(*Nicolai Parlog*)

자바 코드에 주석을 추가하는 상황을 생각해 보자. /**, /*, // 중 어떤 키워드를 사용할 것인가? 그리고 정확히 어느 위치에 이 주석을 추가할 것인가? 단순한 문법 문제를 떠나서 주석 의미에 따라 어떤 주석을 어디에 작성할 것인지를 결정해야 한다.

계약은 자바독 주석으로 작성한다

자바독 주석(/** ... */ 형식)은 클래스, 인터페이스, 필드, 메서드에만 사용하며 이들을 선언한 코드 바로 위에 작성한다. 일례로 Map::size 메서드의 자바독 주석은 다음과 같다.

```
/**
 * Returns the number of key-value mappings in this map. If the
 * map contains more than Integer.MAX_VALUE elements, returns
 * Integer.MAX_VALUE.
 *
 * @return the number of key-value mappings in this map
 */
int size();
```

이 예시는 자바독 주석의 문법뿐만 아니라 그 의미도 보여준다. 즉, 자바독 주석은 계약(contract)이다. 이 주석으로 API 사용자에게 구현의 상세는 숨기고 타입이 추상화하는 동작을 설명한다. 그와 동시에 이 메서드를 실제로 구현할 개발자에게도 어떤 동작을 구현해야 하는지를 설명한다.

자바 8에서는 대상에 따라 설명을 나눠서 작성할 수 있도록 @apiNote, @implSpec,

@implNote 등 새로운 (비표준) 태그를 사용해서 이 문제를 어느 정도 완화했다. 접두사인 api나 impl은 이 주석이 사용자를 위한 것인지 아니면 구현하는 개발자를 위한 것인지를 나타낸다. 마찬가지로 접미사인 Spec이나 Note는 이 주석의 내용이 실제로 구현해야 할 명세인지 아니면 그저 설명인지를 나타낸다. 그런데 @apiSpec 태그는 지원하지 않는 점을 눈치챘는가? 그 이유는 주석에서 태그가 없는 텍스트가 이미 API의 명세이기 때문이다.

문맥은 블록 주석으로 작성한다

블록(Block) 주석은 /* ... */로 둘러싼다. 이 주석은 어느 자리에 작성해도 무관하며 개발 도구는 거의 이 주석을 무시한다. 이 주석은 주로 클래스나 메서드의 시작 지점에서 그 구현 내용을 설명할 때 사용한다. 기술적인 상세 내용을 작성할 수도 있지만 코드를 작성하게 된 시점의 주변 상황(코드는 어떤 동작을 하는지 설명한다면 주석은 왜 이 동작이 필요한지를 설명한다)을 설명하거나 또는 현재 코드가 고려하지 않는 코드 실행 경로 등을 설명하기 위한 용도로도 사용한다. 이 주석으로 구현의 상세 내용을 설명하는 좋은 예시는 HashMap 클래스에서 찾아볼 수 있다. 이 주석은 다음과 같이 시작한다.

```
/*
 * Implementation notes.
 *
 * This map usually acts as a binned (bucketed) hash table,
 * but when bins get too large, they are transformed into bins
 * of TreeNodes, each structured similarly to those in
 * java.util.TreeMap.
 * [...]
 */
```

보편적으로는 여러분이 처음 구현한 솔루션이 완전히 마무리되지 않았을 때, 상황에 의해 어떤 절충안을 채택했을 때, 요구 사항이 이상하거나 의존하는 API가 형편없어서 코드가 볼썽사나울 때 당시 상황을 주석으로 남기는 용도로 사용하자. 나중에 본인이나 다른 동료가 이 코드를 읽어보면 주석에 고마움을 느낄 것이다.

이상한 점은 줄 단위 주석으로 작성한다

줄 단위 주석은 //로 시작하므로 주석이 여러 줄인 경우 모든 줄에 반복해야 한다. 주석의 위치에는 제약이 없지만 보통 주석 처리한 줄이나 블록 (끝이 아니라) 바로 위에 작성한다. 개발 도구는 이 주석을 무시하며, 많은 개발자 역시 이 주석을 신경 쓰지 않는다. 줄 단위 주석은 코드 동작을 설명하기 위해 주로 사용하는데 이는 사실 좋은 방법이 아니다. 하지만 코드가 굉장히 특이한 언어의 기능을 사용하거나 조금만 바꿔도 코드에 문제가 생기는(예를 들면 동시성 문제) 등 몇몇 상황에서는 여전히 유용하다.

결론

- 올바른 종류의 주석을 선택하자.
- 엉뚱한 방법으로 주석을 사용하지 말자.
- 코드가 볼썽사나우면 주석이라도 남기자!

은혜로운 flatMap

다니엘 이노호사(*Daniel Hinojosa*)

직책(job title)은 계속 변한다. 의료 업계가 더 광범위하거나 더 전문화된 직책을 중요하게 생각하는 것처럼, 이제 프로그래머 중에서도 다른 직책을 사용하는 사례가 늘고 있다. 최근에 생겨난 더 전문적인 직책 중 하나는 데이터 엔지니어다. 데이터 엔지니어는 데이터 관리, 파이프라인 구현, 데이터 필터링, 데이터 변형 등을 수행하며 스트림 처리를 이용해 본인이나 다른 사람이 실시간으로 비즈니스 의사 결정을 내리는 데 필요한 데이터 형태를 만들어낸다.

보편적인 프로그래머와 데이터 엔지니어는 모두 flatMap을 이해해야 한다. flatMap은 우리가 사랑하는 자바처럼 함수형이며 출중한 언어에서뿐만 아니라 빅 데이터 프레임워크와 스트리밍 라이브러리에서 중요한 기능 중 하나다. map이나 filter와 마찬가지로 flatMap은 Stream<T>나 completableFuture<T>처럼 '뭔가를 담는 컨테이너' 객체와 함께 사용할 수 있다. 표준 라이브러리 이외로 눈을 돌려 보면 Observable<T>(RxJava)와 Flux<T>(프로젝트 리액터(Reactor))도 포함할 수 있다.

여기서는 자바의 Stream<T>를 예로 들어보자. map 메서드의 개념은 간단하다. 바로 스트림이나 컬렉션 안의 모든 항목에 대해 지정한 함수를 실행하는 것이다.

```
Stream.of(1, 2, 3, 4).map(x -> x * 2).collect(Collectors.toList())
```

이 코드의 실행 결과는 다음과 같다.

```
[2, 4, 6, 8]
```

다음 코드는 어떻게 실행될까?

```
Stream.of(1, 2, 3, 4)
    .map(x -> Stream.of(-x, x, x + 1))
    .collect(Collectors.toList())
```

이 경우에는 Stream 파이프라인의 List 객체가 리턴된다.

```
[java.util.stream.ReferencePipeline$Head@3532ec19,
java.util.stream.ReferencePipeline$Head@68c4039c,
java.util.stream.ReferencePipeline$Head@ae45eb6,
java.util.stream.ReferencePipeline$Head@59f99ea]
```

하지만 생각해 보면 Stream의 모든 항목은 당연히 다른 Stream을 생성한다. 그리고 map(x -> Stream.of(...)) 부분을 자세히 들여다보자. 이 코드는 하나의 항목마다 여러 개의 스트림을 만들어내고 있다. 이렇게 map 메서드에 여러 아이템을 리턴하는 함수를 적용해야 할 때 flatMap 메서드를 사용하면 된다.

```
Stream.of(1, 2, 3, 4)
    .flatMap(x -> Stream.of(-x, x, x+1))
    .collect(Collectors.toList())
```

이 코드는 예상대로 다음과 같은 결과를 출력한다.

```
[-1, 1, 2, -2, 2, 3, -3, 3, 4, -4, 4, 5]
```

flatMap 메서드를 활용할 수 있는 사례는 무궁무진하다.

이제 함수형 프로그래머나 데이터 엔지니어가 수행할 법한 더 어려운 예시를 살펴보자. 다음 클래스 구조를 생각해 보자. 예제를 간소화하기 위해 게터, 세터, toString 메서드의 구현은 생략한다.

```
class Employee {
    private String firstName, lastName;
```

```
    private Integer yearlySalary;
    // 게터, 세터, toString 메서드
}

class Manager extends Employee {
    private List<Employee> employeeList;
    // 게터, 세터, toString 메서드
}
```

이제 우리는 Stream<Manager> 객체만 가지며 모든 Manager 및 모든 하위 Employee를
포함한 전체 직원의 급여를 계산해야 한다고 가정하자. forEach 메서드를 이용해서 문제
를 해결하고 싶은 생각부터 들 것이다. 하지만 안타깝게도 그 방법은 모델의 구조에 따라
코드를 구현하는 것이며, 따라서 불필요하게 복잡도를 증가시킬 뿐이다. 더 나은 방법은
반대로 데이터의 구조를 코드에 맞추는 것이다. 여기서 다시 한번 flatMap이 등장한다.

```
List.of(manager1, manager2).stream()
    .flatMap(m ->
        Stream.concat(m.getEmployeeList().stream(), Stream.of(m)))
    .distinct()
    .mapToInt(Employee::getYearlySalary)
    .sum();
```

이 코드는 모든 관리자를 가져와 관리자 및 각 관리자의 팀원을 모두 포함하는 복수의
객체를 리턴한다. 그런 후 이 컬렉션에 flatMap 메서드를 적용해서 하나의 스트림으로
만든 후 distinct 메서드를 이용해 모든 중복값을 제거한다. 이제 모든 객체를 하나의
컬렉션으로 다룰 수 있게 됐다. 나머지 코드는 어렵지 않다. 먼저 자바의 mapToInt 메서
드를 호출해 각 직원의 연봉을 추출해서 정수형에 특화된 Stream 타입인 IntStream을
얻는다. 마지막으로 이 Stream의 모든 값을 합한다. 이 얼마나 깔끔한 코드인가.

Stream 타입을 사용하든 C<T>(여기서 C는 모든 종류의 스트림 또는 컬렉션을 의미한다) 타
입을 사용하든 forEach 메서드나 collect 같은 종결형 연산자를 사용하기 전에 map,
filter, flatMap, groupBy 등의 메서드로 데이터를 처리하자. 종결형 연산자를 제대로
사용하지 못하면 자바 스트림, 스트리밍 라이브러리 또는 빅 데이터 프레임워크가 제공
하는 지연성(laziness)과 최적화의 장점을 활용하지 못할 것이다.

컬렉션을 제대로 이해하자

니킬 나니바디카라(*Nikhil Nanivadekar*)

컬렉션은 모든 프로그래밍 언어에서 중요한 요소다. 보편적으로 작성하는 코드에서 빠질 수 없는 기본 빌딩 블록 중 하나이기 때문이다. 자바 언어는 JDK 1.2부터 컬렉션 프레임 워크를 지원했다. 그 이후로 많은 프로그래머가 ArrayList를 사실상 표준 컬렉션으로 사용한다. 하지만 ArrayList 외에도 많은 유형의 컬렉션이 있다. 지금부터 자세히 알아 보자.

컬렉션은 순서가 있는(ordered) 것과 순서가 없는(unordered) 것으로 구분할 수 있다. 순서가 있는 컬렉션은 순회 순서를 예측할 수 있지만 순서가 없는 컬렉션은 그럴 수 없다. 클래 스를 구분하는 또 다른 방법은 정렬된(sorted) 것과 정렬되지 않은(unsorted) 것으로 나누는 방법이다. 정렬된 컬렉션에 저장된 아이템은 비교자(comparator) 덕분에 처음부터 끝까지 순서대로 나열되지만 정렬되지 않은 컬렉션은 아이템에 특별한 순서가 없다. 사실 영어 에서 정렬된 컬렉션과 순서가 있는 컬렉션은 유사한 의미를 내포한다. 하지만 컬렉션의 경 우 두 단어가 항상 같은 것을 의미하지 않는다. 가장 중요한 차이점은 순서가 있는 컬렉 션에는 아이템이 항상 같은 순서로 저장되지만 정렬되지는 않는다. 정렬된 컬렉션은 정 렬 순서를 예측할 수 있으므로 아이템의 순서 역시 예측이 가능하다. 모든 정렬된 컬렉 션은 순서가 있는 컬렉션이지만, 순서가 있는 컬렉션이라고 해서 모두 정렬된 컬렉션은 아니라는 점을 기억하자. JDK는 순서가 있는 컬렉션, 순서가 없는 컬렉션, 정렬된 컬렉 션, 정렬되지 않은 컬렉션을 구현한 여러 클래스를 제공한다.

List는 안정적인 인덱스를 기반으로 순서가 있는 컬렉션을 구현한 인터페이스다. 리스트 에는 중복된 값도 삽입할 수 있으며 아이템의 순회 순서를 예측할 수 있다. JDK가 제공 하는 List 구현체로는 ArrayList와 LinkedList가 있다. 이 컬렉션의 contains 메서드를 사용하면 특정한 아이템을 찾을 수 있다. contains 메서드는 리스트의 처음부터 아이템을 탐색하기 시작하므로 원하는 아이템을 찾는 작업은 O(*n*) 연산이다.

Map은 키와 값의 관계를 유지하며 유일한 키 값만 보관하는 인터페이스다. 만일 맵에 같은 키와 다른 값을 추가하면 해당 키의 이전 값이 새 값으로 교체된다. JDK는 HashMap, LinkedHashMap, TreeMap 등이 Map 인터페이스를 구현한다. HashMap은 순서가 없는 반면 LinkedHashMap은 순서가 있다. 두 클래스 모두 hashCode 메서드와 equals 메서드를 이용해 키의 유일성을 결정한다. TreeMap은 정렬된 컬렉션이다. 즉, comparator 나 Comparable 타입의 키를 이용해 아이템을 정렬한다. TreeMap은 compareTo 메서드를 이용해 정렬 순서와 키의 유일성을 결정한다. Map은 특정 아이템을 찾기 위한 containsKey와 containsValue 메서드를 제공한다. HashMap의 경우 containsKey 메서드는 내부 해시테이블에서 키를 탐색한다. 만일 탐색한 키가 널이 아닌 객체라면 containsKey 메서드에 전달된 객체와의 동질성(equality)을 검사한다. containsValue 메서드는 컬렉션의 첫 아이템부터 모든 값을 탐색한다. 그래서 HashMap에서 키를 탐색하는 작업은 O(1) 연산이지만 값을 탐색하는 작업은 O(*n*) 연산이다.

Set은 유일한 아이템의 컬렉션을 정의하는 인터페이스다. JDK에서는 키가 컬렉션의 아이템이며, 값은 널인 맵을 이용해 셋을 구현한다. JDK는 HashSet(내부적으로 HashMap을 사용), LinkedHashSet(내부적으로 LinkedHashMap을 사용), TreeSet(내부적으로 TreeMap을 사용) 등을 지원한다. Set 인터페이스는 특정 아이템을 탐색하기 위한 contains 메서드를 정의한다. contains 메서드는 내부적으로 Map의 containsKey 메서드를 호출하므로 Set에서 아이템을 탐색하는 작업은 O(1) 연산이다.

컬렉션은 소프트웨어 분야에서 매우 중요한 요소다. 컬렉션을 효율적으로 사용하려면 각 컬렉션의 기능과 구현 방식, 그리고 최소한 아이템을 순회하는 방법 정도는 알아 둬야 한다. 컬렉션은 그 활용 폭이 넓으면서도 코드의 기본적인 빌딩 블록이므로 관련 문서를 꼼꼼히 읽어보고 테스트를 작성하는 습관을 갖자.

## 49

코틀린은 정말 물건이다

PROPOSAL

마이크 던(*Mike Dunn*)

아마도 자바는 지금까지 보편적으로 사용하는 언어 중에서도 가장 성숙하면서도 검증된 언어겠지만 그래서 향후에 크게 변할 가능성은 없는 언어다. 그래서 일부 똑똑한 사람들은 최신 프로그래밍 언어가 갖춰야 할 개념을 적용하면서도 자바가 할 수 있는 모든 것을 수행함은 물론 쉽게 배울 수 있고 상호운용성도 높은 새로운 언어를 개발했다. 덕분에 나처럼 거대한 안드로이드 앱 하나를 몇 년간 개발해 온 사람도 코틀린으로 완전히 마이그레이션하지 않아도 클래스 하나 정도를 코틀린으로 작성할 수 있게 되었다.

코틀린은 더욱 짧고 간결하며 현대적인 코드를 작성하기 위해 개발된 언어다. 최신 자바 프리뷰(preview) 버전은 코틀린이 해결하려는 여러 이슈를 해결하고 있지만 코틀린은 자바 7과 자바 8 사이에 머물고 있는 안드로이드 개발자에게 특히 유용한 언어다.

일단 모델의 속성 생성자(property constructor)와 같은 몇 가지 예제를 살펴보자. 우선 자바로 구현한 간단한 모델부터 살펴보자.

```
public class Person {
    private String name;
    private Integer age;

    public String getName() {
        return name;
    }
    public void setName(String name) {
        this.name = name;
    }
    public Integer getAge() {
        return age;
    }
    public void setAge(int age) {
```

```
        this.age = age;
    }
}
```

물론 이 클래스에 정의한 속성의 기본값을 전달받는 특별한 생성자를 다음과 같이 정의
할 수도 있다.

```
public class Person {
    public Person(String name, Integer age) {
        this.name = name;
        this.age = age;
    }
}
```

이 코드는 나름 괜찮은 편이지만 속성 몇 개만 더 추가해도 이 간단한 클래스가 순식간
에 어지럽혀질 것임을 예상할 수 있을 것이다. 이 클래스를 코틀린에서는 어떻게 정의하
는지 살펴보자.

```
class Person(val name:String, var age:Int)
```

이게 전부다! 또 다른 좋은 예시는 위임(delegation)이다. 코틀린의 위임자(delegate)를 이용
하면 읽기 작업을 실행하는 로직을 몇 개라도 제공할 수 있다. 일례로 자바 개발자라면
누구나 익숙한 개념인 지연 초기화(lazy initialization)를 들 수 있다. 우선 자바 코드는 다
음과 같다.

```
public class SomeClass {
    private SomeHeavyInstance someHeavyInstance = null;
    public SomeHeavyInstance getSomeHeavyInstance() {
        if (someHeavyInstance == null) {
            someHeavyInstance = new SomeHeavyInstance();
        }
        return someHeavyInstance;
    }
}
```

이 코드 역시 그렇게 나쁘지 않다. 간결하고 아무런 설정도 필요하지 않지만 같은 코드를 여러 번 반복해서 DRY(Don't Repeat Yourself) 원칙을 위배할 가능성이 농후하다. 또한 스레드 안전성도 갖추지 못한다. 같은 코드를 코틀린으로 작성해 보자.

```
var someHeavyInstance by lazy {
  return SomeHeavyInstance();
}
```

짧고 보기도 좋으며 읽기마저 편하다. 모든 잡다한 코드가 훌륭하게 가려져 있다. 아, 게다가 스레드 안정성은 물론 심지어 널 안정성(null safety)까지 갖췄다. 코틀린 코드를 읽다 보면 다음과 같이 널이 될 수 있는 참조에 물음표 연산자를 덧붙이는 경우를 자주 보게 된다.

```
var something = someobject?.someMember?.anotherMember
```

이 코드를 자바로 작성해 보면 다음과 같다.

```
Object something = null;
if (someObject != null) {
    if (someObject.someMember != null) {
        if (someObject.someMember.anotherMember != null) {
            something = someObject.someMember.anotherMember;
        }
    }
}
```

널 검사 연산자(?)는 구문 내 어떤 참조 중 하나가 널을 리턴하면 나머지 작업을 중단하고 곧바로 널 값을 리턴한다.

마지막으로 핵심 기능인 코루틴을 살펴보자. 기본적으로 코루틴은 호출 코드로부터 비동기 방식으로 작업을 실행한다. 다만 그 작업은 여러 스레드에서 나눠서 실행할 수 있다. 중요한 점은 설령 하나의 스레드가 여러 개의 코루틴을 처리하더라도 코틀린은 여러 작업을 동시에 실행하기 위한 일종의 콘텍스트 스위칭을 알아서 실행한다는 점이다. 코틀린의 일부 동작은 설정으로 조정할 수 있지만 본질적으로 코루틴은 전용 스레드 풀을 사용한다. 하지만 단일 스레드 내에서는 콘텍스트 스위칭을 활용한다(정말 끝내준다). 코루틴은 코틀린 코드이므로 멋들어지고 정교하며 때로는 과한 것일 수도 있지만 기본적으로 엄청 간단하다.

```
launch {
 println("이 코드는 다른 콘텍스트에서 실행된다");
}
```

하지만 스레드와 코루틴의 차이점은 반드시 알아 두자. 예를 들어 한 작업에서 object.wait() 메서드를 호출하면 해당 작업을 실행하는 스레드 안에서 실행 중인 다른 작업을 중단한다. 코틀린을 배워 보고 느낀 점을 커뮤니티와 공유해 주길 바란다.

관용적인 자바 코드를 학습하고 머릿속에 캐시하자

진 보야르스키(*Jeanne Boyarsky*)

프로그래머로 생활하다 보면 자주 해야 하는 작업이 몇 있다. 데이터를 검토하고, 조건을 적용하는 일반적인 작업을 예로 들 수 있다. 다음 예제는 리스트 안에 양수의 개수를 세는 두 가지 방법을 구현한 코드다.

```java
public int loopImplementation(int[] nums) {
    int count = 0;
    for (int num : nums) {
        if (num > 0) {
            count++;
        }
    }
    return count;
}

public long streamImplementation(int[] nums) {
    return Arrays.stream(nums)
                .filter(n -> n > 0)
                .count();
}
```

이 두 함수는 같은 기능을 실행하며 자바에서는 관용적으로 사용하는 방법이다. 관용코드(idiom)란 커뮤니티가 어떤 작은 기능을 표현하기 위한 일반적인 방법이라고 보편적으로 동의한 방법을 말한다. 그러므로 아무 생각 없이 관용 코드를 작성할 수 있다면 훨씬 빨리 코드를 작성할 수 있다. 코드를 더 많이 작성하다 보면 이런 패턴을 더 자주 보게 된다. 물론 원한다면 연습해서 패턴에 익숙해질 수도 있다.

루핑(looping), 조건(condition), 스트림(stream) 같은 일부 관용 코드는 모든 자바 프로그래머에게 익숙하다. 다른 표현은 여러분이 작성 중인 코드의 구체적인 종류에 따라 조금

다를 수 있다. 예를 들어 내 경우는 정규표현식(regular expression)과 파일 입출력 관련 코드를 자주 작성한다. 다음 코드는 내가 파일 입출력 시 자주 사용하는 관용 패턴이다. 이 코드는 파일을 읽고 빈 줄을 삭제한 후 다시 파일에 기록하는 코드다.

```
Path path = Paths.get("words.txt");
List<String> lines = Files.readAllLines(path);
lines.removeIf(t -> t.trim().isEmpty());
Files.write(path, lines);
```

만일 파일을 한 번에 읽을 정도로 메모리를 충분히 제공할 수 없는 팀에 있었다면 아마도 다른 프로그래밍 관용 코드를 사용해야 했을 것이다. 하지만 내 경우는 메모리가 문제가 되지 않을 정도로 작은 파일을 다뤘으므로 원하는 작업을 실행하는 코드 단 4줄만으로도 충분하다.

이 관용 코드를 보면 여러분이 어떤 작업을 수행하든 대부분 코드가 공통임을 알 수 있다. 만일 음수나 홀수만 찾으려면 if 문이나 필터만 바꾸면 된다. 만일 60자 이상을 가진 줄을 모두 제거하려면 removeIf 메서드의 조건만 다음과 같이 바꾸면 된다.

```
lines.removeIf(t -> t.length() <= 60);
```

결론적으로 내가 원하는 작업이 무엇인지만 생각하면 된다. 파일을 어떻게 읽는지나 값의 개수를 어떻게 세는지는 고민할 필요가 없다. 바로 이것이 내가 오랫동안 배워 온 관용 코드다.

관용 코드에서 주목할 만한 점은 항상 의도를 가지고 학습하는 것이 아니라는 점이다. 나는 한 번도 파일을 읽고 쓰는 관용 코드를 책상 앞에 앉아 배워야겠다고 생각한 적이 없다. 그저 관련 정보를 반복해서 찾다 보면 자연스레 배우게 된다. 아니면 적어도 어디서 관용 코드를 찾을 수 있는지 알게 된다. 예컨대 나는 정규식 플래그(flag)로 문제를 겪은 적이 있다. 플래그의 동작 원리는 이해했지만 ?와 ?m을 섞어 쓴 것이다. 하지만 비슷한 문제를 이미 수차례 경험했기에 구글에 'javadoc pattern'이라고만 검색해도 문제의 해결책을 얻을 수 있다는 것을 알고 있었다.

뇌를 캐시처럼 사용하라는 말이다. 관용 코드와 공통 라이브러리 API를 익혀 두자. 나머지는 어디서 빠르게 찾을 수 있는지 알아 두자. 그러면 여러분의 뇌를 더 어려운 문제를 해결하는 데 사용할 수 있다.

카타를 하기 위해 학습하고 카타를 이용해 학습하자

도널드 라브(*Donald Raab*)

모든 자바 개발자는 새로운 기술을 익히고 이미 보유한 기술은 계속 갈고 닦아야 한다. 자바 생태계는 거대하며 계속 발전하고 있다. 배워야 할 것이 너무 많아서 스스로를 계속 채찍질하기가 부담스러울 수도 있다. 하지만 커뮤니티를 통해 빠르게 변화하는 세계에서 지속해서 성장할 수 있도록 서로를 돕고 지식과 사례를 공유할 수 있다. 코드 카타 (Kata)[1]를 사용하고 새로 개발하며 공유하는 것도 커뮤니티에서 서로를 돕는 방법 중 하나다.

코드 카타는 실습으로 특정한 기술을 연마하는 실천적인 프로그래밍 기법이다. 일부 코드 카타는 단위 테스트를 작성하면서 얻은 기술을 검증할 수 있는 구조를 제공하기도 한다. 코드 카타는 개발자가 실습 과정을 공유해서 미래의 자신이나 다른 개발자가 이를 바탕으로 학습할 수 있도록 하는 훌륭한 방법이다.

코드 카타를 직접 만들어보고 싶다면 다음 절차를 따라 해 보자.

1. 학습하려는 주제를 선정한다.
2. 원하는 지식을 설명할 수 있으며 성공하는 단위 테스트를 작성한다.
3. 최종 솔루션에 만족할 때까지 반복해서 코드를 리팩토링한다. 리팩토링 과정에서 단위 테스트가 실패하지 않는지 확인한다.
4. 테스트가 실패하도록 실습한 솔루션을 삭제한다.
5. 실패하는 테스트와 관련 코드 그리고 빌드 결과물을 버전 관리 시스템(VCS, Version Control System)에 커밋한다.

---

1 역주: 형태나 패턴을 의미하는 일본어(かた [型])

6. 소스 코드를 공개한다.

이제 처음 4단계를 거치면서 간단한 카타를 만드는 방법을 설명하겠다.

❶ 주제: List 안 문자열을 결합하는 방법을 배운다.

❷ List의 문자열을 결합하는 방법을 보여주며 성공하는 jUnit 테스트를 작성한다.

```
@Test
public void joinStrings() {
    List<String> names = Arrays.asList("Sally", "Ted", "Mary");
    StringBuilder builder = new StringBuilder();
    for (int i = 0; i < names.size(); i++) {
        if (i > 0) {
            builder.append(", ");
        }
        builder.append(names.get(i));
    }
    String joined = builder.toString();
    Assert.assertEquals("Sally, Ted, Mary", joined);
}
```

❸ 이 코드를 자바 8의 StringJoiner를 사용하도록 리팩토링한다. 그런 후 테스트를
다시 실행한다.

```
StringJoiner joiner = new StringJoiner(", ");
for (String name : names) {
 joiner.add(name);
}
String joined = joiner.toString();
```

자바 8의 스트림을 사용해서 코드를 리팩토링한 후 테스트를 다시 실행한다.

```
String joined = names.stream().collect(Collectors.joining(", "));
```

String.join 메서드를 사용해 코드를 리팩토링한 후 테스트를 다시 실행한다.

```
String joined = String.join(", ", names);
```

❹ 해결 방법을 지워 테스트가 실패하도록 남겨 둔 후 주석을 제공한다.

```
@Test
public void joinStrings() {
    List<String> names = Arrays.asList("Sally", "Ted", "Mary");
    // names를 ", " 문자로 결합한다.
    String joined = null;
    Assert.assertEquals("Sally, Ted, Mary", joined);
}
```

나머지 5단계와 6단계는 여러분이 직접 해 보길 바란다.

이 간단한 예시는 여러분이 다양한 복잡도를 가진 카타를 직접 만드는 방법을 보여준다. 단위 테스트를 활용해 믿을 수 있고 문제를 제대로 이해한 해결책을 구현할 수 있는 구조를 제공하는 것이다.

여러분이 학습한 것과 지식을 가치 있게 여기자. 뭔가 유용한 것을 배웠다면 기록으로 남기자. 나중에 자신이 실습한 코드가 어떻게 동작했는지 되돌아보기 위해 기록을 남겨 둔다면 향후에 매우 유용할 수 있다. 자신의 지식과 학습 내용을 코드 카타로 남겨 두자. 현재 여러분이 보유하고 있는 기술을 카타로 만들면서 다듬자. 어쩌면 그 카타는 다른 사람에게도 가치가 있을 것이다.

우리는 여전히 많은 것을 배워야 하지만 가르칠 수 있는 것도 많다. 학습한 것을 다른 사람과 공유함으로써 전체 자바 커뮤니티를 개선하는 것이다. 다른 사람을 돕는 것은 무척이나 중요하며 동료 자바 개발자도 이 같은 방법으로 코딩 기술을 개선하고 있다.

52 레거시 코드를 사랑하는 방법

PROPOSAL · 우베르토 바비니(*Uberto Barbini*)

레거시(legacy) 시스템이란 유지보수와 확장, 개선이 매우 어려운 오래된 소프트웨어를 뜻한다. 반면, 이미 제대로 동작하고 있으며 비즈니스가 돌아가도록 지원하는 소프트웨어를 의미하기도 한다. 그렇지 않았다면 지금까지 사용하지는 않을 것 아닌가.

지금은 레거시 취급을 받지만 처음 만들어졌을 때는 훌륭하게 디자인되었을 수도 있다. 디자인이 너무 뛰어나서 사람들이 "좋은데? 여기에도 쓰고 저기에도 쓰고 또 거기에도 도입하자고!"라는 반응을 보였을지도 모른다. 시간이 지나면서 점점 기술 부채가 쌓였겠지만 그래도 여전히 잘 동작한다. 이런 시스템은 신뢰성이 뛰어난 경우도 있다.

하지만 여전히 많은 개발자가 레거시 시스템 관련 업무를 수행하길 꺼린다. 때로는 기술 부채가 너무 많은 것처럼 보이기도 한다. 어쩌면 그냥 이 시스템은 이제 망한 것이라고 생각하고 새로운 시스템을 개발해야 할지도 모른다. 훨씬 쉽지 않은가.

그런데 정말로 레거시 시스템을 유지보수해야 한다면 어떨까? 레거시 시스템의 버그를 수정해야 한다면 여러분은 어떻게 할 것인가?

첫 번째 해결책은 테이프로 감는 것이다. 숨을 꾹 참고 결함을 수정한다. "언젠가 후회할지 모르겠지만 우선은 복사-붙여넣기로 문제를 해결하자!"라고 생각하는 순간부터 시스템은 더 악화한다. 마치 버려진 건물처럼, 오랜 시간이 지나도 별로 훼손되지 않았을 수도 있지만 깨진 유리 하나만(broken window) 있어도 순식간에 나머지 유리도 모조리 박살이 날 것이다. 하나라도 깨진 유리를 내버려둔다는 것은 곧 다른 사람이 다른 유리도 깨뜨리는 것을 방치하는 것일 뿐이다. 이것이 바로 깨진 유리창 이론[1]이다.

---

1 역주: https://ko.wikipedia.org/wiki/깨진_유리창_이론

두 번째 해결책은 예전 시스템은 그만 잊어버리고 새로운 시스템을 바닥부터 다시 개발하는 것이다. 이 방법의 문제점이 무엇인지 이해하겠는가? 대부분 재개발은 제대로 진행되지 않거나 끝이 나지 않는다. 그 이유는 생존자 편향(survival bias, https://oreil.ly/lKSDd) 때문이다. 아마도 여러분은 이전 시스템의 코드를 보고는 '이런 젠장, 이런 식으로 코드를 작성했는데 시스템이 동작한다면 다시 만드는 건 엄청 쉽겠네.'라고 생각할 것이다. 절대 그렇지 않다. 예전 코드가 형편없어 보이겠지만 그 코드는 이미 수많은 전투에서 살아남은 코드다. 시스템을 새로 개발하기 시작하는 여러분은 그동안 어떤 전투가 있었는지 모를뿐더러 그 비즈니스 도메인에 대한 지식의 상당 부분을 잃는 셈이다.

그러면 어떻게 해야 할까? 일본에는 킨쯔기(Kintsugi, https://oreil.ly/F4AZX)라는 예술이 있다. 뭔가 값비싼 물건이 깨지면 버리는 대신 깨진 틈새를 금가루를 이용해 붙이는 방법이다. 여기서 금은 이 물건이 이미 한 번 깨졌지만 여전히 아름답다는 것을 강조하기 위한 것이다.

어쩌면 우리는 레거시 코드를 잘못된 관점에서 바라보고 있는지도 모른다. 오래된 코드를 금으로 도금해야 한다는 뜻이 아니다. 하지만 제대로 된 방법으로 수정하는 방법을 배워야 한다.

교살자 패턴(https://oreil.ly/SWJFc)을 이용하면 간단하다. 이 패턴의 이름은 무화과나무(https://oreil.ly/jficR)가 다른 나무를 감싸는 것에서 유래했다(살인을 말하는 것이 아니다). 무화과나무는 천천히 자라면서 숙주 나무를 둘러싸고 결국 숙주 나무는 속은 텅 빈 채 무화과 덩굴에 둘러싸여 죽게 된다.

마찬가지로 좋지 않은 코드를 깔끔하고 철저히 테스트한 새 코드로 교체하는 것부터 시작할 수 있다. 그런 후 이 작업을 반복해서 예전 애플리케이션 위에 새로운 애플리케이션을 만들어가는 것이다. 이 작업을 새 코드로 오래된 코드를 완전히 교체할 때까지 계속하면 된다.

설령 완전히 끝내지는 못하더라도 오래된 코드가 계속 썩어가도록 두는 것보다는 새로운 코드와 오래된 코드가 섞여 있는 편이 낫다. 게다가 완전히 새로운 시스템을 처음부터 개발하는 것보다 안전하다. 왜냐하면 새로운 기능을 계속해서 검증할 것이며 버그가 발견되면 이전 버전으로 롤백이 가능하기 때문이다.

레거시 코드는 조금 더 사랑받을 자격이 있다.

새로운 자바 기능을 학습하자

게일 *C.* 앤더슨(*Gail C. Anderson*)

자바 8에서 도입한 람다와 스트림은 자바 프로그래머의 언어 구조를 크게 변화시킨 두 가지 핵심 기능이었다. 자바 9 이후부터는 6개월마다 새 버전을 릴리스하며 그때마다 새로운 기능을 도입한다. 새로운 기능을 활용하면 더 나은 코드를 작성할 수 있으므로 어떤 기능이 추가되었는지 눈여겨봐야 한다.

그동안 스트림을 활용해 함수형 프로그래밍 방식으로 코드를 작성하는 방법, 불필요하게 큰 코드를 줄이는 방법, 가독성이 높은 코드를 작성하는 방법 등 다양한 설명 자료가 등장했다. 그러니 이제 스트림을 활용하는 예제를 살펴보자. 모든 곳에서 스트림을 사용하고 싶어질 정도로 여러분을 설득하려 하기보다는 스트림과 자바 8부터 도입된 다른 자바 기능을 배워보고 싶은 생각이 들도록 하는 것이 목적이다.

이번에 살펴볼 예제는 혈압 측정 데이터로부터 심실 수축(systolic), 심실 확장(diastolic), 심장 박동(pulse)의 최대, 평균, 최솟값을 계산하는 것이다. 그런 후 JavaFX 막대 차트를 이용해 계산한 값을 시각화하겠다.

다음 코드는 BPData 모델 클래스의 일부이며 예시에 필요한 게터 메서드만 추출한 것이다.

```
public class BPData {
    ...
    public final Integer getSystolic() {
        return systolic.get();
    }
    public final Integer getDiastolic() {
        return diastolic.get();
    }
```

```
    public final Integer getPulse() {
        return pulse.get();
    }
    ...
}
```

JavaFX 막대 차트는 이 데이터를 시각화한다. 먼저 우리는 연속된 값을 만들고 변형해서 막대 차트 객체의 데이터로 활용해야 한다. 이 작업은 세 가지 측정값에 대해 반복 실행해야 하므로 막대 차트에 사용할 연속된 값과 이 데이터에 접근해야 하는 BPData 게터를 매개변수로 전달받는 하나의 메서드를 작성하는 편이 좋다. 우리가 측정한 데이터는 BPData 클래스 인스턴스에 날짜로 정렬한 컬렉션인 sortedList 변수에 저장되었다. 다음 예제는 차트 데이터를 만들어내는 computeStatData 메서드를 구현한 코드다.

```
private void computeStatData(
    XYChart.Series<String, Number> targetList,
    Function<BPData, Integer> f) {
        // 최댓값 설정
        targetList.getData().get(MAX).setYValue(sortedList.stream()
            .mapToInt(f::apply)
            .max()
            .orElse(1));
        // 평균값 설정
        targetList.getData().get(AVG).setYValue(sortedList.stream()
            .mapToInt(f::apply)
            .average()
            .orElse(1.0));
        // 최솟값 설정
        targetList.getData().get(MIN).setYValue(sortedList.stream()
            .mapToInt(f::apply)
            .min()
            .orElse(1));
}
```

targetList 매개변수는 심실 수축, 심실 확장, 심장 박동 데이터 중 하나이며 막대 차트가 사용할 시리즈(series) 데이터다. 우리가 원하는 작업은 각 시리즈 데이터에 대한 최대, 평균, 최솟값을 가진 막대 차트를 그리는 것이다. 따라서 차트의 Y축에 계산한 값을 대입한다. 두 번째 매개변수는 BPData의 게터를 지정하기 위한 것으로 메서드 참조를 전달한다. 이 참조는 스트림의 mapToInt 메서드에서 시리즈의 특정 값에 접근할 때 사용한다. 각 스트림 시퀀스(sequence)는 원본 데이터로부터 최대, 평균, 최솟값을 리턴한다. 스트림을 종료할 때는 Optional 객체를 리턴하는 orElse 메서드를 호출해서 원본 데이터 스트림이 비어 있는 경우 막대 차트에 이를 대체할 값으로 1(또는 1.0)을 표시하도록 했다.

다음 코드는 computeStatData 메서드를 호출하는 코드다. 편리한 메서드 참조 표기(method reference notation) 문법 덕분에 BPData 클래스의 게터 메서드를 쉽게 지정해서 각 데이터 시리즈마다 호출할 수 있다.

```
computeStatData(systolicStats, BPData::getSystolic);
computeStatData(diastolicStats, BPData::getDiastolic);
computeStatData(pulseStats, BPData::getPulse);
```

자바 8 이전 버전이라면 이 코드는 훨씬 더 장황한 코드가 되었을 것이다. 그러므로 지속해서 개선되는 자바의 새로운 기능을 학습하고 활용하는 것은 분명히 그 가치가 있다.

지금부터 자바 14의 레코드(record) 문법, 프리뷰(preview) 기능까지 활용해 BPData 클래스를 더 간소화해 보는 것은 어떨까?

IDE를 활용해
인지 부하를 줄이는 방법

트리샤 지(*Trisha Gee*)

필자는 IDE를 판매하는 회사에서 일한다. 당연하겠지만 그래서 IDE의 동작을 제대로 이해하고 사용하길 권한다. 하지만 그에 앞서 필자가 지난 15년간 여러 종류의 IDE를 다뤄 왔으며, IDE가 어떤 식으로 개발자가 유용한 코드를 작성하도록 돕는지, 또 이를 이용해 어떻게 작업을 쉽게 자동화할 수 있는지 배워 왔다는 점을 밝혀 둔다.

IDE가 코드 강조(code highlighting)를 제공하며 에러와 잠재적인 문제점을 보여준다는 점은 우리 모두 알고 있다. 하지만 자바 IDE가 할 수 있는 일은 훨씬 더 많다. IDE가 제공하는 기능을 학습하고 업무에 활용하면 생산성을 한 단계 더 높일 수 있다.

예를 들어 IDE는 다음과 같은 기능을 제공한다.

- 코드를 자동 생성하므로 여러분이 직접 입력할 필요가 없다. 게터와 세터, `equals`, `hashCode`, `toString` 같은 메서드를 자동으로 작성해 주는 것이 대표적이다.
- 컴파일러 에러를 유발하지 않으면서 코드를 특정한 방향으로 자동 이동해 주는 리팩토링 도구를 제공한다.
- 테스트를 실행하며 문제를 디버깅하는 데 필요한 기능을 제공한다. `System.out` 메서드로 디버깅을 실행한다면 런타임에 객체의 값을 들여다보는 것보다 훨씬 더 많은 시간을 소비하게 될 것이다.
- 빌드 및 의존성 관리 시스템과 통합되어 개발 환경을 테스트 및 프로덕션 환경과 같은 방법으로 동작하게 한다.
- 버전 제어, 데이터베이스 접근, 코드 리뷰 등 애플리케이션 이외의 도구와 시스템을 활용한다(IDE에서 I는 Integrated(통합)임을 기억하자). 소프트웨어 전달 파이프라인상 어떤 작업이든 IDE 내에서 처리할 수 있다.

IDE를 사용하면 이 코드를 호출하는 메서드를 찾거나 이 코드가 호출하는 메서드 안으로 이동하는 등 코드를 자연스럽게 탐색할 수 있다. 파일 구조를 마우스로 탐색하지 않고 몇 번의 키 입력만으로 원하는 파일(또는 특정 코드 블록)로 바로 이동할 수도 있다.

코드를 작성하기 위해 여러분이 선택한 도구는 여러분이 오롯이 개발에만 집중하도록 도와야 한다. 코드를 작성하는 데 필요한 다른 복잡한 것에 주의를 빼앗겨서는 안 된다. 잡다한 것은 IDE에 맡겨서 인지 부하(cognitive load)를 줄이면 여러분이 해결하려는 비즈니스 문제에 더 집중할 수 있다.

자바 API를 디자인하는 기술

마리오 푸스코(*Mario Fusco*)

개발자는 API를 이용해 업무를 수행한다. 더 정확히 말하면 API는 개발자와 소프트웨어의 서비스를 API로 노출하는 디자이너 사이의 계약을 수립하는 것이다. 그런 의미에서 우리는 모두 API 디자이너다. 소프트웨어는 그 자체로는 아무 의미가 없다. 다른 개발자가 작성한 다른 소프트웨어와 함께 동작할 때 비로소 의미를 가질 수 있다.

먼저 좋은 API는 쉽게 이해할 수 있고 찾아 쓸 수 있어야 한다. 필요할 때 바로 사용할 수 있어야 하며 이상적으로는 문서를 읽지 않고도 그 동작 원리를 학습할 수 있어야 한다. 결국 일관성 있는 이름과 규칙을 사용하는 것이 중요하다. 어쩌면 당연한 말일지도 모른다. 하지만 심지어 표준 자바 API에서도 일관적인 이름과 규칙을 사용하지 않는 경우를 쉽게 볼 수 있다. 예를 들어 skip(n) 메서드는 스트림에서 n개의 아이템을 건너뛴다. 그럼 어떤 조건 p를 만족하지 않는 아이템을 찾을 때까지 스트림의 아이템을 계속 건너뛰는 메서드의 이름으로는 무엇이 적당할까? skipWhile(p)가 적절한 이름일 수 있지만 실상 이 메서드의 이름은 dropWhile(p)다. dropWhile(p)라는 이름이 크게 잘못된 것은 아니지만 매우 유사한 작업을 실행하는 skip 메서드를 생각해 보면 일관성이 떨어진다. 이런 식을 이름을 지으면 안 된다.

API를 작게 유지하는 것도 쉽게 사용하게 하는 또 다른 방법이다. API가 작게 유지하면 배워야 할 개념과 유지보수 비용이 줄어든다. 다시 말하지만 표준 자바 API에서도 이 간단한 원리를 준수하지 않는 예를 쉽게 찾을 수 있다. Optional은 매개변수로 전달된 객체를 Optional 객체로 래핑해서 리턴하는 정적 팩토리(static factory) 메서드 of(object)를 제공한다. 생성자 대신 팩토리 메서드를 사용하는 것은 유연성을 크게 향상할 좋은 방법이다. 팩토리 메서드로 서브클래스를 리턴하거나 매개변수가 잘못된 경우 null을 리턴하기도 한다. 그런데 안타깝게도 Optional.of 메서드는 매개변수로 null을 전달하면 NullPointerException을 발생한다. NullPointerException의 발생을 최대한 방지하도록 디자인된 클래스로는 꽤 예상을 빗나가는 동작이다. 예상을 크게 빗나가는 경우를 최소화해야 하는 원리(API를 디자인할 때 고려해야 할 또 다른 원리다)를 준수하지 않을 뿐만 아니라 매개변수에 null을 전달했을 때 빈 Optional 객체를 리턴하는 ofNullable 메서드라는 또 다른 메서드가 필요한 상황을 만들어버린 것이다. of 메서드 동작은 일관성이 없으며 제대로 구현했더라면 ofNullable 메서드는 굳이 필요하지 않았을 것이다.

API를 개선할 또 다른 힌트는 크기가 큰 인터페이스를 더 작은 인터페이스로 나누는 것이다. 플루언트(fluent) API를 구현하는 것을 고려하길 바란다. 이 경우 자바 스트림이 좋은 예다. 스트림은 절대 null을 리턴하지 않으며 빈 컬렉션과 Optional 객체를 사용한다. 그래서 예외를 처리할 일이 별로 없고 가능하면 생략할 수도 있다. 메서드 인수를 생각해 보자. 메서드에 너무 많은 매개변수를 정의하지 말자. 특히 매개변수 타입이 같은 경우는 더욱 그러면 안 된다. 가능한 타입 중에서 가장 추상적인 타입을 사용하고 메서드를 오버로드할 때도 매개변수의 순서를 같게 유지하자. 또 가능하면 가변 인자(varargs)를 활용하자. 게다가 좋은 API는 그 의도가 명확한 것이 사실이지만 그렇다고 해서 풍부한 문서를 깔끔하게 작성할 필요가 없다는 것은 아니라는 점도 명심하자.

마지막으로 처음부터 제대로 된 API를 작성할 수 있다고 생각하지 말자. API를 디자인하는 것은 반복 작업이며, API를 개선할 유일한 방법은 개밥 먹기(dogfooding)[1]뿐이다. API에 대한 테스트와 예제를 작성하고 동료 및 사용자와 끊임없이 소통하자. 몇 번이고 반복해서 불분명한 의도, 불필요한 코드, 미처 추상화되지 않은 부분을 개선하자.

---

1 역주: 자신이 만든 제품이나 서비스를 직접 사용해 보며 문제나 버그를 찾는 방법

56

PROPOSAL

간결하고 가독성이 좋은 코드

에밀리 장(*Emily Jiang*)

필자는 간결하고 가독성이 좋은 코드를 좋아한다. 코드는 한 줄 한 줄 모두 최대한 명확해야 한다. 모든 코드는 필요한 것이어야 한다. 가독성이 좋고 간결한 코드를 작성하려면 형식(format)과 내용(content)에 주의를 기울여야 한다. 가독성이 좋고 간결한 코드를 작성하기 위한 몇 가지 팁을 공유한다.

들여쓰기를 이용해 코드를 정리하자

들여쓰기를 일관되게 사용하자. 어떤 프로젝트에 참여 중이라면 반드시 코드 템플릿이 있을 것이다. 팀의 모든 구성원은 같은 코드 형식을 유지해야 한다. 들여쓰기에 공백 문자와 탭을 섞어 쓰지 말자. 필자는 항상 IDE가 공백과 탭 문자를 표시하도록 설정해서 실수로 섞어 쓰는 일을 방지한다(개인적으로는 공백 문자를 선호한다). 공백이든 탭이든 한 가지만 선택하고 한 가지만 사용하자.

변수와 메서드에 의미 있는 이름을 채택하자

코드는 그 의도가 명확할수록 유지보수가 쉬워진다. 식별자에 의미 있는 이름을 지어 두면 별도로 그 코드의 동작을 설명할 주석을 작성하지 않아도 스스로 그 의도를 드러낸다. 변수를 한 글자로 이름 짓는 일은 절대 하지 말자. 변수와 메서드 이름이 명확한 의미를 가지면 코드의 동작을 설명하는 주석 따위는 필요하지 않다.

필요한 경우에는 코드에 주석을 작성하자

정규식 쿼리처럼 매우 복잡한 로직에는 주석을 이용해 코드의 의도를 설명하자. 하지만 일단 주석을 작성했다면 코드의 변경을 계속 반영하도록 유지해야 한다. 주석을 제대로 관리하지 않으면 나중에 오히려 혼란만 가중시킬 뿐이다. 코드를 유지보수할 사람이 이

부분에 주의를 기울이도록 하려면 반드시 문서화하고 주석의 시작 부분에 '경고' 같은 단어를 추가하자. 때로는 원래 코드를 작성한 사람이 그 의도를 주석으로 충분히 설명했거나 어딘가에 경고를 남겨 둔 덕분에 버그의 원인을 쉽게 찾을 수도 있다.

주석처리한 코드는 커밋하지 말자

불필요한 코드는 가독성을 위해 주석처리하지 말고 삭제하자. 보통 코드를 주석처리하는 가장 설득력 있는 이유는 나중에 혹시 다시 필요하게 될 경우를 대비한다는 것이다. 하지만 실상 몇 년이 지나도 주석인 채로 남아있으며 오히려 혼란만 가중하는 경우가 대부분이다. 설령 언젠가 다시 그 코드를 사용하게 되더라도 그 코드는 이미 컴파일되지 않거나 기반 코드가 크게 변경되어 더는 원하는 대로 동작하지 않을 가능성이 크다. 머뭇거리지 말고 그냥 지우자.

혹시 나중에 필요할지도 모를 코드까지 작성하는 오버엔지니어링의 우를 범하지 말자

어떤 기능을 구현하는 작업을 수행 중이라면 본인의 추측에 기반한 로직을 추가해서 필요 이상 작업하는 우를 범하지 말자. 필요 이상의 코드는 버그나 유지보수 오버헤드를 야기할 뿐이다.

장황한 코드를 작성하지 말자

작업을 완수하기 위한 최소한의 코드만 작성하는 것에 집중하자. 코드가 길어질수록 더 많은 버그가 생겨난다. 해당 작업을 완료하기 위한 브레인스토밍(brainstorming)을 진행하고 먼저 프로토타입을 구현한 다음 코드를 다듬자. 코드의 각 라인은 반드시 존재해야 할 필요가 있어야 한다. 혹시 관리자나 아키텍트라면 개발자가 얼마나 많은 양의 코드를 작성했는지보다 얼마나 깔끔하게 가독성이 좋은 코드를 작성했는지로 평가하자.

아직 시도해 본 적이 없다면 함수형 프로그래밍을 공부하자

자바 8에서 도입한 람다와 스트림 같은 기능을 사용하는 장점 중 하나는 이런 기능으로 코드의 가독성을 크게 높일 수 있다는 점이다.

짝 프로그래밍을 도입하자

짝 프로그래밍(pair programming)은 주니어 개발자가 경험 많은 개발자로부터 가르침을 받을 수 있는 훌륭한 방법이다. 또한 코드를 작성하는 동안 다른 사람에게 스스로의 선택과 그 이유를 설명해야 하므로 더욱 의미 있는 코드를 작성하는 방법이기도 하다. 제대로 된 절차는 그저 코드를 퍼붓는 것이 아니라 주의 깊게 코드를 작성하는 환경을 만들어준다.

간결하고 가독성이 높은 코드에서는 버그가 발생할 확률이 줄어든다. 코드가 복잡할수록 버그도 늘어난다. 쉽게 이해할 수 없는 코드는 더 많은 버그를 내포하고 있다. 모쪼록 이 팁이 여러분의 기술과 코드를 개선하고 더 간결하며 가독성이 높은 코드를 작성하는 데 도움이 되길 바란다!

57

자바를 그루비스럽게

PROPOSAL

켄 쿠센(*Ken Kousen*)

화면에 나타난 것은 첫 줄부터 무슨 사이버펑크 소설을 펼친 것 같은 느낌이었다. 가만히 바라보다가 오늘밤까지 절대 끝내지 못할 거라는 걱정이 들었다. 갑자기 좁디좁은 내방의 문을 누군가 두드린다. 문을 열어보니 보스가 서 있었다.

"잘 돼 가나요?" 그녀가 물었다.

"자바는 너무 장황해요." 나는 한숨을 쉬며 말을 이었다. "그냥 서비스에서 데이터를 다운로드해서 데이터베이스에 저장하고 싶을 뿐이에요. 그런데 빌더며 팩토리며 라이브러리 코드에 try/catch 블록에... 난리도 아니예요."

"그냥 그루비를 추가해요."

"예? 그게 무슨 도움이 된다고요?" 그러자 보스가 직접 컴퓨터 앞에 앉으며 물었다.

"내가 해도 되죠?"

"그럼요."

"간단한 데모를 하나 보여줄게요."라며 명령 프롬프트를 열더니 groovyConsole을 입력한다. 그러자 화면에 간단한 GUI가 나타났다. "지금 우주에 우주비행사가 몇 명이나 나가 있는지 알고 싶다고 생각해 봅시다. 오픈 노티파이(Open Notify, https://oreil.ly/oysGk) 서비스를 호출하면 그 답을 알 수 있어요."

그러더니 그루비 콘솔에 다음 명령을 입력했다.

```
def jsonTxt = 'http://api.open-notify.org/astros.json'.toURL().text
```

그러자 우주비행사의 수, 상태 메시지, 우주비행선과 각 우주비행사의 관계를 표현하는 중첩된 객체를 담은 JSON 응답이 화면에 나타났다.

"그루비에는 String을 java.net.URL 타입으로 바꾸는 toURL 함수가 추가되었어요. 그리고 URL에 추가한 getText 메서드는 데이터를 조회해서 텍스트로 리턴하죠."

"끝내주네요."라며 맞장구쳤다. "이제 이걸 자바 클래스로 매핑해야 하니까 Gson이나 Jackson 같은 라이브러리를 쓰는 게…"

"뭐라는 거예요. 그냥 우주에 몇 명이나 있는지 알고 싶은 거니까 이럴 때는 JsonSlurper를 쓰면 돼요."

"아, 뭐라고요?"

그러자 보스가 다음 명령을 입력했다.

```
def number = new JsonSlurper().parseText(jsonTxt).number
```

"parseText 메서드는 Object를 리턴한다고요." 보스가 설명을 이어갔다. "근데 우린 타입은 관심이 없으니까 그냥 필요한 데이터를 바로 읽으면 돼요."

결과를 보니 현재 우주 공간에는 6명의 우주비행사가 모두 국제 우주 공항에 머물고 있음을 알 수 있었다.

"알았어요, 근데 만약 이 응답을 클래스로 파싱하고 싶으면 어떻게 해요? 그루비용 Gson 라이브러리가 있나요?"

보스는 고개를 가로저었다. "그런 건 필요 없어요. 그루비도 결국은 바이트코드라고요. 그냥 하던 대로 Gson 클래스 인스턴스를 만들어서 메서드를 호출하면 되죠."

```
@Canonical
class Assignment { String name; String craft }
@Canonical
class Response { String message; int number; Assignment[] people }
new Gson().fromJson(jsonTxt, Response).people.each { println it }
```

"Canonical 애노테이션은 클래스에 toString, equals, hashCode, 기본 생성자, 매개
변수 생성자, 튜플 생성자 등을 클래스에 알아서 구현해 주죠."

"엄청나네요! 그럼 이제 우주비행사를 데이터베이스에 어떻게 저장하죠?"

"껌이죠. H2에 저장해 볼까요?"

```
Sql sql = Sql.newInstance(url: 'jdbc:h2:~/astro',
                          driver: 'org.h2.Driver')
sql.execute '''
    create table if not exists ASTRONAUTS(
        id int auto_increment primary key,
        name varchar(50),
        craft varchar(50)
    )
'''
response.people.each {
    sql.execute "insert into ASTRONAUTS(name, craft)" + ($it.name, $it.craft)" +
                "values ($it.name, $it.craft)"
}
sql.close()
```

"그루비의 Sql 클래스와 여러 줄 문자열로 테이블을 생성하고 문자열 연결을 이용해서
값을 인서트하면 금방이죠."

```
sql.eachRow('select * from ASTRONAUTS') {
    row -> println "${row.name.padRight(20)} aboard ${row.craft}"
}
```

"다 됐어요." 그녀가 말했다. "게다가 출력까지 예쁘게 잘됐네요."

나는 결과물을 물끄러미 바라봤다. 그리고는 "이걸 자바로 하려면 대체 몇 줄이나 코드
를 짜야 하는지 알아요?"라고 물었다.

그러자 그녀가 씩 웃으며 말했다. "장난 없겠죠. 근데 그루비가 던지는 예외는 전부 확인
되지 않은(unchecked) 거라 try/catch 블록도 필요 없어요. 그리고 newInstance 대신
withInstance 메서드를 쓰면 DB 연결도 자동으로 닫혀요. 좋죠?"

나는 고개를 끄덕이며 동의했다.

"이 코드를 클래스로 나눠 감싸면 자바에서도 호출할 수 있어요."

그렇게 그녀는 자리를 떴고 나는 자바를 더 그루비스럽게 만들 수 있다는 기대감에 가득 찼다.

생성자에서는 최소한의 작업만

스티브 프리먼(*Steve Freeman*)

내가 자주 보는 패턴 중 하나는 생성자(constructor)에서 대부분 작업을 처리하는 패턴이다. 일련의 인수(argument)를 전달받아 각 필드의 값으로 바꾸는 것이다. 대략적인 형태는 다음과 같다.

```
public class Thing {
    private final Fixed fixed;
    private Details details;
    private NotFixed notFixed;
    // 그 외의 필드

    public Thing(Fixed fixed,
                 Dependencies dependencies,
                 OtherStuff otherStuff) {
        this.fixed = fixed;
        setup(dependencies, otherStuff);
    }
}
```

예상컨대 setup 메서드는 dependencies와 otherStuff 매개변수로 나머지 필드를 초기화할 것이다. 하지만 대체 생성자 시그너처가 새로운 인스턴스를 생성하는 데 어떤 이점을 가져다주는지 모르겠다. 게다가 객체의 수명주기 동안 어떤 필드가 변경되는지도 명확하지 않다. 필드를 생성자에서 초기화하지 않는 한 final로 선언할 수 없기 때문이다. 마지막으로 이 클래스는 인스턴스를 생성하기 위해 필요한 인수를 setup 메서드에 전달하므로 단위 테스트를 작성하기도 어렵다.

이보다 더 안 좋은 사례는 다음과 같이 구현된 생성자다.

```
public class Thing {
    private Weather currentWeather;
    public Thing(String weatherServiceHost) {
        currentWeather = getWeatherFromHost(weatherServiceHost);
    }
}
```

이 인스턴스를 생성하려면 인터넷 연결은 물론 다른 서비스가 필요하다. 다행히 이런 경우는 극히 드물다.

이런 패턴은 행위를 '캡슐화'해서 인스턴스를 더 쉽게 생성하려는 의도를 반영한 것이다. 하지만 내가 보기에 이 방법은 생성자와 소멸자(destructor)를 이용해 프로그래머가 리소스를 제어하는 C++에서나 사용하던 방법이다. 개별 클래스가 각각 필요한 내부 의존성을 관리할 수 있다면 상속 계층에서 클래스를 결합하는 것이 더 쉽다.

필자는 모듈라-3(Modula-3, https://oreil.ly/t2t4G) 경험에서 영감을 받은 방법을 선호한다. 즉, 생성자는 필드에 값을 대입하는 역할만 하는 것이다. 생성자가 해야 할 일은 올바른 인스턴스를 생성하는 것뿐이다. 객체 생성 시점에 수행해야 할 작업이 더 많다면 팩토리 메서드를 사용한다.

```
public class Thing {
    private final Fixed fixed;
    private final Details details;
    private NotFixed notFixed;

    public Thing(Fixed fixed, Details details, NotFixed notFixed) {
        this.fixed = fixed;
        this.details = details;
        this.notFixed = notFixed;
    }

    public static Thing forInternationalShipment(
            Fixed fixed,
            Dependencies dependencies,
            OtherStuff otherStuff) {
        final var intermediate = convertFrom(dependencies, otherStuff);
        return new Thing(fixed,
                        intermediate.details(),
                        intermediate.initialNotFixed());
    }
```

```
    public static Thing forLocalShipment(Fixed fixed,
                                         Dependencies dependencies) {
        return new Thing(fixed,
                         localShipmentDetails(dependencies),
                         NotFixed.DEFAULT_VALUE);
    }
}

final var internationalShipment =
    Thing.forInternationalShipment(fixed, dependencies, otherStuff);
final var localShipment = Thing.forLocalShipment(fixed, dependencies);
```

이 방법의 장점은 다음과 같다.

- 인스턴스 필드의 수명주기(life cycle)가 매우 명확하다.
- 객체 인스턴스의 생성과 사용이 분리되었다.
- 생성자와 달리 스스로의 역할을 명확히 표현하는 팩토리 메서드를 선언할 수 있다.
- 클래스와 인스턴스의 단위 테스트를 독립적으로 작성하기가 더 쉬워졌다.

이 방법에는 클래스 계층 구조상에서 생성자 논리를 공유할 수 없다는 단점도 존재한다. 하지만 클래스 계층 구조가 너무 깊어지는 것은 피해야 한다는 것에서 힌트를 얻어 헬퍼(helper) 메서드를 구현하면 얼마든지 극복할 수 있는 단점이다.

마지막으로 이 방법은 의존성 주입 프레임워크를 다루는 법에 주의해야 하는 이유이기도 하다. 객체의 생성이 복잡하고 리플렉션(reflection) 기반의 도구를 사용하기 쉽다는 이유로 필요한 매개변수를 모두 생성자에 몰아넣는 것은 다시 퇴보하는 것처럼 느껴지기 때문이다. 마찬가지로 '캡슐화' 때문에 비공개(private)로 선언한 필드에 리플렉션을 이용해(또는 생성자를 작성하지 않으려고) 직접 값을 대입하는 것은 타입 시스템을 망치는 길이며 단위 테스트를 더 어렵게 만들 뿐이다. 필드는 최소 기능 생성자를 이용해 값을 대입하는 것이 옳다. @Inject나 @Autowired는 주의해서 사용하고 모든 것을 명확히 표현하자.

Date라는 이름은
조금 더 명확해야 했다

케블린 헤니(*Kevlin Henney*)

java.util.Date는 천천히, 하지만 분명히 저물어가고 있으며 java.time이 그 영향력을 높여가고 있다. 이 시점에서 잠시 한발 물러나 Date 클래스의 험난한 삶에서 무엇을 배웠는지 확인해 보자.

가장 분명한 교훈(lesson)은 실제로 사람들이 기대한 것보다, 심지어 어느 정도 예상했더라도, 날짜와 시간을 다루는 것이 어려웠다는 점이다. 그래서 날짜와 시간을 이해하는 프로그래머 중 한 명은 반드시 코드 리뷰를 수행해야 한다는 점은 범지구적으로 인정받고 있는 사실이다. 하지만 이 사실을 말하려는 것은 아니며 값 타입의 불변성이 중요하다는 점이나 클래스의 서브클래싱(subclassing) 지원 여부에 영향을 미치는 사례 또는 정수 대신 클래스를 사용해 풍부한 도메인을 표현하는 방법을 논하고 싶은 것도 아니다.

소스 코드는 공백과 부호 그리고 이름으로 구성된다. 이 요소는 모두 그 자체로 의미를 갖지만 가장 큰 의미를 부여하는 것은(또는 의미를 퇴화시키는 것은) 바로 이름이다. 이름이 문제다. 엄청 큰 문제다.

이름대로 Date가 어떤 특정 날짜와 같이 캘린더 날짜를 표현했더라면 좋았을 텐데 사실은 그렇지 않다. Date는 날짜 컴포넌트에 표시할 수 있는 어느 한 시점의 시간을 표현한다. 그래서 보통 날짜-시간(date-time) 또는 코드상에서는 DateTime으로 표현한다. 사실은 매우 중요한 개념이기에 Time이라는 이름도 괜찮았을 것이다. 올바른 이름을 찾는 것은 쉽지 않지만 이 경우에는 해당 사항이 아니다.

이제 날짜, 날짜-시간 그리고 Date가 무엇을 의미하는지 이해했다. 그러면 getDate 메서드는 무슨 동작을 할까? 날짜-시간 값을 리턴하는 걸까? 아니면 날짜 컴포넌트를 리턴하는 걸까? 둘 중 어느 것도 아니다. 이 메서드는 해당 월의 일(day)을 리턴한다. 프로그래밍에서 이 값은 보통 캘린더 날짜를 의미하는 날짜(date)가 아니라 월중 일(day of month)이라고 표현한다.

마찬가지로 getDay보다 getDayOfWeek가 더 나은 이름이었을 것이다. 단순히 이름을 선택하는 것이 중요해서가 아니라 Day 같은 모호한 용어를 인지하고 해석하는 것이 중요하기 때문이다(대체 주(week)중 일인지 월중 일인지 연중 일인지 원...). 자바독 주석보다 더 나은 이름을 선택하는 것이 이름 문제를 해결하는 더 나은 방법임을 잊지 말자.

이름은 규칙과 관련이 있으며 규칙은 이름과 연관된다. 규칙을 이야기하자면 (여러 개가 아닌) 하나를 선택하고 명확하게 표현하며 널리 알려져 있고, 상황에 꼭 맞지만 잘못 해석될 가능성이 있는 것보다는 쉽게 사용할 수 있는 이름을 선택하자(그래 C. 너한테 하는 얘기야).

예를 들어 아폴로 11은 1969년 (서력, UTC 등) 7월 (7번째 월)의 20번째 일 20시 17분에 달에 착륙했다. 그런데 getTime, getDate, getMonth, getYear 메서드를 호출하면 이 값을 리턴할 것이라고 기대하겠지만 그 결과에 실망할 것이다. getTime은 1970년부터 지정한 시간까지의 밀리 초를 리턴하므로 음수를 리턴할 것이며 getDate는 (1부터 시작하므로 예상대로) 20을 리턴한다. getMonth는 (월은 0부터 시작하므로) 6을 리턴하며 getYear는 (년도는 0이나 1970이 아니라 1900부터 시작하므로) 69를 리턴한다.

좋은 이름도 디자인의 일부다. 이름은 기대하는 값과 모델 간 의사소통을 정의하며 해당 객체를 어떻게 이해하고 사용해야 하는지를 보여준다. 리턴값이 getMillsSince1970을 의미한다면 getTime이라는 이름은 사용하지 말자. 어떤 이름은 올바른 방식으로 올바른 추상화를 갖췄는지 생각해 보면 오히려 다른 이름을 생각해 보게 만들기도 한다. 이름은 단순한 레이블이 아니다. 단순히 java.util.Date도 아니다. 이름은 여러분이 작성하고 사용하는 코드와 깊은 관계가 있다.

업계의 발전에 기여하는 기술의 필요성

폴 W. 호머(*Paul W. Homer*)

자바가 차세대 코볼(COBOL)로 불린 적이 있지만 사실 그다지 나쁜 일은 아니었다.

코볼은 엄청나게 성공적인 기술이었다. 신뢰할 수 있고 일관적이며 읽기도 쉬웠다. 정보화 시대에 열심히 뛴 역군이자 세상에 필요한 시스템을 관리한 언어다. 문법이 복잡해서 입력해야 할 것이 많았지만 엄청난 수의 독자가 코볼의 사용을 고려했다.

요즘 트렌드에 편승한 소프트웨어 스택은 보기에는 좋아 보이지만 (그리고 대부분이 아직 성숙하지 못했기에 배워야 할 점이 매우 많지만) 세상은 업계의 발전에 기여할, 신뢰할 수 있는 소프트웨어의 기능이 필요하다. 새로 등장한 영리한 표현이나 살짝 애매한 패러다임은 처음 접하면 신통방통하겠지만 그 의미를 생각해 보면 아직 알려지지 않은 사항이 많다는 것을 의미한다. 우리는 간단한 작업만으로 엔터프라이즈급 시스템을 구현할 수 있는 마법 같은 방법을 찾는 데 집착하지만 이미 30년 전 프레더릭 브룩스 주니어(Frederick Brooks Jr)[1]가 그런 것은 존재하지 않는다고 말한 것을 계속 잊어버린다.

현실 세계의 문제를 해결하기 위한 차세대 장난감 따위는 필요하지 않다. 그저 문제를 생각하고 완전히 이해하며 신뢰할 수 있는 해결책을 코딩하는 것에 집중해야 한다. 날씨가 좋을 때만 동작하거나 매년 새로 작성해야 하는 시스템이라면 현대에서 늘어만 가는 수요를 제대로 처리할 수 없다. 언제 장애가 발생할 수 있는지 예측할 수 없다면 그 시스템이 어떻게 동작하는지는 의미가 없다. 대신, 우리의 지식을 신뢰할 수 있고, 재사용할 수 있으며, 재구성할 수 있는 구성 요소로 완전히 캡슐화해야 한다. 그리고 현 시대의 복잡성을 다룰 수 있다면 계속해서 그 지식을 활용해야 한다. 지속되지 않는 코드는 더

---

1 역주: 미국의 소프트웨어 엔지니어이자 컴퓨터 과학자로 IBM의 시스템/360 개발을 지휘했다.

는 가치가 없다.

자바는 이런 면에서 훌륭한 기술이다. 현대식 언어 기능을 아우를 정도로 새로운 언어지만 신뢰할 수 있을 정도로 성숙해 있다. 대규모 코드도 잘 정리할 수 있으며, 순수한 기술적인 문제에서 벗어나 실질적인 비즈니스 문제에 집중하는 데 도움을 주는 제품, 도구, 생태계의 지원도 훌륭하다. 환경과 시스템을 분리할 수 있는 강력한 스택이며 숙련된 직원을 찾을 수 있을 정도로 표준화되었다. 화제가 될 정도는 아니지만 자바는 적어도 수십 년은 지속할 수 있는 시스템을 구현할 정도로 신뢰할 수 있으며 안정적인 플랫폼이다. 그러므로 지금도 많은 노력을 원하며, 또 필요로 하고 있다.

엔지니어링은 유행을 따라서는 안 된다. 소프트웨어 개발은 지식과 조직이 습득한 것이다. 어떤 부품이 어떻게 동작하는지 모른다면 전체가 어떻게 동작할지 모른다는 뜻이다. 솔루션을 신뢰할 수 없다면 문제를 해결하는 것이 아니라 문제를 더 악화시킬 뿐이다. 어느 정도 동작하는 코드를 서로 주고받는 것이 재미있을지는 모르지만[2] 어려운 현실을 여유롭게 감당할 수 있는 뭔가를 개발하는 것이 바로 프로의 자세다.

---

2 역주: 역자는 이 부분을 인터넷에 오가는 질문과 답변에 일침을 가하는 문장이라고 생각한다.

바뀐 부분만 빌드하고 나머지는 재사용하기

젠 스트레이터(*Jenn Strater*)

자바 개발자로서, 우리는 빌드가 완료되길 기다리느라 엄청난 시간을 보낸다. 대부분은 빌드가 효율적으로 실행되지 않기 때문이다. 하지만 이 부분도 습관을 조금만 바꾸면 개선을 이룰 수 있다. 예를 들어 전체 프로젝트 대신 서브모듈(submodule)만 실행하고 빌드를 실행할 때마다 클린(clean)하지 않는 것이다. 이보다 더 큰 효율 개선을 이루고 싶다면 그레이들, 메이븐(Maven), 바젤 같은 빌드 도구가 제공하는 빌드 캐싱(build caching) 기능을 활용하면 된다.

빌드 캐싱은 앞서 실행한 빌드 결과물을 재사용해서 현재 빌드에 필요한 빌드 단계(그레이들 태스크, 메이븐 골(goal), 바젤 액션(action) 등)를 최소화한다. 빌드 단계 중에서 매번 같은 결과를 생산하는 단계를 캐시하는 것이다.

예를 들어 자바의 컴파일 결과물은 자바 컴파일러가 생성한 클래스 파일의 트리(tree)이며, 소스 코드나 자바 버전, 운영체제, 컴파일러 플래그 등 클래스 파일의 생산에 영향을 미치는 요소를 입력으로 사용한다. 소스 코드와 실행 조건이 같다면 자바 컴파일 단계는 매번 같은 클래스 파일을 생성한다. 그래서 빌드 도구는 컴파일 단계를 시작하지 않고 이전에 같은 입력으로 실행된 캐시를 찾아 그 결과를 재사용한다.

빌드 캐싱은 컴파일에만 국한되지 않는다. 빌드 도구는 정적 분석이나 문서 생성 등 다른 공통 빌드 단계의 표준 입력과 출력도 정의한다. 또한 캐시 가능한 빌드 단계의 입력과 출력을 설정하는 기능도 제공한다.

이런 방식의 캐싱은 멀티모듈(multimodule) 빌드에 특히 더 유용하다. 프로젝트에 4개의 모듈이 있고 각 모듈이 5개의 빌드 단계로 구성되었다면 빌드 클린은 20단계를 실행해야 한다. 하지만 우리는 대부분 모듈의 소스 코드를 변경한다. 변경한 모듈에 의존하는 다른 프로젝트가 없다면 소스 코드 생성 단계만 실행하면 된다. 즉, 앞서 예시에서는 4단계만 실행하면 되는 것이다. 나머지 16단계의 출력은 캐시로부터 가져와 시간과 리소스를 절약할 수 있다.

그레이들의 증분 빌드(incremental build)는 빌드 출력에 UP-TO-DATE로 표시되며 프로젝트 수준에서 빌드 캐싱을 구현한 것이다. 그레이들이 구현하는 것 같은 로컬 캐시는 메이븐 같은 확장 기능에서도 사용할 수 있으며 심지어 깃 브랜치(Git branch)와 명령줄 옵션 등 워크스페이스(workspace)를 변경해도 동작한다.

그레이들, 메이븐, 바젤에서 제공하는 원격 빌드 캐싱은 더 많은 장점을 제공한다. 원격 캐싱을 주로 사용하는 방법 중 하나는 원격 버전 관리 저장소에서 소스 코드를 가져온 후 처음 빌드하는 경우다. 원격지에서 소스 코드를 다운로드한 후에는 변경 사항을 적용하기 위해 프로젝트를 빌드해야 한다. 하지만 현재 사용 중인 머신에서 빌드를 실행한 적이 없으므로 빌드 결과물이 아직 로컬 캐시에 저장되지 않은 상태다. 하지만 지속적 통합 시스템은 이미 이 변경 사항을 빌드해서 공유 원격 캐시에 결과물을 업로드해 뒀다. 그래서 그 결과물을 원격 캐시에서 가져와 전체 빌드 단계를 로컬에서 실행하는 시간을 절약할 수 있다.

자바 빌드에 빌드 캐싱을 활용하면 빌드 결과물을 다른 사람의 로컬 빌드와 지속적 통합(CI, Continuous Integration) 서버 에이전트 그리고 전체 팀과 공유할 수 있어 빌드를 더 빠르게 실행하고 모든 팀원이 더 적은 리소스로 같은 작업을 계속 실행할 수 있다.

오픈소스 프로젝트는
마법이 아니다

젠 스트레이터(*Jenn Strater*)

내가 정말 싫어하는 것은 사람들이 어떤 기술, 언어, 빌드 도구 등 뭔가 마법처럼 동작하는 것에 대해 떠벌리는 것을 듣는 것이다. 그 대상이 오픈소스 프로젝트라면 보통은 "아, 그게 어떻게 동작하는지는 아직 알아내진 못했어."라는 식의 대답을 듣는다. 그럴 때마다 '충분히 발전한 기술은 마법과도 같다'는 클라크(Clarke)의 세 번째 법칙[1]을 떠올린다.

현대의 웹에서는 참조 가이드와 소스 코드를 찾아 그 기술이 어떻게 동작하는지 알아내기가 그 어느 때보다 쉽다. 예를 들어 아파치 그루비와 같은 많은 오픈소스 프로젝트가 웹사이트(그루비의 경우는 https://groovy-lang.org)에서 문서, 참조 가이드, 버그 트래커(tracker), 심지어 소스 코드로의 링크까지 제공한다.

그 프로젝트를 시험해 보고 싶다면 가이드와 튜토리얼부터 시작하면 된다. 직접 뭔가 보거나 실습하기를 선호하는 편이라면 여러 온라인 학습 플랫폼이 제공하는 기술 소개 코스를 이용하면 된다. 경우에 따라서는 심지어 무료로 제공해서 그 기술을 더 널리 알리기도 한다.

기본 문법과 데이터 구조를 학습한 후에는 자신의 프로젝트에 도입해 보면 된다. 그러면 금세 기대하지 않았던 동작이나 버그와 마주칠 것이다. 하지만 어떤 생태계든 언젠가는 이런 문제가 나타난다. 그냥 우리가 몸담고 있는 세계가 그런 세계인 것이다. 문제에 봉착하면 우선 지라(Jira)나 깃허브 같은 이슈 트래커에서 누군가 같은 문제를 겪었는지 확

---

1 아서 C. 클라크(Arthur C. Clarke)가 집필한 《Profiles of the Future: An Inquiry into the Limits of the Possible.》 (London: Pan Books, 1973)에서 발췌했다. 요즘은 컴퓨터 과학 분야에서 추상화를 통해 상세 구현을 숨기는 행위를 일컫는 단어가 있다. 하지만 많은 사람이 '마법'이라는 단어를 이해가 어려운 기술을 표현하는 용도로 잘못 사용하고 있다.

인하자. 이미 알려진 문제라면 우회 방법이나 새 버전에서의 수정 여부 또는 해당 이슈의 예상 해결 시점 등의 정보를 찾을 수 있다.

여러분이 선택한 기술의 커뮤니티가 어디서 활동 중인지 찾는 데 시간이 좀 걸릴지도 모른다. 커뮤니티는 채팅방, 포럼, 메일링 리스트(mailing list) 등을 사용해 협업하기도 한다. 특히 아파치 재단의 프로젝트는 상용 제품보다는 아파치 인프라스트럭처를 사용하는 경향이 있다. 새로운 기술을 '마법'으로 바라보지 않고 명확하게 바라볼 수 있는 가장 좋은 방법은 커뮤니티가 활동하는 공간을 찾는 것이다.

어떤 특정 기술을 이미 마스터했더라도 학습은 지속적인 과정이며 끊임없이 계속해야 할지도 모른다. 새로운 릴리스에는 새로운 기능이 추가되거나 기존 동작이 변경되어 그 방식을 이해해야 하는 경우도 있다. 메일링 리스트에 가입하거나 오픈소스 커미터(committer)가 진행하는 콘퍼런스에 참석하면 프로젝트를 업그레이드하는 데 필요한 정보를 얻을 수 있다. 여러분이 이미 특정 주제의 전문가라면 다른 사람을 위해 '마법'의 베일을 벗겨내는 것에 기여해도 좋다.

마지막으로 뭔가 불확실하거나 놓친 부분을 찾는다면 많은 프로젝트가 여러분의 기여를 기꺼이 받아줄 것이다. 특히 문서화 분야의 기여가 더 필요하다. 프로젝트의 리드(lead)는 보통 각자의 본업을 가진 사람이므로 커뮤니티의 질문에 바로 대응이 어려울 수 있다. 하지만 프로젝트에 기여하는 것은 모든 사람의 성공을 돕고 다음 세대 사용자를 위해 '마법'의 베일을 벗겨낼 수 있는 가장 좋은 방법이다.

니콜라이 팔로그(*Nicolai Parlog*)

63

PROPOSAL

Optional은 규칙을 위반하는 모나드지만 좋은 타입이다

대부분 프로그래밍 언어에서 '비었거나 그렇지 않은 타입'은 잘 동작하는 모나드(monad)다. 이 말은 내부의 메커니즘이 몇 가지 정의를 충족하며 연산의 안전한 합성/분해(composition/decomposition)를 보장하기 위한 몇 가지 규칙을 준수한다는 뜻이다.

Optional의 메서드는 이 정의를 충족한다. 하지만 규칙을 위반하고 있다. 그리고 그 대가를 치러야 한다.

모나드 정의

모나드는 세 가지로 정의한다. Optional의 관점에서 이 세 가지를 살펴보면 다음과 같다.

➊ Optional<T> 타입 자체
➋ 값 T를 Optional<T>로 감싸는 ofNullable(T) 메서드
➌ Optional로 감싼 값에 지정한 함수를 적용하는 flatMap(Function<T, Optional <U>>) 메서드

flatMap 대신 map을 이용해서 정의하는 방법도 있지만 이 책에서 다루기에는 그 내용이 너무 길다.

모나드 규칙

이제 조금씩 흥미진진해진다. 모나드가 스웨그를 유지하려면 세 가지 규칙을 충족해야한다. Optional의 관점에서 본 이 세 가지 규칙은 다음과 같다.

➊ f는 Function<T, Optional<U>> 함수이고 v는 값일 때 f.apply(v)의 결과는

Optional.ofNullable(v).flatMap(f)의 결과와 같아야 한다. 이 왼쪽 항등원(left identity)은 함수를 직접 적용하든 Optional의 메서드를 호출하든 같은 값을 보장한다.

❷ flatMap(Optiona::ofNullable)은 Optional을 이용해 호출한 것과 같은 Optional을 리턴한다. 이 오른쪽 항등원(right identity)은 아무 일도 하지 않는 함수를 적용하면 아무것도 바뀌지 않음을 보장한다.

❸ o가 Optional<T>이고 두 함수 f와 g가 각각 Function<T, Optional<T>>와 Function<T, Optional<V>>일 때 o.flatMap(f).flatMap(g)는 o.flatMap(v -> f.apply(v).flatMap(g))와 반드시 같아야 한다. 이 결합 법칙(associativity)은 함수를 개별적으로 평면 매핑을 하든 함수를 조합하든 같은 결과를 보장한다.

Optional은 대부분 이 규칙을 준수하지만 특별한 예외 상황에서는 그렇지 못한다. flatMap 함수를 구현한 코드를 살펴보자.

```java
public <U> Optional<U> flatMap(Function<T, Optional<U>> f) {
    if (!isPresent()) {
        return empty();
    } else {
        return f.apply(this.value);
    }
}
```

이 코드에서 보듯이 Optional이 비었으면 함수를 적용하지 않는다. 따라서 왼쪽 항등성을 쉽게 위반하게 된다.

```java
Function<Integer, Optional<String>> f =
 i -> Optional.of(i == null ? "NaN" : i.toString());
// 다음 2줄은 서로 같지 않다.
Optional<String> containsNaN = f.apply(null);
Optional<String> isEmpty = Optional.ofNullable(null).flatMap(f);
```

이 점도 거슬리는데 map을 사용하는 경우는 그보다 더 심하다. 여기서 결합 법칙은 o가 Optional<T>이고 두 함수 f와 g가 각각 Function<T, U>와 Function<T, V>일 때 o.map(f).map(g)와 o.map(f.andThen(g))가 반드시 같아야 한다는 것을 의미한다.

```
Function<Integer, Integer> f = i -> i == 0 ? null : i;
Function<Integer, String> g = i -> i == null ? "NaN" : i.toString();
// 다음 2줄은 서로 같지 않다.
Optional<String> containsNaN = Optional.of(0).map(f.andThen(g));
Optional<String> isEmpty = Optional.of(0).map(f).map(g);
```

결론은?

이 예제가 억지로 만들어 낸 것처럼 보일 수도 있고 모나드 규칙을 준수하는 것이 왜 중요한지 명확하게 보여주지 못하는 것처럼 보일지도 모르겠다. 하지만 그 영향은 실질적이다. 앞서 설명한 내용 때문에 Optional 체인에서 메커니즘에 의해 작업을 합치거나 분리할 수 없다. 코드의 동작이 바뀔 수 있기 때문이다. 모나드를 제대로 구현했다면 이 문제가 발생하지 않으므로 가독성이나 도메인 로직에만 집중할 수 있었을 텐데 그렇지 못한 것이다.

그런데 왜 Optional은 모나드를 위반하게 됐을까? 그 이유는 널 안정성이 훨씬 더 중요하기 때문이다. 규칙을 준수하려면 Optional은 널 값을 가진 상태에서 비어 있지 않은 것이 되어야 한다. 그리고 널 값을 map과 flatMap 함수에도 전달하게 된다. map과 flatMap 함수를 호출할 때마다 널 값을 확인해야 한다고 생각해 보자! 그런 Optional은 훌륭한 모나드는 될지언정 널 안정성은 전혀 제공하지 못한다.

그래서 필자는 현재의 Optional에 만족한다.

기본 접근 한정자를 가진 기능 단위 패키지

마르코 비렌(*Marco Beelen*)

많은 비즈니스 애플리케이션은 3계층 아키텍처를 채택한다. 3계층이란 뷰(view), 비즈니스(business), 데이터(data) 계층을 말하며 모든 모델 객체를 이 3계층이 공유한다.

일부 코드에서는 애플리케이션의 클래스를 계층 단위로 정리한다. 다양한 사용자와 각 사용자가 근무하는 회사 정보를 등록해야 하는 애플리케이션의 경우 코드 구조는 다음과 유사하다.

```
tld.domain.project.model.Company
tld.domain.project.model.User
tld.domain.project.controllers.CompanyController
tld.domain.project.controllers.UserController
tld.domain.project.storage.CompanyRepository
tld.domain.project.storage.UserRepository
tld.domain.project.service.CompanyService
tld.domain.project.service.UserService
```

이렇게 클래스를 계층별 패키지(package-by-layer) 구조로 정리하면 너무 많은 메서드를 공개(public) 메서드로 선언해야 한다. UserService는 User 클래스를 저장소로부터 읽고 쓸 수 있어야 한다. 그런데 UserRepository가 다른 패키지에 있으므로 UserRepository의 거의 모든 메서드를 공개해야 한다.

어떤 기업은 고객의 비밀번호가 변경되었을 때 이메일을 보내야 하는 정책을 시행하고 있을 수도 있다. 이런 정책은 보통 UserService 객체에 구현한다. 그런데 UserRepository 객체의 메서드가 공개이므로 애플리케이션의 다른 영역에서 UserRepository의 메서드를 호출해서 비밀번호를 변경하고는 이메일을 보내는 기능을 실행하지 않아도 이를 방지할 방법이 없다.

이 애플리케이션에 고객 관리 모듈이나 웹 관리 인터페이스를 추가하면 새로 추가한 모듈의 일부 기능에서 비밀번호를 재설정해야 할 수도 있다. 이 기능은 이메일 알림 기능을 구현한 이후에 구현하게 된다. 특히 팀에 새로 합류한 개발자가 이 기능을 구현할 경우 UserService를 호출해 이메일 알림까지 처리하지 않고 UserRepository를 직접 호출해서 구현할 수도 있다.

자바 언어는 이런 문제를 해결하기 위해 접근 한정자(access modifier)라는 메커니즘을 제공한다.

클래스, 필드, 메서드 등에 접근 한정자를 명시적으로 선언하지 않으면 기본 접근 한정자를 사용한다. 접근 제어 한정자 없이 선언한 변수나 메서드는 같은 패키지에 있는 클래스에서만 사용할 수 있다. 이를 패키지 비공개(package-private) 한정자라고 한다.

접근 보호 메커니즘을 활용하려면 코드는 반드시 기능 단위 패키지(package-by-feature) 구조로 정리해야 한다.

같은 클래스를 기능 단위 패키지로 정리하면 다음과 같다.

```
tld.domain.project.company.Company
tld.domain.project.company.CompanyController
tld.domain.project.company.CompanyService
tld.domain.project.company.CompanyRepository
tld.domain.project.user.User
tld.domain.project.user.UserController
tld.domain.project.user.UserService
tld.domain.project.user.UserRepository
```

클래스를 이렇게 정리하면 UserRepository의 어떤 메서드도 공개할 필요가 없다. 모든 메서드를 패키지 비공개로 선언해도 UserService 클래스가 얼마든지 사용할 수 있다. 그래서 필요에 따라 UserService 클래스의 메서드만 공개하면 된다.

tld.domain.project.support 패키지에 CustomerCareService 클래스를 구현하는 개발자는 UserRepository 클래스의 메서드를 호출할 수 없으므로 UserService 클래

스의 메서드를 호출해야 한다. 코드를 이렇게 정리하고 접근 한정자를 활용하면 애플리케이션이 정책을 준수하고 이메일 알림을 보낼 수 있다.

게다가 코드를 이렇게 정리하면 코드의 커플링도 줄일 수 있다.

프로덕션 환경은 지구상에서 가장 행복한 곳이다

조시 롱(*Josh Long*)

프로덕션 환경은 필자가 인터넷상에서 가장 좋아하는 영역이다. 필자는 프로덕션 환경을 좋아한다. 여러분도 프로덕션 환경을 좋아해야 한다. 최대한 빨리, 그리고 자주 들여다봐야 한다. 자녀도 데려오고 가족도 데려오자. 날씨가 환상적이다. 지구상에서 가장 행복한 곳이다. 디즈니랜드보다 훨씬 낫다!

프로덕션 환경으로 가는 길이 항상 쉬운 것은 아니지만 필자를 믿어 달라. 일단 그곳에 가면 계속 머물고 싶을 것이다. 마치 모리셔스(Mauritius)[1] 같다. 그곳이 마음에 들 것이다. 프로덕션 환경으로의 여행을 최대한 즐길 수 있는 팁을 공개한다.

지속적 전달 고속도로를 타자

프로덕션 환경으로 가기에 이보다 더 빠른 길은 없다. 지속적 전달을 통해 최신 git 커밋의 수정 사항을 프로덕션 환경으로 빠르고 일관성 있게 전달할 수 있다. 지속적 전달 파이프라인을 갖추면 클릭 한 번으로 코드를 개발자로부터 필요한 모든 단계를 거쳐 배포에 이르게 할 수 있다. 트레비스(Travis) CI나 젠킨스(Jenkins) 같은 지속적 통합 도구가 도움이 되겠지만 프로덕션 환경에서 최대한 많은 정보를 캐내도록 하자. 카나리(Canary) 릴리스는 일부 소규모 사용자만을 선택해 새로운 버전의 소프트웨어를 프로덕션 환경에 천천히 내보내서 위험을 줄이는 기법이다. 넷플릭스의 스피내커(Spinnaker) 같은 지속적 전달 도구는 이런 종류의 배포 전략을 자동화할 수 있다.

---

1 역주: 아프리카 동쪽의 섬나라

프로덕션 환경에서는 예상외의 일이 일어날 수 있다

단단히 대비하자! 서비스는 언제든 실패할 수 있다. 클라이언트가 곤경에 처하지 않게 하자. 클라이언트 쪽 타임아웃을 공격적으로 지정하자. 기술적 논의에서는 항상 서비스 수준 동의(SLA, Service-Level Agreement)를 고려해야 한다. SLA를 충족하도록 서비스 헤징(service-hedging, 같은 구성을 가진 여러 노드에 같은 멱등(idempotent) 호출을 보내고 가장 빨리 도착한 응답을 제외한 나머지는 무시하는 패턴) 패턴을 적용하자. 장애는 언제든지 일어난다. 서킷 브레이커(circuit breaker)를 이용해 명시적으로 장애 모드를 정의하고 상애를 격리하자. 스프링 클라우드(Spring Cloud)는 반응형(reactive) 및 비반응형(nonreactive) 서킷을 모두 지원하는 스프링 클라우드 서킷 브레이커(Spring Cloud Circuit Breaker)를 추상화한다.

프로덕션 환경에서는 누구도 애플리케이션의 문제를 눈치채지 못한다

처음부터 관측가능성을 염두에 두자. 프로덕션 환경은 바쁜 곳이다. 아무 문제가 없다면 생각한 것보다 더 많은 사용자와 수요가 유입될 것이다. 수요가 늘어나면 확장하자. 클라우드 파운드리(Cloud Foundry), 헤로쿠(Heroku), 쿠버네티스 같은 클라우드 인프라스트럭처는 여러 노드로 구성된 로드밸런서를 전방에 배치해 수평적 확장을 지원하는 기능을 오래전부터 지원해 왔다. 이는 특히 상태가 없는(stateless) 12팩터(12-factor) 스타일의 마이크로서비스 아키텍처에서는 더 쉽게 구현할 수 있다. 이 전략은 애플리케이션이 스레드 같은 귀한 리소스를 독점하는 상황에서도 잘 동작한다.

코드가 스레드를 독점하지 못 하도록 하자

스레드는 무지하게 비싸다. 이 문제를 해결하는 가장 좋은 방법인 협력적 멀티스레딩(cooperative multithreading)은 운영체제의 유한한 스레드가 언제 작업을 시작하고 끝낼지를 런타임에 알려주는 방법이다. 프로젝트 리액터(Reactor, 서버 측에서는 매우 보편화되었다)와 스프링 웹플럭스, RxJava(안드로이드에서 매우 보편적이다) 등이 지원하는 반응형 프로그래밍 같은 것을 배워야 한다. 반응형 프로그래밍의 원리를 이해하면 자연스럽게 코틀린의 코루틴 같은 것을 활용하게 된다. 협력적 멀티스레딩을 활용하면 몇 배의 사용자도 거뜬히 지원하거나 인프라스트럭처 비용을 분배할 수 있다.

자율성이 성공의 핵심이다

마이크로서비스 아키텍처를 채택하면 작고 한 가지 목적을 가진 팀이 자율적으로 소프트웨어를 프로덕션 환경에 릴리스할 수 있다.

애플리케이션의 90%는 지루하다

스프링 부트(Spring Boot) 같은 프레임워크를 도입하면 지원 코드가 아니라 프로덕션 환경에 전달할 현실적인 작업에 집중할 수 있다. 자바 프로그래밍 언어가 입맛에 맞지 않는가? JVM 생태계에는 코틀린 같은 생산적인 대체재가 풍부하다.

프로덕션 환경에 대한 두려움을 없애자. 아마존 CTO 워너 보겔스(Werner Vogels)가 '차별화 없는 부담(undifferentiated heavy lifting)'이라고 불렀던 것을 제거하자. 프로덕션 환경으로 가는 길목을 깔끔하게 유지하면 사람들이 더 일찍, 더 자주 코드를 내보낼 수 있다. 그리고 앙투안 생텍쥐페리(Antoine de Saint-Exupéry)가 '넓고 끝없는 바다'라고 불렀던 그것을 동경할 것이다.[2]

---

2 역주: "당신이 배를 만들고 싶다면, 사람들에게 목재를 가져오게 하고 일을 지시하고 일감을 나눠주는 일을 하지 말라. 대신 그들에게 저 넓고 끝없는 바다에 대한 동경심을 키워줘라. (Si tu veux construire un bateau, na rassemble pas tes hommes et femmes pour leur donner des ordres, pour expliquer chaque détail, pour leur dire où trouver chaque chose… Si tu veux construire un bateau, fait naître dans le coeur de tes hommes et femmes le désir de la mer.)"

좋은 단위 테스트에 기반한 프로그래밍

케블린 헤니(*Kevlin Henny*)

여러분은 단위 테스트를 작성하는가? 그렇다면 다행이다. 단위 테스트가 실질적인 도움이 되는가? 알리스테어 콕번(Alistair Cockburn)의 표현을 빌리자면 GUT, 즉 적절한 단위 테스트(good unit test)를 보유하고 있는가? 아니면 이자만 계속 쌓여가는 기술 부채를 테스트 기반에 넣고 있을 뿐인가?

여기서 좋은 테스트의 의미는 무엇일까? 어려운 문제지만 그 해답을 구할 가치가 있다.

우선 이름부터 이야기해 보자. 무엇을 테스트하는지 이름으로 표현해 보자. 그렇다. 테스트 이름을 test1, test2, test3 따위로 지을 순 없다. 사실 테스트 이름을 테스트하는 것이 아니잖은가. @Test 애노테이션이 이미 이 코드가 테스트 코드임을 말해 주고 있다. 코드를 읽는 사람에게 지금 보는 코드가 테스트 코드임을 알려주는 것보다는 정확히 뭘 테스트하는지 알려줘야 한다.

아니, 테스트 중인 메서드 이름을 따서 테스트의 이름을 붙이라는 것이 아니다. 어떤 동작, 속성, 기능 등을 테스트하는지 알려주라는 뜻이다. addItem이라는 메서드를 테스트한다고 테스트 이름을 addItemIsOk라고 짓지 말자. 이런 이름이야 말로 테스트 스멜(smell)[1]이다. 동작 사례를 명확히 정의하고 한 테스트 케이스에서 하나의 사례만 테스트하자. 그렇다고 addItemSuccess나 addItemFailure 같은 식의 이름을 사용하란 뜻은 아니다.

테스트의 목적이 무엇이냐고 묻고 싶다. '이 코드가 동작하는지' 테스트하는 것이 목적

---

1 역주: 권장하지 않은 방법으로 작성된 코드

인가? 그렇다면 테스트의 목적 중 절반만 달성한 것이다. 코드를 작성하는 데 어려움은 '이 코드가 동작하는지'를 결정하는 것이 아니라 '이 코드가 동작한다'의 의미가 무엇인지를 결정하는 것이다. 테스트를 작성한다는 것은 동작하는 코드의 의미를 생각해 볼 기회이므로 additionOnItemWithUniqueKeyIsRetained나 additionOfItemWithExistingKeyFails 같은 이름이 적합하다.

하지만 이렇게 하면 테스트의 이름이 너무 긴 데다가 프로덕션 환경에 배포할 코드도 아니므로 언더스코어(_) 문자를 이용해 가독성을 개선하는 것이 좋다(이름이 너무 길면 카멜 케이스(Camel Case)도 결국 알아보기 힘들게 된다). 그러므로 Addition_of_item_with_unique_key_is_retained가 좋겠다. JUnit 5부터는 DisplayNameGenerator.ReplaceUnderscores 메서드와 @DisplayNameGeneration 애노테이션을 활용하면 이 테스트 이름이 'Addition of item with unique key is retained'처럼 예쁘게 출력된다. 어떤 명제로 테스트 이름을 짓는 것이 좋다는 점을 느꼈을 것이다. 테스트가 성공하면 그 명제가 참이라는 점에 더 신뢰가 생길 것이다. 만일 테스트가 실패한다면 그 명제가 거짓이라는 뜻이다.

좋은 지적이다. 테스트가 성공한다고 해서 그 코드가 동작한다는 점을 보장하지는 않는다. 하지만 좋은 단위 테스트를 작성하려면 실패의 의미가 명확해야 한다. 즉, 코드가 동작하지 않음을 의미해야 한다. 다익스트라(Dijkstra)가 말했듯이 '프로그램의 테스트는 버그가 있음은 보여줄 수 있지만 버그가 없음은 절대 보여주지 못한다!'[2]

현실적으로는 단위 테스트는 테스트가 제어할 수 없는 것에 의존해서는 안 된다는 것을 의미한다. 파일시스템, 네트워크, 데이터베이스, 비동기 코드의 실행 순서 등에 영향을 받을 수는 있지만 제어는 할 수 없다. 테스트 중인 단위는 올바른 코드가 실패를 유발할 수 있는 것에 의존해서는 안 된다.

또한, 지나친 테스트도 주의해야 한다. 여러분도 한 가지는 분명히 알고 있을 것이다. 실제 구현해야 할 기능이 아니라 구현한 코드를 어설프게 검증하는 일은 없어야 한다. 이

---

2 에츠허르 W. 다익스트라 등이 집필한 《Notes on Structured Programming》(Academic Press, 1972)를 참고하길 바란다.

런 테스트는 여러분이 (철자, 매직 넘버, 출력 품질 같은) 뭔가를 수정하면 실패한다. 그 이유는 프로덕션 코드가 아니라 테스트 자체가 잘못됐기 때문이다.

아, 그리고 너무 쓸데없는 테스트를 작성하는 것도 주의해야 한다. 이런 테스트는 너무 테스트를 대충해서 대상 코드가 분명히 잘못되었음에도 그냥 성공하게 된다. 방금 첫 번째 아이템을 성공적으로 추가했다면 저장된 아이템의 개수가 0보다 큰지 여부를 테스트하지는 말자. 올바른 테스트라면 1개의 아이템이 저장되었는지 테스트해야 한디. 0보다 큰 정수는 많으므로 이 테스트가 잘못될 경우의 수는 10억 가지가 넘는다.

테스트의 품질 이야기가 나왔으니 말인데, 많은 개발자가 arrange-act-assert 나 given-when-then이라는 간단한 3단계로 테스트를 작성한다. 이 점을 명심하면 테스트가 무엇을 위한 것인지를 표현하는 데 더 집중할 수 있다. 응집력을 높이고 다른 테스트도 제안하면서 좋은 이름을 지정하자. 아, 그리고 다시 이름 이야기를 하자면, 이름이 반복되는 경우도 있을 것이다. 반복 요소를 찾아내자. 그리고 @Nested 애노테이션을 이용해 관련 테스트를 내부(inner) 클래스의 테스트로 그룹화하자. 즉, with_uniquekey_is_retained와 with_existing_key_fails를 Addition_of_item 아래에 중첩할 수 있다.

이번 장의 내용이 도움이 되었기를 바란다. 이제 본인이 작성한 테스트를 다시 되돌아봐야 할 것 같은가? 그럼, 나중에 또 보자.

OpenJDK 소스 코드를
매일 읽는 이유

하인츠 *M. 카부츠(Heinz M. Kabutz)*

OpenJDK는 수백만 줄의 자바 코드로 만들어졌다. 그래서인지 거의 모든 클래스가 '클린 코드' 가이드라인을 위반하고 있다. 실세계는 매우 복잡하다. '클린 코드' 따위가 존재할 수가 없고 심지어 그게 무엇인지 정확히 정의하기조차 어렵다.

경험이 풍부한 자바 프로그래머라면 스타일이 다른 코드도 충분히 잘 읽을 수 있다. OpenJDK의 소스 코드에 기여한 개발자 수는 수천 명에 육박한다. 코드 포맷에 어느 정도 일관성이 있을지는 몰라도 결국 모두 다른 방식으로 코드를 작성한다.

예를 들어 Vector.writeObject 메서드의 코드를 살펴보자.

```
private void writeObject(java.io.ObjectOutputStream s) throws java.io.IOException {
    final java.io.ObjectOutputStream.PutField fields = s.putFields();
    final Object[] data;
    synchronized (this) {
        fields.put("capacityIncrement", capacityIncrement);
        fields.put("elementCount", elementCount);
        data = elementData.clone();
    }
    fields.put("elementData", data);
    s.writeFields();
}
```

어째서 이 프로그래머는 지역 변수 field와 data를 final로 선언했을까? 굳이 그럴 필요는 없는데 말이다. 이는 코딩 스타일에 따른 결정이라고 볼 수 있다. 좋은 프로그래머는 변수를 final로 선언했든 아니든 불편 없이 코드를 읽을 수 있다.

field.put("elementData", data) 구문은 왜 synchronized 블록 바깥에 있는 걸까?

아마도 최적화가 덜 되어서 동기식으로 동작하는 코드를 줄이고 싶었기 때문일 것이다. 보이는 족족 최적화하고 싶겠지만 사실은 그런 충동을 꾹 참아야 한다.

다음 코드는 ArrayList에 중첩된 Spliterator 클래스의 메서드의 코드를 발췌한 것이다.

```java
public Spliterator<E> trySplit() {
    int hi = getFence(), lo = index, mid = (lo + hi) >>> 1;
    return (lo >= mid) ? null : // divide range in half unless too small
            new RandomAccessSpliterator<>(this, lo, index = mid);
}
```

이 메서드는 분명 '클린 코드' 가이드라인에 위배된다. final 키워드를 좋아하는 사람이라면 변수 hi와 mid를 final로 선언해야 한다고 불평할 것이다. 사실 이 둘은 final로 선언했어야 하지만 그렇지 않았다. OpenJDK 소스 코드에서는 지역 변수를 final로 선언하지 않는 사례가 점점 늘고 있다.

왜 (lo + hi) >>> 1같이 자주 사용하지 않는 표현을 사용했을까? 그냥 (lo + hi) / 2라고 표현했으면 안 될까? (정답: 두 코드는 완전히 같지 않다).

그리고 왜 이 3개의 지역 변수를 한 줄에 선언했을까? 그렇게 하면 좋은 코드 작성을 위한 가이드라인에 위배되는 것은 아닐까?

연구 결과에 따르면 버그의 수는 코드의 줄 수에 비례한다. 대학에서 교수님이 가르쳐준 대로 메서드를 작성하면 더 많은 줄의 코드를 작성하게 된다. 그리고 더 많은 줄의 코드를 작성할수록 같은 기능에 더 많은 버그가 발생할 가능성이 커진다. 게다가 신입 프로그래머도 여러 페이지에 걸쳐 코드를 작성하려는 경향이 있다. 전문가는 짧고 간결한 코드를 작성한다.

우리는 다른 스타일의 코드를 읽는 것에 익숙해져야 한다. 그러기 위해서 OpenJDK 소스 코드를 읽어보길 권한다. java.util.classes, java.io 패키지의 코드를 비롯해 많은 코드를 읽어 보길 바란다.

68

PROPOSAL

내부를 제대로 들여다보기

라파엘 베네비지스(*Rafael Benevides*)

자바는 완전한 플랫폼이므로 그만한 대우를 받아야 한다. 자바 개발자로 일하면서 언어의 문법에 매우 익숙한 수백 명의 개발자를 만나봤다. 이런 개발자는 람다와 스트림을 이해하고 있으며 String부터 nio에 이르기까지 모든 API를 꿰고 있다. 하지만 다음 사항을 이해하면 더욱 완전한 전문가가 될 수 있다.

가비지 컬렉션 알고리즘

JVM의 GC는 첫 버전 이후로 많은 개선을 이루었다. JVM은 실행 중인 환경을 알아낸 후 최적의 매개변수를 자동으로 조정하도록 디자인되었다. 따라서 이 부분이 어떻게 동작하는지 이해하면 JVM의 성능을 더욱 개선할 수 있다.

JVM 프로파일러

JVM 튜닝은 그냥 감으로 할 수 있는 일이 아니다. 뭔가를 바꾸기 전에 애플리케이션이 어떻게 동작하는지를 이해해야 한다. 프로파일러 데이터에 연결하고 해석하는 방법을 습득하면 JVM이 더 나은 성능을 발휘하도록 튜닝하거나 메모리 누수를 찾거나 또는 왜 특정 메서드의 실행이 느린지를 이해할 수 있게 된다.

클라우드 네이티브(Cloud-native) 애플리케이션이 등장하면서 다른 운영체제를 가진 여러 머신에서 코드를 실행할 수 있다는 점이 더욱 명확해지고 있다. 다음 사항을 이해하면 자바 전문가가 회복력과 이식성을 동시에 갖춘 애플리케이션을 개발하는 데 도움이 될 것이다.

문자 인코딩

OS마다 서로 다른 방식으로 문자를 인코딩(encoding)한다. 이 차이점을 이해하면 애플리케이션이 이상한 문자를 출력하는 상황을 방지할 수 있다.

TCP/IP 네트워킹

클라우드 네이티브 애플리케이션은 기본적으로 분산 시스템이다. 클라우드 세계에서는 인터넷, 네트워크, 라우트 테이블, 지연 응답(latency), 방화벽 등 TCP/IP 네트워킹과 관련된 모든 것이 중요하다. 특히 뭔가 예상대로 동작하지 않는 경우에는 더욱 그렇다.

HTTP 프로토콜

클라이언트가 브라우저라면 HTTP 1.1과 2.0의 동작 원리를 이해하면 애플리케이션을 더 나은 방식으로 디자인할 수 있다. HTTP 세션에 데이터를 저장했을 때 어떤 결과로 이어질 수 있는지 이해하는 것은 분명히 도움이 된다. 특히 멀티클러스터(multiclustered) 환경에서는 더욱 그렇다.

자바에서 주로 사용하는 기반 프레임워크를 이해하는 것 역시 좋은 자세다. 일례로 JPA와 하이버네이트(Hibernate) 같은 객체 관계 매핑(ORM, Object Relational Mapping) 프레임워크를 생각해 보자.

개발 환경에서 SQL 출력 활성화하기

SQL 출력을 활성화하면 이상한 SQL 호출이 일어나기 전에 어떤 명령이 데이터베이스로 보내지는지 미리 확인할 수 있다.

쿼리 페치 크기

대부분 JPA/하이버네이트 구현체의 기본 페치(fetch) 크기는 1이다. 즉, 1천 개의 엔티티를 데이터베이스에서 가져오는 쿼리를 실행하면 1,000개의 SQL 명령이 실행된다는 뜻이다. 페치 크기를 조정하면 실행할 SQL 명령의 수를 줄일 수 있다. 이 문제는 (앞서 살펴본) SQL 출력을 활성화하면 확인할 수 있다.

일대다와 다대일 관계

일대다(one-to-many) 관계는 기본적으로 지연 로드(lazy loaded)지만 일부 개발자는 엔티티의 컬렉션을 리턴하기 전에 수동으로 초기화하거나 또는 다른 엔티티까지 같이 로드(eager load)하기 위해 이 관계를 변경하는 실수를 범하곤 한다. 하지만 미리 로드하는 엔티티가 다대일(many-to-one) 관계를 가질 수도 있어서 데이터베이스의 거의 모든 테이블/엔티티를 로드하게 되는 경우도 있으므로 주의해야 한다. (역시 앞서 살펴본) SQL 출력을 활성화하면 이 문제를 확인할 수 있다.

요약하면, 끌려다니지 말고 제대로 제어하자!

자바의 재탄생

샌더 맥(*Sander Mak*)

자바는 다른 어떤 언어보다도 한물갔다는 소리를 많이 들어왔다. 그리고 실제로 그런 듯했다. 그런데 그런 말은 사실 과장된 것이었다. 자바는 백엔드 개발에 엄청난 족적을 남겼으며 대부분 기업이 자바로 시스템을 개발하고 있다. 하지만 모든 소문에는 근거가 있다. 자바는 루비와 자바스크립트(JavaScript) 같은 동적 언어가 발전하는 동안 거의 변화가 없었다. 그동안 자바는 3~4년에 한 번 메이저(major) 버전을 릴리스했다. 그런 속도로 다른 플랫폼을 따라잡기란 쉽지 않았다.

2017년, 모든 것이 변했다. (자바를 보유한) 오라클이 자바 플랫폼을 1년에 2회 릴리스하기로 발표한 것이다. 2017년 말에 발표된 자바 9을 끝으로 더는 새로운 버전을 오래 기다릴 필요가 없게 됐다. 자바 9 이후부터는 매년 3월과 9월에 자바의 새로운 메이저 버전이 릴리스된다. 마치 시계처럼 정확하게 말이다.

이렇게 릴리스 주기를 짧게 가져가면 여러 대가를 치르게 된다. 예를 들어 새로운 기능이 완성되지 않아도 마냥 기다릴 수가 없다. 또한 릴리스 주기가 짧고 자바 개발팀의 크기를 작게 유지하므로 릴리스에 포함되는 새로운 기능의 가짓수가 줄어든다. 하지만 그래도 괜찮다. 6개월 후면 다시 새로운 릴리스가 출시되기 때문이다. 새로운 기능과 개선사항을 지속해서 제공받는 것이 우리가 원하는 것이다.

흥미로운 점은 새 언어 기능이 점진적으로 제공된다는 점이다. 자바 언어는 이제 더 애자일(agile)스럽게 발전하고 있다. 예를 들어 자바 12에서는 스위치(Switch) 표현식을 프리뷰(preview) 기능으로 제공하며 향후에 완전한 패턴 매칭을 지원하는 기능으로 확장할 예정이다.

자바 릴리스에 오랜 시간이 걸린 이유는 플랫폼이 20년 이상 존속하면서 고착화되었기 때문이다. 자바 9에서는 플랫폼이 완전히 모듈화되었다. 플랫폼을 구성하는 부분이 이제 각자의 모듈로 나뉘었으며 명시적으로 다른 모듈에 의존성을 갖는다. 자바 9부터 모듈 시스템을 갖췄다는 것은 앞으로도 이 플랫폼 아키텍처를 유지한다는 것이다.

플랫폼의 내부는 이제 완전히 모듈 내부에 안전하게 캡슐화되어 애플리케이션과 라이브러리 코드가 사용할(또는 오용할) 수 없게 된다. 이전에는 많은 애플리케이션과 라이브러리가 플랫폼의 내부 구조에 의존해 왔다. 이는 자바가 기존의 코드에 문제를 일으키지 않고 새로운 방향으로 발전하는 데 저해 요소로 작용했다. 게다가 모듈 시스템을 이제 여러분의 애플리케이션에서도 사용하는 것도 가능해졌다. 그러면 기반 코드의 유지보수가 쉬워지고 코드가 유연해지며 오래 지속 가능해진다.

길고 예측할 수 없는 릴리스 주기에서 정기적이며 날짜에 기반한 릴리스로 바꾼다는 것은 자바 팀에게 큰 성과다. 개발자 커뮤니티가 이런 변경에 적응하려면 시간이 필요하다. 다행스러운 점은 자바는 이제 더 작은 변경을 더 점진적으로 적용한다는 점이다. 더 잦고 정기적인 릴리스가 오히려 적응하기가 더 쉽다.

하지만 조금 더 천천히 변화에 적응하려는 사람을 위해, 자바 11부터 매 6번째 릴리스는 장기 지원(LTS, Long-Term Supported) 버전으로 남는다. 즉, 원한다면 3년마다 LTS 릴리스로 전환할 수 있다는 뜻이다. LTS 버전에 대한 지원은 오라클, 레드햇(RedHat), 아마존(Amazon) 같은 벤더들이 약속한 것이며 무료가 아닐 수도 있다. 벤더에 종속되지 않은 OpenJDK는 계속해서 최신 자바 릴리스를 지원하는 빌드를 제공할 것이다. LTS 릴리스 사이에는 많은 것이 변화할 것이다. 가능하다면 자주 릴리스되는 버전을 도입해 계속해서 발전하는 자바를 즐기는 편이 좋다. 생각처럼 어려운 일은 아니다.

클로저에 의한 JVM의 재발견

제임스 엘리엇(*James Elliott*)

2007년 어느 날, 내 사무실의 독서 클럽에서 브라이언 괴츠(Brian Goetz)가 집필한 《자바 병렬 프로그래밍》(에이콘출판사)을 읽었다. 책을 읽으면서 우리가 얼마나 자바의 메모리 모델을 이해하지 못하고 있었는지, 멀티스레드 코드에 얼마나 쉽게 버그가 발생할 수 있는지 등에 대해 큰 충격을 받느라 정작 중요한 책의 서문은 미처 읽어 볼 틈이 없었다. 여기저기서 탄식이 나왔으며 적어도 한 명은 악몽까지 꿨다고 했다.

고도의 동시성을 기반으로 하는 클라우드 환경에서 소프트웨어를 개발하기 위해 우리는 가변형(mutable) 상태를 공유하는 애플리케이션의 기반 코드를 더 어지럽히지 않을 언어가 필요했다. 그래서 클로저(Clojure)를 선택했다. 클로저는 강력한 동시성을 함수형으로 제공하며 불변(immutable) 데이터를 효율적으로 변환하는 언어였다. 우리에게 익숙한 JVM상에서 동작하며 거대한 자바 라이브러리 생태계도 무리 없이 활용할 수 있었다. 일부 개발자는 익숙하지 않은 리스프(Lisp) 문법과 변수를 바꾸지 않고 프로그램을 작성하는 방법을 새로 배우길 주저했지만 어쨌든 좋은 결정이었다.

그러면서 우리는 REPL(Read-Eval-Print Loop) 위주로 작업하는 것의 장점을 발견할 수 있었다.

- 변경 사항을 테스트하기 위해 다시 빌드하거나 애플리케이션을 다시 실행할 필요가 없다.
- 실행 중인 시스템을 확인하고 여러 가지를 즉각적으로 실행해 볼 수 있다.
- 발상(idea)을 점진적으로 구축하고 재정의할 수 있다.

우리는 표준 구조를 이용해 데이터를 다루는 클로저의 철학과 풍부하고 견고한 핵심 라이브러리가 굉장히 마음에 들었다. 모델링을 위한 수많은(게다가 상호 호환되지 않는 API를 가진) 클래스를 작성할 필요가 없어진 것이다.

덕분에 프로그래밍에 대한 즐거움과 에너지를 되찾았다. 그러던 어느 날, 스트레인지 루프(Strange Loop) 콘퍼런스에서 오버톤(Overtone, https://oreil.ly/VcM79)을 이용해 클로저로 뮤지컬 퍼포먼스를 라이브 코딩하는 세션을 보고 의문이 들었다. 클로저가 음악을 만들 정도로 빠르다면 무대 조명도 조정할 수 있지 않을까? 그래서 한동안 애프터글로우(Afterglow, https://oreil.ly/L9wjF)라는 프로젝트에 매달렸다. 조명 효과를 함수형으로 작성하는 것은 상당히 난해했지만 오버톤의 함수형 메트로놈(metronome)에서 뮤지컬 시간을 조명 위치와 색상, 강도로 매핑하는 함수를 구현할 수 있는 영감을 얻었다.

서로 다른 조명을 공간의 같은 지점에 비추기 위해 삼각법과 선형대수를 다시 공부했다. 물질에 따라 다른 색을 내는 LED를 이용해 원하는 색상을 만들어내는 방법도 알아냈다. 무대 조명을 라이브로 코딩하는 것이 너무나 재미있었다.

그런 후 애프터글로우의 메트로놈을 음악을 믹스하는 데 사용하는 CDJ(현대의 디지털 DJ 턴테이블, https://oreil.ly/utaDV)에서 재생 중인 트랙과 동기화하고 싶어졌다. CDJ의 프로토콜은 특허가 있는 데다 문서도 없었지만 내 의지는 확고했다. 그래서 네트워크 스니퍼(sniffer)를 설치해 프로토콜을 알아냈다(https://oreil.ly/FIIIk). 어느 정도 성과를 내자 세계에서 협업이 이어지기 시작했고, 덕분에 지금까지 학습한 것을 쉽게 사용할 수 있도록 만든 비트링크(https://oreil.ly/fhvT2) 라이브러리를 작성할 수 있었다. 이 라이브러리는 최대한 많은 사람이 이해할 수 있도록 자바로 작성했지만 그러면서 클로저를 사용한 경험 덕분에 자바로 코드를 작성하는 것이 너무 번거롭다는 점을 다시 깨달았다.

많은 사람이 이 라이브러리로 뭔가 새로운 것을 만들고 다른 언어로 포팅도 했다. 쇼 프로듀서가 비트링크를 이용해 미디(MIDI) 이벤트를 발생하고 그 이벤트를 비디오 소프트웨어와 조명 콘솔에서 수신하는 데모를 만들었다. 비개발자에게 유용했기에 이 프로젝트는 필자가 만든 것 중 가장 유명한 프로젝트가 됐다. 여전히 많은 아티스트가 비트링크 트리거(https://oreil.ly/JEK1H)를 이용해 멋진 것을 창조하고 있으며, 필자는 뮤직 페스티벌과 투어 쇼에 초청되어 그 결과를 확인할 수 있었다. 비트링크 트리거는 클로저로 작성했으므로 사용자가 확장할 수 있고, 확장한 코드는 바이트코드로 컴파일되어 마치 전부터 프로젝트의 일부였던 것처럼 JVM에 함께 로드된다. 클로저가 가져다준 또 다른 비밀병기다.

필자는 자바 개발자라면 반드시 클로저를 심각하게 고려하길 권한다. 그리고 JVM 기반의 삶을 어떻게 바꿀 수 있는지 확인하길 바란다.

71

불리언 값은 열거자로 리팩토링하자

피터 힐튼(*Peter Hilton*)

아마도 여러분은 코드에 '매직 넘버(magic number)'를 사용하지 않을 것이다. 같은 이유로 매직 불리언(Boolean)도 사용하면 안 된다! 불리언 리터럴(literal)은 하드코딩한 숫자보다 더 좋지 않다. 코드에 42라는 숫자를 하드코딩하는 것은 흔한 일이겠지만 false는 무엇이든 될 수 있고, 무엇이든 false가 될 수 있다.

2개의 변수가 모두 true라고 한다면 우연히 그렇게 된 것인지 아니면 두 변수가 같은 이유로 'true'가 됐고 함께 바뀌어야 하는지 알 수가 없다. 덕분에 코드를 읽기가 어려워질 뿐더러 코드를 잘못 읽었을 때 버그를 유발한다. 매직 넘버처럼 불리언 역시 이름이 있는 상수로 리팩토링해야 한다.

42를 ASCII_ASTERISK나 EVERYTHING 같은 상수로 리팩토링하면 코드의 가독성이 높아진다. 그러므로 true 값도 상수로 리팩토링해야 한다. 예를 들어 Product 클래스에서 true 대신 AVAILABLE이라는 상수를 사용하면 훨씬 읽기 편하다. 하지만 도메인 모델은 불리언 필드를 갖지 않는 것이 좋다. 일부 불리언 값은 진짜 불리언 값이 아니다.

Product 엔티티에 제품의 완판 여부를 표현하기 위해 불리언 타입의 available 필드를 선언했다고 가정하자. 이 값은 진정한 불리언이 아니다. 오히려 선택적(optional)인 '판매 가능(available)'을 표현하는 값에 가깝다. 왜냐하면 '판매 불가능(not available)'의 진정한 의미는 '재고 없음(out of stock)' 등 다른 것을 의미하기 때문이다.

어떤 타입에 대입할 수 있는 값이 두 종류뿐이라면 그것은 우연이며, 앞서 예시의 경우 '단종(discontinued)' 같은 옵션을 추가해서 바꿔야 한다. 그러면 기존의 불리언 필드로는 이 새로운 값을 표현할 수 없다.

여기서 한 가지 중요한 점은 세 번째 값을 구현하기 위해 null을 사용하는 것은 최악의 방법이라는 점이다. 그렇게 하면 'true는 제품을 사용할 수 있는 상태, false는 재고가 없는 상태, null은 제품이 단종된 상태를 의미함' 같은 주석을 추가로 작성해야 한다. 제발 그러지 말자.

더는 판매되지 않는 제품을 명확하게 모델링하는 방법은 available 필드와 더불어 discontinued 불리언 필드를 추가하는 것이다. 이 방법도 나쁘진 않지만 유지보수가 어려워진다. 왜냐하면 이제 두 필드가 서로 관련이 있음을 표현하지 못하기 때문이다. 다행히 자바는 이름을 가진 상수를 그룹화하는 방법을 제공한다.

이제 서로 연관된 두 불리언 필드를 자바의 열거자 타입(enum type)을 이용해 리팩토링해 보자.

```
enum ProductAvailability {
    AVAILABLE, OUT_OF_STOCK, DISCONTINUED, BANNED
}
```

열거자 타입이 좋은 이유는 더 많은 이름을 추가할 수 있기 때문이다. 게다가 실제로는 AVAILABLE 같은 다른 값을 의미하는 true보다 훨씬 읽기도 좋다. 또한 열거자 타입은 귀찮아서 리팩토링하지 않는다는 것이 이유가 되지 않을 정도로 편리하다.

편의성을 위해 열거자 타입에도 불리언 메서드를 선언할 수 있다. 예컨대 원래 코드가 제품의 판매 가능 여부를 판단하기 위해 여러 조건을 확인하는 경우에 유용하다. 사실 열거자 타입은 단순히 상수를 그룹화하는 것을 넘어서 필드, 생성자, 메서드 등을 선언할 수 있다. 명확성은 떨어지게 되겠지만 그보다 중요한 것은 제품의 판매 가능성과 관련한 로직이 ProductAvailability 타입을 사용하도록 리팩토링할 수 있다는 점이다.

열거자 타입의 직렬화(serializing)는 JSON이나 데이터베이스를 사용하는 것보다 조금 더 많은 작업이 필요하다. 하지만 생각만큼 많은 작업이 필요하진 않다. 짐작건대 여러분은 이미 열거자를 잘 다루며 어떻게 단일 값 객체(single value object)로 직렬화할 것인지를 선택할 수 있는 라이브러리를 활용하고 있을 것이다.

도메인 모델을 정의할 때 자바의 기본 자료형을 너무 많이 사용하는 기본 자료형 집착 (primitive obsession) 때문에 어려움을 겪는 경우가 종종 있다. 숫자와 날짜를 도메인 클래 스로 리팩토링하면 코드의 표현력과 가독성이 훨씬 좋아지며, 새로운 타입에 검증이나 비교 같은 관련 코드를 모아둘 수 있다.

문제 도메인의 언어로 표현하면 불리언 타입은 거짓(false)이고 열거자 타입이 참(truth) 이다.

속독을 위한 리팩토링

벤자민 무스칼라(*Benjamin Muskalla*)

보통 이해력이 좋은 독자는 분당 150~200개 정도의 단어를 읽는다. 그런데 속독할 수 있는 사람은 분당 700개에 육박하는 단어를 읽는다. 하지만 기본 개념을 학습하고 코드에 적용하기 위해 세계 기록을 세울 정도로 속독할 필요는 없다. 이번 장에서는 코드를 읽는 데 특히 도움이 되는 훑어보기(skimming), 메타 가이딩(meta guiding), 시각적 고정(visual fixation) 등 세 가지 영역을 설명하겠다.

그러면 속독은 어떻게 하는 걸까? 속독의 첫 단계 중 하나는 낮은 목소리로 읽는 것(subvocalization)을 참는 것이다. 소리 내서 읽지 말라고? 그렇다. 여러분의 머릿속에서 들리는 그 소리는 그 단어를 정확히 표현하려는 시도에서 나오는 것이다. 그래서 그 목소리를 인지하는 것이다. 하지만 걱정하지 말자. 그 소리는 곧 사라질 것이다. 낮은 목소리로 읽는 것은 스스로 고칠 수 있으며 읽는 속도를 크게 향상하기 위해 필연적으로 필요한 첫 번째 단계다.

3개의 매개변수에 대한 검증을 수행하는 메서드의 코드를 살펴보자. 이 코드를 읽는 방법 중 하나는 입력 매개변수를 어디에서 어떻게 사용하는지 따라가는 것이다.

```java
public void printReport(Header header, Body body, Footer footer) {
    checkNotNull(header, "header must not be null");
    validate(body);
    checkNotNull(footer, "footer must not be null");
}
```

일단 header 매개변수를 어디서 사용하는지 찾았다면 다음 매개변수인 body를 찾아야 한다. 그러려면 아랫줄의 왼쪽으로 시선이 이동해야 한다. 그러므로 눈의 수직적 흐름이 방해되는 일이 줄어들도록 첫 번째와 세 번째 코드를 다음과 같이 합칠 수 있다.

```
public void printReport(Header header, Body body, Footer footer) {
    checkNotNull(header, "header must not be null");
    checkNotNull(footer, "footer must not be null");
    validate(body);
}
```

아니면 널 값을 검사하는 것도 매개변수를 검증하는 방법이므로 checkNotNull 메서드 호출을 적절한 이름을 가진 다른 메서드로 추출해서 더 쉽게 읽히는 코드를 작성할 수 있다. 작성 중인 코드에 따라 이 메서드는 하나의 메서드일 수도 있고 오버로드된 버전일 수도 있다.

```
public void printReport(Header header, Body body, Footer footer) {
    validateReportElement(header);
    validateReportElement(body);
    validateReportElement(footer);
}
```

메타 가이딩은 속독을 위한 또 다른 기법이다. 책을 단어 단위로 읽는 것이 아니라 한 줄을 한 번에 읽는 것이다. 보통 아이들이 손가락을 이용해 자신이 읽는 지점을 가리키는 것과 같은 이치다. 어떤 가이드라인을 이용하면 계속 글을 읽어 나가는 데 도움이 되며 단어 한두 개를 건너뛰는 현상을 방지할 수 있다. 재미있는 점은 코드는 그 자체로 가이드라인과 같은 장치의 역할을 한다는 점이다. 본질적으로 코드의 구조가 눈의 흐름을 가이드하고 있기 때문이다.

```
List<String> items = new ArrayList<>(zeros);
items.add("one");
items.add("two");
items.add("three");
```

이 리스트(list)에 아이템이 몇 개 저장되었는가? 마치 3개처럼 보이겠지만 사실은 4개 혹은 그 이상이 저장되었을 수 있다. 이런, 여러분도 zeros 매개변수를 눈치채지 못했는가? 사실 코드의 구조는 코드를 읽는 사람을 도와줘야 한다. add 메서드를 정렬해서 읽는 사람을 가이드할 수는 있지만 생성자 매개변수 때문에 읽는 사람을 완전히 잘못 이끌고 있다. 이 코드를 다음과 같이 리팩토링하면 읽는 사람이 중요한 정보를 놓치지 않도록 이끌 수 있다.

```
List<String> items = new ArrayList<>();
items.addAll(zeros);
items.add("one");
items.add("two");
items.add("three");
```

다음에 코드를 작성할 때는 스스로 빨리 읽을 수 있는지 확인해 보자. 그리고 시각적 고정과 메타 가이딩을 염두에 두고 코드를 작성하자. 관련 정보를 눈으로 확인할 수 있는 논리적인 느낌을 줄 수 있도록 코드 구조를 갖추자. 그러면 코드를 빨리 읽을 수 있을 뿐만 아니라 흐름도 더 잘 파악할 수 있다.

단순한 값 객체

스티브 프리먼(*Steve Freeman*)

값 객체(value object)를 표현하는 클래스에는 게터와 세터가 필요하지 않다. 자바 개발자는 보통 필드에 접근하는 게터는 다음과 같이 사용하도록 훈련되었다.

```java
public class Coordinate {
    private Latitude latitude;
    private Longitude longitude;

    public Coordinate(Latitude latitude, Longitude longitude) {
        this.latitude = latitude;
        this.longitude = longitude;
    }

    /**
    * @좌표의 위도를 리턴한다.
    */
    public Latitude getLatitude() {
        return latitude;
    }

    /**
    * @좌표의 경도를 리턴한다.
    */
    public Longitude getLongitude() {
        return longitude;
    }
}

System.out.println(thing.getLatitude());
```

게터의 역할은 객체가 값을 표현하는 방법을 캡슐화하고 코드 전체에 일관된 접근을 제공하는 것이다. 또한 별칭(aliasing)으로부터 보호하는 역할도 한다. 예를 들어 아이템을 리턴하기 전에 컬렉션의 클론(clone)을 만드는 상황을 방지하는 것이다.

이 스타일은 자바빈의 초창기부터 시작되었다. 당시는 리플렉션을 이용한 그래픽 도구를 주로 개발하던 때였다. 어쩌면 스몰톡의 영향을 받았을 수도 있다. 이 언어는 접근자(accessor)를 이용해 노출하지 않은 모든 필드는 기본적으로 비공개이며 읽기 전용 필드는 세터 없이 게터만 선언했다.

현실적으로 모든 클래스가 같은 역할을 수행하는 것은 아닐뿐더러 언어 자체가 이외의 다른 구조를 제공하지 않으므로 많은 개발자가 실제로는 값 객체인 자바 클래스를 작성해 왔다. 즉, 값이 절대 변하지 않는 몇 개의 필드만 가지며 객체의 본질이 아닌 값에 의해 동질성을 판단하는 클래스를 작성해 온 것이다. 예제의 경우 2개의 Coordinate 객체는 같은 위도와 경도 값을 가지므로 같은 객체라고 볼 수 있다. 그래서 Coordinate 인스턴스는 불변(immutable) 객체이므로 이를 상수로 선언하고 코드 전체에서 재사용할 수 있다.

필자는 몇 년 전, 다른 동료들이 그랬듯이 필요한 게터를 중복해서 정의하는 방법에 피로를 느끼고 값 객체를 내 방식으로 단순화하기 시작했다. 즉, C의 구조체처럼 모든 필드를 public final로 선언한 것이다.

```java
public class Coordinate {
 public final Latitude latitude;
 public final Longitude longitude;

 public Coordinate(Latitude latitude, Longitude longitude) {
  this.latitude = latitude;
  this.longitude = longitude;
 }
}

System.out.println(coordinate.latitude);
```

이런 코드를 작성할 수 있던 이유는 이 객체가 불변(다시 한번 강조하지만, 클래스에 구조화된 값이 있다면 다른 변수로의 복제는 여전히 주의해야 한다)이며, 개인적으로 클래스의 상속이나 한 클래스에 너무 많은 기능을 구현하는 것을 선호하지 않기 때문이다. 이런 구조는 자바의 초창기부터 이어진 방법의 변화를 보여주고 있다. 예를 들어 java.awt.Point 클래스는 가변(mutable) 객체이며 move 메서드는 x와 y 필드를 직접 갱신한다. 하지만 JVM이 출시된 지 20년이 지났고 함수형 프로그래밍이 더욱 보편화된 요즘은 이런 일시적(transient) 객체를 다루는 비용이 훨씬 줄었으므로 move 메서드가 새로운 위치를 표현하는 새 불변 객체를 리턴해도 무방하다. 그래서 이 Coordinate 클래스를 다음과 같이 작성할 수 있다.

```java
public class Coordinate {
    public Coordinate atLatitude(Latitude latitude) {
        return new Coordinate(latitude, this.longitude);
    }
}
```

값 객체를 단순화하는 것은 타입의 역할을 명확히 하는 데 유용한 규칙이며 코드를 읽는 데 방해가 되는 요소도 줄일 방법이다. 게다가 리팩토링도 쉬우며 코드의 도메인을 더 잘 표현하는 메서드를 어떤 타입에 추가해야 하는지를 더 확실히 알 수 있다. 간혹 값 객체의 행위적인 기능이 더 중요한 경우에도 필드는 비공개로 유지하고 메서드로 필요한 것을 표현할 수 있게 되었다.

결국 자바 언어 팀도 이 점을 깨닫고 자바 14에서 드디어 레코드(record) 구조체를 선보였다. 자바 14를 더 보편적으로 사용하기 전까지는 이 규칙에 의존해야 한다.

모듈 선언에 주의해야 하는 이유

니콜라이 팔로그(*Nicolai Parlog*)

자바 모듈을 생성할 때는 모듈 선언(module-info.java 파일)이 가장 중요한 소스 파일이다. 각 모듈 파일이 전체 JAR을 표현하며 다른 JAR 파일과의 상호작용을 정의하므로 모듈 선언에 주의해야 한다. 어떤 점에 주의해야 하는지 지금부터 살펴보자.

모듈 선언은 깔끔하게 유지하자

모듈 선언 역시 코드이므로 같은 코드로 취급하고 코딩 스타일을 적용해야 한다. 그 외에도 디렉티브를 임의의 위치에 추가하지 말고 모듈 선언을 구조화해야 한다. JDK는 다음과 같은 순서로 모듈을 선언한다.

❶ 정적(static) 및 전이(transitive) 의존성을 포함한 Requires

❷ Exports

❸ Exports to

❹ Opens

❺ Opens to

❻ Uses

❼ Provides

어떤 결정이든 코드의 스타일을 정의한 문서가 있다면 그 결정을 문서에 추가하자. 그리고 코드 스타일을 검사하는 IDE나 빌드 도구 또는 코드 분석기를 보유하고 있다면 금상첨화다. 최대한 빨리 적용해서 원하는 코드 스타일을 자동으로 검사(심지어 적용까지)하도록 하자.

모듈 선언에 주석을 추가하자

자바독이나 인라인(inline) 주석 같은 코드 문서화에 대한 의견은 분분하다. 하지만 주석에 대한 팀의 의견이 무엇이든 모듈 선언에 대한 주석도 고려해야 한다. 한 문장을 선호하든 의미와 중요성을 각각 설명하는 2문장 주석을 선호하든 각 모듈에도 자바독 주석을 추가하자. 설령 둘 중 어느 것도 선호하지 않더라도 왜 그런 결정을 내렸는지 문서화하는 편이 좋다. 즉, 모듈 선언에서는 다음과 같은 요소에 인라인 주석을 추가하는 편이 좋다.

- 모듈이 존재하지 않는 이유를 설명하기 위한 선택적 의존성
- 공개 API가 아니지만 부분적으로 접근이 가능한 이유를 설명하는 제한적인 내보내기(export)
- 어떤 프레임워크가 접근할 수 있는지를 설명하는 열린(open) 패키지

모듈 선언은 새로운 기회를 제공한다. 프로젝트의 결과물(artifact)과의 관계를 코드에 지금처럼 쉽게 문서화할 방법은 예전에는 없었다.

모듈 선언을 리뷰하자

모듈 선언 덕분에 모듈 구조를 한 곳에서 표현할 수 있으므로 모듈 선언을 확인하는 것은 코드 리뷰에 있어 매우 중요한 부분이다. 커밋하기 전이나 풀 리퀘스트(pull request)를 만들기 전에, 짝 프로그래밍 세션을 마무리할 때나 일반적인 코드 리뷰를 할 때, 언제든 코드의 본문을 확인하는 경우라면 `module-info.java` 파일에 특별히 더 신경을 써야 한다.

- 새로운 모듈 의존성이 필요하며(서비스로 교체하는 것도 고려하자) 프로젝트 아키텍처에 포함되어야 하는가?
- 코드가 선택적 의존성이 없는 상황에도 대처할 수 있는가?
- 새로운 패키지 내보내기가 필요한가? 모든 공개 클래스는 사용할 준비가 되었는가? API를 노출하는 영역을 줄일 수 있는가?
- 내보내기를 제한하는 것이 적절한가 아니면 아직 공개할 준비가 되지 않은 API에

대한 접근을 위한 방편일 뿐인가?

- 변경된 코드로 인해 빌드 절차에 포함되지 않은 다른 다운스트림(downstream) 프로젝트에 문제가 발생할 가능성이 있는가?

시간을 투자해서 모듈 선언을 꼼꼼히 리뷰하는 것은 자칫 시간 낭비처럼 들리겠지만 나는 이것을 새로운 기회라고 본다. 지금까지 프로젝트의 결과물과 그 구조의 관계를 이처럼 쉽게 분석하고 리뷰할 방법은 없었다. 그리고 모듈 선언은 화이트보드에 그려 놓은 것을 여러분이 사진으로 찍어 위키에 업로드해 둔 것도 아니다. 진짜 장점은 모듈 선언이 결과물 사이의 실질적인 관계를 보여준다는 점이다. 모듈 선언은 이미 오래전에 결정한 의도가 아니라 현재의 실체를 낱낱이 보여준다.

의존성을 잘 관리하자

브라이언 베르메르(*Brian Vermeer*)

요즘의 자바 개발은 서드파티(third-party) 라이브러리에 크게 의존한다. 메이븐이나 그레이들은 공개된 패키지를 쉽게 가져와 사용할 수 있는 메커니즘을 제공한다. 개발자는 반복적으로 작성해야 하는 기능보다는 특정한 비즈니스 로직에 집중하기를 원하므로 귀찮은 작업을 대신해 줄 프레임워크와 라이브러리를 잘 선택해 사용한다.

보편적인 프로젝트를 살펴보면 여러분이 작성한 코드는 1%가 채 안 되고 나머지는 라이브러리와 프레임워크에서 가져온 코드인 경우가 대부분이다. 프로덕션 환경에 배포하는 코드의 상당 부분이 직접 작성한 코드가 아니라 크게 의존하는 코드다.

코드와 팀원의 기여를 다루는 방법을 보면, 마스터(master) 브랜치에 새로운 코드를 머지(merge)하기 전에 가장 먼저 통과해야 할 품질 보증 조치로 코드 리뷰 같은 절차를 도입하곤 한다. 또는 품질 관리 절차로 짝 프로그래밍을 도입하는 경우도 있다. 하지만 의존성을 다루는 방법은 코드를 다루는 방법과는 크게 다르다. 의존성은 대부분 아무런 검증 없이 적용하곤 한다. 더 중요한 것은 최상위 의존성의 경우는 대부분 여러 계층으로 전파되는 전이 의존성으로 포함된다는 점이다. 예를 들어 2백 줄의 스프링 애플리케이션에 5개의 직접(direct) 의존성을 추가하면 총 60개의 의존성이 더 추가되며 그로 인해 50만 줄의 코드를 프로덕션 환경에 배포하게 된다.

의존성만 사용해도 다른 사람이 작성한 코드를 아무런 의심 없이 가져다 쓴다는 것인데, 직접 작성한 코드를 다루는 방법과 비교하면 상당히 이해하기 힘든 부분이 아닐 수 없다.

취약점이 있는 의존성

보안 관점에서, 의존 패키지에 알려진 취약점은 없는지 확인해야 한다. 만일 의존 패키지에 취약점이 발견되어 공개되었다면 반드시 이를 인지하고 해당 의존성을 교체하거나 갱신해야 한다. 이미 취약점이 알려진 오래된 의존성을 계속 사용하면 큰 문제가 될 수 있음은 이미 과거 사례를 통해 드러났다.

개발 절차의 모든 단계에서 의존성을 확인하면 코드를 프로덕션 환경에 배포하기 전에 취약점으로 인해 문제가 생기는 상황을 미연에 방지할 수 있다.

또한 프로덕션 환경의 스냅숏(snapshot)도 지속해서 확인해야 한다. 프로덕션 환경에서 이미 사용 중인 동안에도 새로운 취약점이 발견되어 공개될 수 있기 때문이다.

의존성의 갱신

의존성은 현명하게 선택해야 한다. 라이브러리나 프레임워크가 수많은 기여자가 참여하는 와중에도 얼마나 잘 유지되고 있는지를 생각해 보자. 오래되었거나 잘 유지되지 않은 라이브러리에 의존하는 것은 크나큰 위험이다. 항상 최신 상태를 유지하고 싶다면 패키지 관리자를 이용해 새 버전이 출시되었는지를 확인해야 한다. 메이븐이나 그레이들 버전 플러그인을 사용하면 다음 명령을 이용해 새 버전의 출시 여부를 확인할 수 있다.

- 메이븐: `mvn versions:display-dependency-updates`
- 그레이들: `gradle dependencyUpdates -Drevision=release`

의존성을 위한 전략

시스템의 의존성을 다룰 때는 전략이 필요하다. 의존 패키지의 안정성과 특정 의존성의 필요성은 반드시 명확하게 정리되어야 한다. 다음으로 의존성 갱신 전략에 대해서도 신중하게 생각해야 한다. 의존성을 자주 갱신하는 것은 그다지 어려운 일은 아니다. 마지막으로, 특히 중요한 점은 라이브러리의 알려진 취약점을 스캔하는 도구를 이용해서 보안 문제의 발생을 방지해야 한다는 점이다.

어떤 경우든 의존성을 주의 깊게 다루고 올바른 이유에 기반해 올바른 버전의 올바른 라이브러리를 선택하자.

'관심사 분리'가 중요한 이유

데이브 팔리(*Dave Farley*)

컴퓨터 공학을 공부했다면 관심사 분리(separation of concern)[1]라는 개념을 학습했을 것이다. 이 개념은 '한 클래스는 한 가지 작업만, 한 메서드도 한 가지 작업만' 수행해야 한다고 주장한다. 즉, 클래스와 메서드(및 함수)는 반드시 한 가지 결과에만 집중해야 한다는 뜻이다.

클래스와 메서드의 책임(responsibility)을 잘 생각해 보자. 필자는 간혹 수업에서 테스트 주도 개발(TDD, Test-Driven Development)을 가르친다. 수업 중에는 TDD를 설명하기 위해 분수를 더하는 간단한 코딩 카타를 활용한다. 그리고 대부분 학생이 처음 작성하는 테스트는 보통 다음과 같다.

```
assertEquals("2/3", Fractions.addFraction("1/3", "1/3"));
```

필자가 볼 때 이 테스트는 '잘못된 디자인'을 드러낸다. 먼저 분수는 어디에 있는가? 분수는 addFraction 함수 안에 묵시적으로 존재한다.

그보다 더 안 좋은 점이 있다. 이 코드가 어떤 동작을 하는지 생각해 보자. addFraction 함수의 동작을 어떻게 설명할 수 있을까? '2개의 문자열을 전달받는다. 그리고 각 문자열을 파싱한 후 그 합을 계산한다' 정도로 서술할 수 있다. 곧 눈치챘겠지만 함수, 메서드, 클래스의 설명에 '그리고'라는 말이 들어간다. 이 함수는 문자열의 파싱과 분수의 덧셈이라는 두 가지 동작을 실행하고 있다.

---

1 '관심사 분리'는 에츠허르 W. 다익스트라(https://oreil.ly/Hyfse)가 1974년에 작성해 1982년 《Selected Writings on Computing: A Personal Perspective》(Springer-Verlag)로 출간된 논문 〈On the Role of Scientific Thought〉에서 처음 소개되었다.

테스트를 다음과 같이 작성하면 어떨까?

```
Fraction fraction = new Fraction(1, 3);
assertEquals(new Fraction(2, 3), fraction.add(new Fraction(1, 3)));
```

두 번째 예제의 add 메서드는 어떻게 설명할 수 있을까? '이 함수는 두 분수의 합을 리턴한다'고 할 수 있다. 이 두 번째 방법은 구현 및 테스트가 훨씬 쉬우며 코드의 내부도 이해하기 쉽다. 게다가 더 모듈화되어 조합이 더 쉬우므로 훨씬 유연하다. 예를 들어 2개가 아닌 3개의 분수를 더하고 싶다면 어떻게 해야 할까? 첫 번째 예제에서는 3개의 매개변수를 사용하는 또 다른 add 메서드를 추가하거나 첫 번째 함수를 다음과 같이 리팩토링해야 한다.

```
assertEquals("5/6", Fractions.addFraction("1/3", "1/3", "1/6"));
```

하지만 두 번째 경우라면 코드를 변경할 필요가 없다.

```
Fraction fraction1 = new Fraction(1, 3);
Fraction fraction2 = new Fraction(1, 3);
Fraction fraction3 = new Fraction(1, 6);

assertEquals(new Fraction(5,6),
             fraction1.add(fraction2).add(fraction3));
```

이제 분수의 문자열 표현을 사용하고 싶어졌다고 가정해 보자. 그러면 FractionParser나 StringToFraction라는 두 번째 클래스를 추가하면 된다.

```
assertEquals(new Fraction(1, 3),
             StringFractionTranslator.createFraction("1/3"));
```

StringFractionTranslator.createFraction 메서드는 문자열 형식의 분수를 Fraction 객체로 변환한다. 이 클래스의 다른 메서드는 아마도 Fraction 객체를 문자열로 바꾼다는 점도 예상할 수 있다. 이제 이 코드는 더 포괄적으로 테스트할 수 있고,

함수를 더하거나 곱하는 등 작업 복잡도와는 별개로 테스트를 작성할 수 있게 됐다.

이런 점에서 테스트 주도 개발은 관심사 분리를 제대로 준수하지 않는 코드를 명확하게 구별해 낼 수 있어 특히 유용하다. 만일 테스트를 작성하기가 어렵다면 그 또한 코드의 결합을 잘못 디자인했거나 관심사 분리가 잘못되었다는 것을 의미한다.

관심사 분리는 모든 코드에 적용할 수 있는 매우 효율적인 디자인 전략이다. 관심사를 제대로 분리한 코드는 더 모듈화된다. 그래서 더 잘 조합할 수 있고 유연하며 테스트도 쉽고 가독성도 좋다.

모든 메서드, 클래스, 함수가 하나의 결과에만 집중하도록 항상 신경 쓰자. 코드가 두 가지 작업을 수행한다는 점을 알아채면 곧바로 새로운 클래스나 메서드를 만들어 더 간단하고 명료하게 코드를 작성하자.

기술 면접은
학습할 가치가 있는 기술이다

트리샤 지(*Trisha Gee*)

이번 장에서는 한 가지 비밀을 알려주려 한다. IT 업계는 개발자 면접을 진행하는 기술이 턱없이 부족하다는 점이다. 정말 웃긴 점은 절대 면접자가 실제로 개발 중인 환경에 적용할 실제 코드를 작성하도록 하지 않는다는 점이다. 연주자의 이론 지식을 테스트하면서 실제로 연주는 시켜보지 않는 것과 마찬가지다.

다행인 것은, 다른 기술과 마찬가지로 면접 기술도 학습할 수 있다는 점이다. 다른 기술을 습득하는 것과 마찬가지로 기술 면접에 어떤 것이 필요한지 알아보고 계속 연습하면된다. 면접에 떨어졌다고 해서 여러분이 좋은 개발자가 아니라는 뜻은 아니다. 어쩌면 단순히 면접을 잘 못 본 것일 수도 있다. 면접 기술도 개선할 수 있으며, 각 면접은 더 많은데이터를 확보하고 연습할 수 있는 또 다른 기회다.

보통 면접관은 몇 가지 비슷한 질문을 한다. 몇 가지 예를 들어보자.

멀티스레딩 관련

코드에 synchronized 애노테이션을 여기저기 흩어 놓고 경합 상태(race condition)나 데드록(deadlock)을 찾는 질문은 매우 보편적인 것이다. 이런 코드를 가진 조직은 개발자를 고용하는 것보다 더 큰 문제를 가지고 있으므로(비록 면접에서 보여줄 목적의 코드라 하더라도 분명히 개발자를 고용하는 데 문제가 있을 것이다) 이런 조직에서는 그다지 일하고 싶지 않을 것이다. 자바의 동시성에 대한 실무적인 이해(https://oreil.ly/n54xA)를 갖춘다면 대부분 면접 질문은 통과할 것이다. 예전 버전 자바의 동시성을 잘 모른다면 현대 자바가 어떻게 이런 문제를 추상화하는지, 그리고 Fork/Join(https://oreil.ly/CEQjL) 같은 메서드나 병렬 스트림(https://oreil.ly/epUKa)으로 어떻게 대체할 것인지를 설명하면 된다.

컴파일러 관련

"이 코드가 컴파일될까요?" 글쎄, 난 잘 모르지. 그런 질문은 컴퓨터와 IDE가 알아서 할 일이 아닌가(그런 건 도구가 해결할 문제이며 나는 다른 것에 집중해야 한다)? 면접에서 이런 질문을 받았다면 이 질문에 답하기 위한 내용은 자바 자격증과 관련한 자료(예를 들면 자격증 관련 도서) 등을 참고하자.

데이터 구조

자바의 데이터 구조는 매우 직관적이다. List(https://oreil.ly/tc6p4), Set(https://oreil.ly/KP1BA), Map(https://oreil.ly/37mGa)의 차이점을 잘 알아 두는 것부터 시작하면 좋다. 컬렉션과 관련해서는 hashcode 메서드(https://oreil.ly/DvSYa)와 equals 메서드(https://oreil.ly/QvlLo)가 어떻게 동작하는지 이해해 두면 좋다.

보편적인 자바 면접 질문을 검색하면 미리 공부할 만한 좋은 내용이 많이 나온다.

뭔가 속임수라도 쓰는 기분인가? 면접을 통과할 정도로 많이 학습해 뒀다면 정말 직장에서 역할을 완수하기에 충분할 정도로 알고 있는가? 한 가지만 기억하자. IT 업계는 개발자 면접을 진행하는 기술이 턱없이 부족하다. 면접 경험은 실무 경험과는 완전히 동떨어진 경우가 태반이다. 실제로 어떻게 일하는지 파악할 수 있도록 가급적 많이 질문하자. 새로운 기술은 아주 쉽게 학습할 수 있다. 그게 우리가 늘 하는 일 아닌가. 하지만 면접에서의 성공 여부를 결정하는 것은 사람과 관련한 것이다. 하지만 이는 다른 문서에서 다룰 주제다.

테스트 주도 개발

데이브 팔리(*Dave Farley*)

테스트 주도 개발(TDD)은 광범위하게 잘못 이해되고 있다. TDD가 등장하기 이전에는 고품질 소프트웨어를 구현하는 방법은 지식과 경험, 프로그래머의 헌신에 의존했다. 하지만 TDD가 등장한 이후로는 그 외의 것에 의존하게 됐다.

보편적으로 고품질의 소프트웨어란 다음과 같은 속성을 갖는 코드를 의미한다.

- 모듈성(Modularity)
- 낮은 결합(Loose coupling)
- 응집력(Cohesion)
- 적절한 관심사 분리(Good separation of concerns)
- 정보 은폐(Information hiding)

테스트 가능한 코드는 이런 속성을 가지고 있다. TDD는 테스트를 이용해 개발(디자인)을 주도하는 기법이다. TDD에서는 테스트를 통과할 코드를 작성하기 전에 테스트를 먼저 작성한다.

테스트를 먼저 작성하는 것이 중요하다. 즉, 항상 '테스트가 가능한' 코드를 작성한다는 뜻이다. 또한 커버리지는 문제가 되지 않는다는 것도 의미한다. 테스트를 먼저 작성하면 자연스럽게 커버리지 역시 높아지므로 더는 이에 대해 걱정할 필요가 없다. 게다가 코드 커버리지는 그다지 좋은 지표가 아니다.

TDD는 소프트웨어 개발자의 능력을 확대한다. 형편없는 개발자를 훌륭한 개발자로 바꾸지는 않지만 더 나은 프로그래머를 양산한다.

TDD는 매우 간단해서 '레드, 그린, 리팩터(Red, Green, Refactor)'의 순서만 지키면 된다.

- 먼저 테스트를 작성한 후 테스트가 실패하는지 확인한다(레드).
- 테스트를 통과할 수 있는 최소한의 코드만 작성한 후 테스트가 통과하는지 확인한다(그린).
- 코드를 리팩토링하고 테스트를 계속 진행해서 깔끔하고 표현력이 풍부하며 우아하면서도 간단한 코드를 작성한다(리팩터).

이 단계는 코드를 디자인하는 세 가지 절차를 표현한다. 단계마다 서로 다른 방법으로 생각해야 한다.

레드

이 단계에서는 코드의 행위적 의도를 표현하는 것에 집중한다. 즉, 코드의 공개용 인터페이스에만 집중하는 것이다. 이 단계에서 디자인할 것은 그뿐이다.

코드로 실행하려는 것만 집중해서 테스트하는 깔끔하고 좋은 코드를 작성하는 것만 생각하자.

간단한 테스트를 작성해서 공개용 인터페이스의 디자인에만 집중하자. 만일 작성하려는 개념을 테스트로 쉽게 표현할 수 있다면 여러분이 작성한 코드를 다른 사람이 사용할 때도 쉽게 그 의도가 드러난다.

그린

테스트를 통과하기 위한 최소한의 작업만 수행한다. 그 방법이 설령 너무 소박해 보이더라도 그렇게 해야 한다. 적어도 테스트가 실패한다는 것은 코드가 잘못됐다는 것이며 개발 과정 중에 불안정한 부분이 있다는 뜻이다. 이럴 때는 최대한 빠르고 간단하게 안전한(그린) 상태로 되돌아와야 한다.

여러분의 테스트는 코드의 '행위적 명세(behavioral specification)' 형태로 발전해야 한다. 테스트가 실패하는 경우에만 코드 작성 원리를 도입하면 이 명세를 더 정교하게 발전시키는 데 도움이 된다.

리팩터

일단 그린 상태로 돌아왔다면 안전하게 리팩토링이 가능하다. 그러면 잘못된 방향으로 빠지지 않고 올곧게 작업을 진행할 수 있다. 작고 간단한 단계를 만들고 테스트를 다시 실행해서 모든 것이 제대로 동작하는지 확인한다.

리팩토링은 뒷전으로 미뤄둘 것이 아니다. 오히려 디자인을 더 전략적으로 생각해 볼 수 있는 기회다. 테스트의 셋업이 너무 복잡하면 코드의 관심사 분리가 제대로 구현되지 않았고 다른 것과 너무 강하게 결합하였을 가능성이 크다. 코드를 테스트하기 위해 다른 클래스를 너무 많이 가져다 써야 한다면 코드의 응집력이 너무 낮은 것이다.

테스트를 통과할 때마다 리팩토링을 위해 업무 진행을 중단하는 연습을 하자. 항상 코드를 살피고 '이보다 더 좋은 방법은 없는지' 생각해 보자. TDD의 3단계는 서로 확실히 구분되므로 각 단계의 장점을 극대화하기 위해 여러분의 정신도 확실히 구분해야 한다.

bin 디렉터리에는
좋은 도구가 너무나 많다

로드 힐튼(*Rod Hilton*)

자바 개발자라면 누구나 컴파일을 위한 javac, 실행을 위한 java, 자바 애플리케이션의 패키징을 위한 jar 도구에 익숙할 것이다. 하지만 JDK를 설치하면 그 외에도 다양하고 유용한 도구가 함께 설치된다. 이 도구는 이미 JDK의 bin/ 디렉터리에 설치되었으며 PATH 환경 변수에 포함되었다면 어디서든 호출할 수 있다. 이런 도구에 익숙해져 어떤 상황에 어떻게 사용할지 알아 두는 것이 좋다.

jps

실행 중인 JVM을 찾기 위해 ps aux | grep java 명령을 자주 사용한다면 jps 도구를 사용하는 편이 훨씬 간편하다. 이 도구는 실행 중인 모든 JVM의 목록을 보여주지만 CLASSPATH 매개변수와 모든 매개변수를 포함한 장황한 실행 명령 대신, 프로세스 ID와 애플리케이션의 주 클래스 이름만 출력하므로 프로세스를 구분하기가 훨씬 쉽다. jps -l은 주 클래스의 완전히 식별 가능한(fully qualified) 이름을 보여주며 jps -m 명령은 main 메서드에 전달된 매개변수를, jps -v 명령은 JVM 자체에 전달된 모든 매개변수를 보여준다.

javap

JVM은 자바 클래스 파일 역어셈블러(disassembler)도 포함하고 있다. javap <클래스이름> 명령을 실행하면 해당 클래스 파일의 필드와 메서드를 볼 수 있다. 그러므로 스칼라, 클로저, 그루비 같은 JVM 기반 언어로 작성된 코드를 이해하는 데도 도움이 된다. javap -c <클래스이름> 명령을 실행하면 이 메서드의 완전한 바이트코드도 볼 수 있다.

jmap

jmap -heap <프로세스 ID> 명령은 JVM 프로세스의 메모리 공간에 대한 요약 정보를 출력한다. 그래서 각 JVM의 메모리 세대별로 얼마나 많은 메모리를 사용하는지는 물론 힙 설정과 현재 사용 중인 GC의 종류도 알 수 있다. jmap -histo <프로세스 ID> 명령은 힙 안의 각 클래스, 클래스의 인스턴스 개수, 각 인스턴스가 소비하는 메모리의 크기 등을 막대그래프로 보여준다. 가장 중요한 것은 jmap -dump:format=b,file=<파일명> <프로세스 ID> 명령을 실행하면 전체 힙의 스냅숏을 파일에 기록해 준다는 것이다.

jhat

jmap 명령으로 생성한 파일을 이용해 jhat <힙 덤프 파일> 명령을 실행하면 로컬 웹서버를 실행한다. 브라우저로 이 서버에 접속하면 힙 공간을 패키지 이름별로 그룹화해서 대화형으로 확인할 수 있다. 'Show instance counts for all classes (excluding platform)' 링크를 클릭하면 자바에 포함되지 않은 클래스의 인스턴스만 보여준다. 또한 'OOL' 쿼리를 이용하면 SQL과 유사한 문법으로 힙 공간을 쿼리할 수도 있다.

jinfo

jinfo <프로세스 ID> 명령을 실행하면 JVM 명령줄 플래그와 JVM이 로드한 모든 시스템 속성을 볼 수 있다.

jstack

jstack <프로세스 ID> 명령을 실행하면 JVM 안의 모든 자바 스레드의 스택 트레이스 (stack trace)를 출력할 수 있다.

jconsole과 jvisualvm

이 두 도구는 그래픽 도구이며 JVM에 연결해 실행 중인 JVM을 대화형으로 모니터링할 수 있다. 실행 중인 프로세스를 다양한 관점에서 시각적 그래프와 막대그래프 형태로 확인할 수 있으며 지금까지 언급한 도구의 기능을 마우스만으로 편리하게 사용할 수 있다.

jshell

자바 9부터는 REPL 도구를 지원한다. 이 도구는 문법 검사와 자바 기반 명령을 빠르게 실행할 수 있으며 완전한 프로그램을 작성하지 않고도 필요한 코드를 테스트해 볼 수 있다.

이 도구 중 상당수는 로컬에서만 동작하는 것이 아니라 JVM 프로세스를 실행하는 원격 머신에서도 동작한다. 지금까지 설명한 도구는 이미 여러분의 머신에 설치된 유용한 도구 중 일부일 뿐이다. JDK 디렉터리에 실행할 수 있는 다른 도구가 있는지 살펴보고 맨 페이지(man page)도 읽어보자. 내 주머니에 어떤 도구가 들어 있는지 알아 두면 필요할 때 편리하게 활용할 수 있다.

자바 샌드박스를 벗어나자

이안 F. 다윈(*Ian F. Darwin*)

"자바는 모든 면에서 최고의 언어다." 이 말을 믿는다면 한 발짝 더 나아가야 한다. 물론 자바는 훌륭한 언어다. 하지만 유일하게 훌륭한 언어도 아니고 모든 면에서 최고도 아니다. 사실 여러분은 (전문 개발자로서) 업무에서든 자신의 프로젝트에서든 자주 새로운 언어를 사용하고 학습해야 한다. 다른 언어가 기본적으로 이미 익숙한 자바와 어떻게 다른지 그리고 프로젝트에서 유용하게 활용할 수 있는 부분이 있는지를 깊이 있게 확인해 보자. 다시 말하면 새 언어를 시도해 보자. 어쩌면 그 언어가 마음에 들지도 모른다. 새로 배울 만한 가치가 있는 몇 가지 언어를 살펴보자.

- 자바스크립트는 브라우저에서 동작하는 언어다. 이름도 비슷하고 키워드도 비슷하지만 자바스크립트와 자바는 매우 다른 언어다. 자바스크립트에는 수백 가지 웹 프레임워크가 존재하며 그중 일부는 프론트엔드의 범위를 벗어난다. 예를 들어 노드.js(https://nodejs.org)는 자바스크립트를 서버 측에서 실행해서 수많은 새로운 기회를 창출한다.
- 코틀린(https://kotlinlang.org)은 JVM 언어이며, 다른 언어와 마찬가지로 자바보다 훨씬 간편한 문법을 제공하며 자바 이상의 장점을 제공하는 여러 기능을 갖추고 있다. 구글은 안드로이드(Android)와 관련한 작업 대부분에 코틀린을 활용하며 안드로이드 앱에서도 활용을 권장하고 있다. 이 정도면 설명은 충분하지 않은가?
- 다트(Dart, https://dartlang.org)와 플러터(Flutter, https://flutter.dev)가 있다. 다트는 구글이 개발한 컴파일형 스크립팅 언어다. 원래는 웹 프로그래밍을 위해 탄생했지만 플루터 덕분에 하나의 코드로 안드로이드와 iOS 앱(그리고 언젠가는 브라우저에서도)을 모두 개발할 수 있게 되기 전까지는 그다지 주목받지 못했다.

- 파이썬(Python, https://www.python.org), 루비(https://oreil.ly/jtdUQ), 펄(Perl, https://www.perl.org)은 이미 수십 년간 존재해 왔으며 지금도 여전히 가장 인기 있는 언어다. 파이썬과 루비는 각각 Jython과 JRuby라는 이름의 JVM 구현체를 제공하지만 Jython은 현재 활발히 유지되고 있지는 않다.

- 스칼라(https://www.scala-lang.org)와 클로저(http://clojure.org), 프레지(Frege, https://github.com/Frege/frege, 하스켈(https://www.haskell.org)의 구현체)는 JVM기반의 함수형 프로그래밍(FP, https://oreil.ly/u0BQX) 언어다. FP의 역사는 오래됐지만 최근에서야 주류 언어로 주목받고 있다. 이 책을 집필하는 현재 JVM상에서 동작하는 함수형 언어는 많지 않아서 이드리스(Idris, https://oreil.ly/YS0vJ)와 아그다(Agda, https://oreil.ly/X8wti) 정도가 있을 뿐이다. 함수형 프로그래밍을 학습하면 자바 8 및 그 이후 버전의 함수형 기능에 익숙하지 않을 경우, 이를 이해하는 데 도움이 된다.

- R(https://www.r-project.org)은 데이터 조작을 위한 인터프리터(interpreted) 언어다. 벨(Bell) 연구소의 과학용 언어인 S(https://oreil.ly/yDxJZ)를 복제(https://oreil.ly/PbWQW)한 R은 데이터 과학자나 '스프레드시트 이상의 것'을 원하는 사람들 사이에 점점 더 많은 인기를 얻고 있다. 통계와 수학 그리고 그래픽 기능과 관련된 다양한 내장 기능과 애드온(add-on)을 제공한다.

- 러스트(Rust, https://www.rust-lang.org)는 동시성과 강력한 타입 시스템을 제공하며 시스템 개발에 목적을 둔 컴파일형 언어다.

- 고(Go, https://golang.org, '고랭(golang)'이라고도 한다)는 구글에서 로버트 그리즈머(Robert Griesemer), 롭 파이크(Rob Pike), 켄 톰슨(Ken Thompson, 유닉스의 공동 창시자) 등이 개발한 컴파일형 언어다. 여러 운영체제를 지원하는 다중 컴파일러를 지원하며 자바스크립트와 웹어셈블리(WebAssembly)로도 컴파일되어 웹 개발에도 사용한다.

- C는 C++, 오브젝티브-C(Objective-C)의 조상이며 자바, C#, 러스트에도 영향을 미쳤다(이 언어는 기본 문법과 내장 타입, 메서드 문법, 중괄호를 이용한 코드 블록 정의 등 C 문법을 채용하고 있다. 또한 C 언어는 자바에서 `int i = 077;`의 결과가 63으로 출력되는 점에 영향을 미친 것으로 악명 높은 언어다). 어셈블리 언어를 배운 적이 없다면 'C 수준'의 언어를 익히는 것이 메모리 모델을 이해할 수 있는 시작점이 될 수 있다. 그러면 자

바가 메모리를 관리해 주는 것에 대해 감사할 것이다.

- JShell(https://oreil.ly/vkgl3)은 언어는 아니지만 자바를 이용하는 또 다른 방법이다. `public class Mumble {`과 `public static void main(String[] args) {` 같은 코드를 작성할 필요 없이, `{`만 작성해도 표현식이나 새로운 API를 실행해 볼 수 있다. 여러 의식과 잡다한 것은 잊어버리고 JShell을 사용하자.

그러므로 계속 나아가자. 자바의 세상 바깥으로 한 발 더 나가보자.

코루틴에 대한 고찰

던 그리피스(*Dawn Giffiths*),
데이비드 그리피스(*David Griffiths*)

코루틴은 중단(suspended)과 재개(resumed)가 가능한 함수나 메서드다. 코틀린은 단일 스레드에서 효율적으로 여러 코루틴을 실행할 수 있으므로 비동기 작업을 위한 스레드 대신 사용할 수 있다.

코루틴의 동작 원리를 이해하기 위해 이번 장에서는 드럼 시퀀스(sequence)를 병렬로 실행하는 예제 프로그램을 만들어 볼 것이다.

악기	시퀀스
탐스(Toms)	x-x-x-x-x-x-x-x-
하이햇(High hat)	x-x-x---x-x-x---
심볼(Crash cymbal)	----------------x----

물론 스레드를 이용할 수도 있지만 대부분 시스템에서 사운드는 사운드 서브시스템이 재생하며, 사운드가 재생되는 동안 코드는 다음 사운드를 재생할 수 있게 될 때까지 실행을 멈춘다. 그래서 스레드와 같이 귀한 리소스를 이런 방법으로 블록하는 것은 낭비다.

그래서 이번 장에서는 각 악기를 별개의 코루틴으로 구현한다. 여기서 구현할 메서드는 playBeats라는 메서드로, 드럼 시퀀스와 사운드 파일의 이름을 매개변수로 정의한다. 완전한 코드는 https://oreil.ly/6x0GK 에서 찾을 수 있으며, 다음은 전체 코드를 간소화한 버전이다.

```
suspend fun playBeats(beats: String, file: string) {
    for (...) { // 각 비트에 대해 루프를 실행한다.
        ...
```

```
        playSound(file)
        ...
        delay(<밀리초>)
        ...
    }
}
```

이 메서드를 playBeats("x-x-x---x-x-x---", "high_hat.aiff")처럼 호출하면 high_hat.aiff 사운드 파일을 이용해 지정한 시퀀스를 재생한다. 이 코드에는 모든 코틀린 코루틴에서 찾아볼 수 있는 두 가지 특징이 있다.

- suspend 키워드로 시작한다. 이 키워드는 어느 시점에 함수의 실행이 중단될 수 있음을 의미한다. 함수는 외부의 코드를 이용해 재시작하기 전까지 계속 중단된 상태로 남는다.
- delay 함수를 넌블러킹(nonblocking) 방식으로 호출한다.

delay 함수는 Thread.sleep 같은 메서드와 거의 유사하지만 한 가지 다른 점은 delay 함수는 호출자에게 일정 시간이 지나면 재개하기 위한 요청과 함께 제어권을 넘겨준다는 점이다.

코루틴이 동작하는 방식이 그렇다면 어떻게 호출할 수 있을까? 코루틴은 무엇이 호출하며 코루틴의 중단과 필요할 때 재개를 담당할까? launch 함수가 이 모든 것을 처리한다. 코루틴을 실행할 main 메서드의 코드는 다음과 같다.

```
fun main() {
    runBlocking {
        launch { playBeats("x-x-x-x-x-x-x-x-", "toms.aiff") }
        launch { playBeats("x-x-x---x-x-x---", "high_hat.aiff") }
        launch { playBeats("---------------x----", "crash_cymbal.aiff") }
    }
}
```

각 launch 함수에는 코루틴을 호출하는 코드 블록을 전달한다. 코틀린의 코드 블록은 자바의 람다와 유사하다. launch 함수는 runBlocking 함수가 제공한 스코프(scope)와 함께 코루틴 함수의 호출을 등록한다.

runBlocking 함수는 주 스레드상에서 스케쥴링 루프(scheduling loop)를 실행한다. 스케쥴링 루프는 각 코루틴 호출을 조율하는 역할을 담당하며 playBeats 코루틴을 순서대로 호출하고 해당 코루틴이 delay 함수를 호출하고 중단할 때까지 기다린다. 그러면 runBlocking 함수는 다른 playBeats 코루틴이 재개해야 할 때까지 기다린다. runBlocking 함수는 모든 코루틴이 완료될 때까지 이 동작을 반복한다.

코루틴은 경량의 스레드라고 생각하면 된다. 하나의 작업을 여러 개의 더욱 간단한 태스크로 분리할 수 있으며, 각 태스크는 같은 스레드에서 동시에 실행된다.

코루틴은 일부 작업은 반드시 주 UI 스레드에서 실행해야 하는 엄격한 스레딩 모델이 적용된 안드로이드 코드를 작성할 때 큰 가치를 제공한다. 하지만 기존 스레드를 효율적으로 사용해야만 하는 확장 가능한 서버 측 애플리케이션의 구축에도 유용하다.

스레드는 인프라스트럭처로 취급해야 한다

러셀 윈더(*Russel Winder*)

프로그래밍하면서 스택 사용을 관리하는 (또는 생각이라도 하는) 자바 프로그래머가 몇이나 될까? 아마 거의 없을 것이다. 거의 모든 자바 프로그래머는 스택 관리를 컴파일러와 런타임 시스템에 맡기는 편이다.

프로그래밍하면서 힙 메모리를 관리하는 (또는 생각이라도 하는) 자바 프로그래머가 몇이나 될까? 극히 적을 것이다. 거의 모든 자바 프로그래머는 가비지 컬렉션 시스템이 모든 힙 관리를 책임질 것이라고 생각한다.

그러면 왜 그렇게 많은 자바 프로그래머가 스레드를 직접 관리하는 걸까? 왜냐하면 그렇게 하도록 교육받았기 때문이다. 애초에 자바는 공유 메모리 멀티스레딩을 지원했다. 확실히 잘못된 결정이었다.

대부분 자바 프로그래머가 알고 있는 동시성(concurrency)과 병렬성(parallelism)은 1960년대 운영체제 구축 이론을 바탕으로 한다. 운영체제를 개발한다면 당연히 알아 두면 좋을 것이지만 대부분 자바 프로그램이 운영체제인가? 아니다. 그러므로 다시 생각해 봐야 한다.

만일 코드가 동기화 구문, 록(lock), 뮤텍스(mutex) 등(모두 운영체제를 위한 것이다)을 사용한다면 뭔가 잘못하고 있을 가능성이 크다. 앞서 언급한 것은 대부분 자바 프로그래머에게 잘못된 추상화 수준이다. 스택 공간과 힙 공간이 관리형 리소스인 것처럼 스레드 역시 관리형 리소스여야 한다. 스레드를 명시적으로 생성하고 관리하는 것이 아니라 태스크를 생성하고 스레드 풀에 제출하는 방식이어야 한다. 그리고 당연하겠지만 태스크는 단일 스레드여야 한다! 여러 태스크가 서로 통신해야 한다면 공유 메모리 대신 스레드에 안전한 큐(queue)를 사용해야 한다.

이런 내용은 이미 1970년대에 알려졌으며, 찰스 앤터니 리처드 호어 경(Sir Charles Antony (Tony) Richard Hoare)이 동시 및 병렬 연산을 서술하기 위한 대수학으로 순차 통신 프로세스(CSP, Communicating Sequential Process)를 창시하는 데 결정적 영향을 미쳤다. 슬프게도 대부분 프로그래머는 공유 메모리 멀티스레딩을 사용하기 급급해서 이 이론을 무시했으며 모든 프로그램이 마치 새로운 운영체제처럼 만들어져 왔다. 하지만 2000년대에 들어서면서 많은 프로그래머가 순차 프로세스 통신을 되돌아보기 시작했다. 아마 최근 몇 년 사이에 이 이론을 가장 지지하는 것은 고(Go) 프로그래밍 언어일 것이다. 고는 순차 프로세스 통신을 적극 도입해서 기반 스레드 풀을 통해 실행하도록 만들어졌다.

많은 사람이 사용하는 액터(actor), 데이터플로우(dataflow), CSP, 활성 객체(active object)는 모두 순차 프로세스와 통신을 일컫는 용어들이다. 아카(Akka), 콰사르(Quasar), 지파스(GParse)는 스레드 풀에서 태스크를 실행하는 기능을 제공하는 프레임워크다. 자바 플랫폼은 자바 8부터 스트림 라이브러리를 기반으로 한 Fork/Join 프레임워크를 제공한다.

대부분 자바 프로그래머에게 올바른 추상화 수준을 제공하려면 스레드는 관리형 리소스여야 한다. 액터, 데이터플로우, CSP, 활성 객체는 대부분 프로그래머가 사용하는 추상화다. 스레드를 손수 관리할 필요가 없으면 자바 프로그래머는 더 간단하고 더 포괄적이며 더 쉽게 유지보수할 수 있는 시스템을 작성할 수 있다.

정말 좋은 개발자의 세 가지 특징

쟌나 팟체이(*Jannah Patchay*)

필자는 대학에서 컴퓨터 공학과 수학을 전공했으며 졸업 후 처음 몇 년간 자바 개발자로 활동했다. 당시 개발자 생활은 너무 만족스러웠다. 다른 수학자처럼 깔끔하고 우아한 코드를 작성하는 데 집착했으며 코드를 최대한 완벽하게 만들기 위해 몇 번이고 리팩토링했다. 최종 사용자의 존재는 알고 있었지만 필자에게 사용자란 해결해야 할 과제를 양산하는 요구 사항을 제공하는 이들일 뿐이었다.

졸업 후 20년이 지난 지금 필자는 완전히 다른 길을 걷고 있다. 금융 시장의 혁신에 초점을 맞춰 규제와 시장 구조를 컨설팅하면서도 필자의 기술적 뿌리를 잃지 않고 있다. 수년째 개발자를 위해 요구 사항을 제공하고 정의하는 역할을 수행하면서 함께 일해왔다. 그리고 시간이 지나면서 기술적 능력 외에 정말 좋은 개발자가 갖추고 있는 특징을 더잘 인지할 수 있게 되었다.

첫 번째이자 가장 중요한 특징은 호기심이다. 호기심은 문제를 해결하고 동작 방식을 이해하며 새로운 것을 구축하기를 원하는 동기가 되며, 이 동기는 고객 및 이해 관계자와의 상호 작용에도 적용될 수 있고 또 그렇게 되어야 한다.

두 번째와 세 번째 특징은 공감과 상상력이다. 이 두 가지는 개발자가 최종 사용자의 입장이 되어 그들의 우선 순위와 소프트웨어 사용 경험을 이해하는 데 필요한 능력이다. 또한 여러분의 기술적 전문성을 발휘해 당면한 과제를 위한 창의적인 해결책을 제시하는 데 필요한 능력이기도 하다. 많은 개발자가 이런 점을 덜 중요한 것이나 자신이 아닌 다른 사람의 업무로 치부해버리곤 한다. 하지만 여러분이 스스로 의사 결정자와 직접 의사소통할 수 있다면 훨씬 효율적일뿐더러 더 나은 개발자가 될 수 있다.

어쩌면 당연한 말처럼 들리겠지만 고객은 정말 중요하다. 필자는 최근에 클라우드, 분산 원장(distributed ledger) 기술, 인공지능/머신러닝 등 새로운 최신 기술을 최대한 활용하기 위해 기술과 비즈니스 사이의 협업이 중요하다는 점에 초점을 맞춘 기술과 혁신 콘퍼런스에 참석했다. 많은 발표자가 개발자와 최종 사용자 사이의 벽을 허무는 것에 대한 중요성을 강조했다. 그중 일부는 개발자가 비즈니스 도메인에 대해 최대한 이해할 수 있도록 비즈니스팀에 합류시키기도 했다. 따라서 고객을 이해하는 것은 미래이자 더 현명하게 일하는 방법이다. 이런 기술을 습득한다면 여러분에게 새로운 문이 열릴 것이다.

마이크로서비스 아키텍처의 트레이드오프

케니 바타니(*Kenny Batani*)

최적의 소프트웨어 아키텍처란 과연 존재할까? 있다면 어떻게 생겼을까? 소프트웨어를 구현하고 운영하는 데 '최적'이란 것은 어떻게 측정할 수 있을까? 최적의 소프트웨어 아키텍처란 최소한의 비용으로 변경할 수 있는 극강의 유연성을 가진 것이다. 여기서 비용이란 인프라스트럭처의 운영 비용 외에 소프트웨어의 디자인과 구현을 입증하는 어떤 품질로 측정할 수 있는 것이다. 소프트웨어 품질의 특징은 명확하게 측정할 수 있으며 다른 품질에 영향을 줄 수도 있다는 점이다.

예를 들어 소프트웨어 아키텍처가 강력한 일관성을 보장해야 한다면 성능과 가용성 (availability) 같은 품질에 영향을 줄 수 있다. 에릭 브루어(Eric Brewer)는 측정 가능한 트레이드오프를 설명하는 CAP 이론을 창시했다. 이 이론은 실행 중인 데이터베이스는 일관성(consistency), 가용성(availability), 파티션 내구성(partition tolerance) 등 세 가지 특성 중 두 가지만 보장할 수 있다는 이론이다. 이 이론은 애플리케이션이 네트워크 경계를 넘어서 상태를 공유한다면 일관성과 가용성 중 하나를 선택해야 하며 둘 다 보장할 수는 없다고 주장한다.

마이크로서비스의 주요 문제 중 하나는 포괄적인 하나의 정의가 없다는 점이다. 게다가 마이크로서비스는 서비스 아키텍처를 전달하기 위한 여러 제약에 기반을 둔 개념과 발상의 집합이다. 마이크로서비스, 또는 여러분이 작성하는 소프트웨어의 일부는 선택의 기록이다. 그리고 이 기록은 오늘 여러분이 새로운 선택을 하는 능력에 영향을 준다.

마이크로서비스를 한 가지로 정의할 수는 없을지 몰라도 대부분 다음과 같은 공통점을 갖는다.

- 독립적인 배포가 가능하다.
- 비즈니스 역량을 중심으로 체계화된다.
- 서비스별로 독립된 데이터베이스를 갖는다.
- 한 팀이 한 애플리케이션을 담당한다.
- API 우선 방식을 취한다.
- 지속해서 전달된다.

소프트웨어 개발의 세계에 발을 들이다 보면 결국 올바른 선택 따위는 없다는 것을 알게 된다. 물론 대부분 개발자나 운영자는 최선의 선택이 있다고 믿으며 그 선택에 엄청난 논쟁을 벌인다. 어떤 데이터베이스를 사용할 것인지 같이 여러 옵션 사이에서 결정을 내려야 할 기회를 더 많이 접할수록, 가능한 모든 옵션에는 결국 트레이드오프가 있음을 알게 된다. 즉, 대부분 뭔가를 얻기 위해 뭔가를 잃는다는 뜻이다.

다음 표는 마이크로서비스에 의존성을 추가하는 결정을 내릴 때 마주하게 될 트레이드오프를 나열한 것이다.

가용성	내 시스템은 사용자에게 어느 정도의 가용성을 제공하는가?
성능	내 시스템의 전반적인 성능은 어느 정도인가?
일관성	내 시스템은 일관성과 관련해 어떤 것을 보장할 수 있는가?
속도	코드를 한 줄 바꿨을 때 프로덕션 환경에 얼마나 빨리 배포할 수 있는가?
결합성(composability)	아키텍처와 코드베이스에서 복제하지 않고 공유할 수 있는 부분이 몇 %인가?
연산	부하가 피크(peak) 상태일 때 시스템의 연산 비용은 얼마인가?
확장성	부하의 피크가 계속 증가할 때 용량을 확장하기 위한 비용은 어느 정도인가?
수익성	내 팀에 개발자를 추가했을 때의 평균 감소 한계 수익은 얼마인가?
파티션 내구성	네트워크 파티션에서 장애나 응답 지연이 발생하면 내 애플리케이션이 연쇄 장애(cascading failure)의 영향을 받거나 유발할 것인가?

이 질문 중 하나에 답을 하면 다른 질문의 답에 어떤 영향을 미칠까?

결국 앞서 나열한 각각의 질문은 서로 다른 질문과 연관이 있다는 것을 알게 될 것이다. 마이크로서비스를 사용하는 소프트웨어 아키텍처에 어려운 결정을 내릴 때는 이 질문을 다시 한번 되짚어 보길 바란다.

예외를 확인하지 말자

케블린 헤니(*Kevlin Henny*)

자바 코드의 장점은 이해가 쉽다는 점이다. 적어도 눈에 보이는 부분은 잘 정리되어 있고 그 의도도 분명하다. 자바의 확인된 예외 모델도 이렇게 잘 정리된 개념 중 하나에 해당한다.

확인된 예외(checked exception)란 메서드 안에서 처리하지 않으면 반드시 메서드의 throws 절에 추가해야 하는 예외를 말한다. throws 절에는 Throwable 인터페이스를 구현하는 클래스라면 어떤 것이든 나열할 수 있지만, 확인된 예외임에도 처리하지 않은 (RuntimeException이나 Error 클래스를 상속하지 않는) 예외는 반드시 나열해야 한다. 이는 자바의 자체적인 언어 기능이지만, JVM은 이를 강제하지 않으며 JVM 언어에 대한 요구 사항도 아니다.

확인된 예외의 의도는 메서드가 성공적으로 실행될 때의 입력과 출력의 타입이 중요한만큼, 메서드가 실패하는 경우도 예외의 타입으로 표현해서 두 가지 시나리오 모두 같은 수준의 타입 중요성을 갖도록 하자는 것이다. 처음 보면 어느 정도 말은 되는 것 같다. 사실 기반 코드가 작고 폐쇄적이라면 일부 예외를 간과하지 않도록 하는 이런 타입 중요성은 달성하기 쉬운 목표다. 그리고 일단 달성하면 코드의 완성도에 어느 정도 (아주) 기본적인 보상도 얻을 수 있다.

하지만 이는 기반 코드의 크기가 작을 때나 동작할 법한 사례로, 규모가 커지면 제대로 동작하지 않는다. 자바의 확인된 예외는 흐름 제어와 타입을 결합한 실험적인 시도였다. C# 언어의 디자이너는 이 시도로부터 다음과 같은 교훈을 얻었다(https://oreil.ly/rCT18).

C#은 자바와 같은 예외 명세를 요구하지도 않고 허용하지도 않는다. 예외 명세는 프로그램

의 크기가 작을 때는 개발자의 생산성과 코드의 품질을 모두 향상할 수 있지만 대규모 소프트웨어 프로젝트에서는 그렇지 못했다. 오히려 생산성이 떨어지고 코드 품질의 향상은 극히 미미하거나 전혀 이루어지지 않았다.

C# 디자이너, 다른 JVM 언어의 디자이너, 비JVM(non-JVM) 언어의 디자이너 등 모두 같은 의견이다. 원래 의도가 무엇이든 확인된 예외는 이제 일상에서 그저 장애물로 취급되고 있다. 그리고 프로그래머가 잘하는 한 가지는 그 장애물을 돌아가는 것이다.

컴파일러가 확인된 예외를 처리하지 않았다고 경고를 내보낸다면? IDE에서 단축키 하나로 그 장애물을 제거할 수 있다. 확인된 예외를 나열해야 하면 throws 절의 길이가 엄청 길어질 수도 있고, 실수로 메서드 시그너처에 캡슐화해야 할 세부 사항을 노출하게 될 수도 있다.

그렇다고 해서 throws Exception이나 throws OurCompanyException 구문을 모든 메서드에 추가한다면 특정 실패만 처리한다는 목적에 반하는 것이 아닌가?

캐치 앤 킬(catch and kill)은 어떤가? 코드를 급하게 푸시해야 하는 상황이라면 빈 catch 블록으로 어떤 문제든 숨길 수 있다. 마치 발록[1]에 대항하는 간달프가 되는 것이다. ─ '넌 이곳을 절대 지나가지 못한다!'[2]

확인된 예외는 문법적으로 부담이 될 뿐이다. 하지만 실질적인 문제는 그보다 더 크다. 단순히 프로그래머의 학습을 요구하거나 구문이 장황해지는 문제가 아니다. 프레임워크 개발이나 확장 가능한 코드의 측면에서 볼 때 확인된 예외는 애당초 결함이었던 것이다.

인터페이스를 정의한다는 것은 메서드 시그너처를 이용해 계약을 표현한다는 것이다. 톨스토이가 안나 카레니나에서 다음과 같이 표현했듯이 문제가 있을 때의 시나리오는 문제가 없을 때처럼 간단하지도, 확실하지도, 미리 알 수 있는 것도 아니다[3].

---

1 영화 반지의 제왕에 등장하는 괴물
2 역주: 영화 반지의 제왕 중 다리 위에서 마법사 간달프가 주인공들을 추격하는 괴물 발록과 싸울 때 외쳤던 대사다. 이 전투에서 간달프는 다리를 무너뜨려 발록을 절벽 아래로 떨어뜨린다. 이 책에서는 빈 catch 블록을 사용해 모든 예외를 삼켜버리는 상황을 빗대고 있다.
3 역주: 메서드 시그너처에 예외를 나열하는 것만으로 모든 문제를 표현할 수 없다는 뜻이다.

행복한 가족은 모두 비슷해 보이지만, 불행한 가족은 각자 나름대로 불행한 이유가 있다.

인터페이스는 안정적으로 정의하기도 어렵고 나중에 개선하기도 어렵다. 여기에 throws 까지 추가하면 일은 더 어려워진다.

다른 개발자가 자신의 애플리케이션에 여러분이 작성한 코드를 사용한다고 생각해 보자. 이 개발자는 자신이 어떤 예외를 던질지 알 수도 있지만 여러분은 그 개발자가 어떤 예외를 던질지 알지도 못하고 알 필요도 없다. 여러분의 코드는 그저 예외가 다른 개발자의 코드로 전달되어 그 애플리케이션 코드 예외 핸들러까지 도착하도록 하기만 하면 된다. 제어의 역전(Inversion of Control)을 제대로 지원하려면 예외 투명성(exception transparency)이 필요하다.

하지만 여러분의 코드가 확인된 예외를 사용한다면 인터페이스의 모든 메서드에서 예외를 던지거나(이는 모든 의존 코드에 큰 부담이 될 것이다), 또는 예외를 RuntimeException으로 래핑(wrapping)해서 전달하거나, 확인되지 않은(unchecked) 예외를 대신 사용하는 방법으로 바꾸지 않는 한, 다른 개발자는 여러분이 정의한 인터페이스를 사용할 수 없다.

확인되지 않은 예외를 사용하는 방법이 그나마 가장 가볍고, 가장 안정적이며, 가장 열린 접근법이다.

컨테이너로 통합 테스트의 숨겨진 가능성을 끌어내자

케빈 위텍(*Kevin Wittek*)

대부분 자바 개발자는 컴퓨터 공학 커리큘럼이나 콘퍼런스 발표 블로그 포스트 등 어떤 형태로든 경력의 어느 한 시점에서 테스트 피라미드와 마주하게 된다. 테스트 피라미드라는 비유의 근원과 변화는 다양한 해석을 찾을 수 있지만(나름 자세히 읽어볼 가치는 있다), 일반적으로는 상당한 양의 단위 테스트가 기반이 된다. 그리고 그 위에 그보다 작은 양의 통합 테스트(integration test)가 자리하며 꼭대기에는 더 작은 크기의 종단간(end-to-end) UI 테스트가 자리한다.

이 도형은 서로 다른 테스트 클래스의 이상적인 최적의 비율을 제시한다. 하지만 소프트웨어 및 컴퓨터와 관련한 다른 것들처럼 이 가이드라인에 대한 평가는 문맥을 고려해야 한다. 즉, 통합 테스트는 느리고 불안정하다고 가정하는 것이다. 그리고 통합 테스트를 공유 테스트 환경에서 실행하거나 통합 테스트를 실행하는 데 엄청난 로컬 의존성을 설정해야 한다면 이 가정은 어느 정도 사실이다. 하지만 이 가정이 사실이라면 이상적인 모양은 여전히 피라미드 모양일까?

그 어느 때보다 강력한 머신을 소유한 지금, 우리는 완전한 개발 환경을 갖춘 가상 머신을 사용하거나 혹은 가상 머신을 이용해 통합 테스트를 실행하는 데 필요한 외부 의존성(데이터베이스나 메시지 브로커 등)을 실행하고 관리할 수 있다. 하지만 대부분 가상 머신 구현체는 오버헤드를 가지고 있으므로 가상 머신을 사용한다는 것은 개발자의 워크스테이션에 상당한 부하와 리소스 소모를 유발한다. 또한 테스트를 실행하기 위해 필요한 환경을 일시적으로 셋업하기 위한 가상 머신의 시작과 생성 시간은 너무 길다.

반면, 사용자 친화적인 컨테이너 기술의 장점 덕분에 새로운 테스트 패러다임이 등장했다. 오버헤드가 적은 컨테이너 구현체(기본적으로 독자적인 파일시스템을 갖춘 독립적인 프로세스) 덕분에 필요할 때에 단일화된 도구를 이용해 필요한 서비스를 생성하고 사용할 수 있다. 물론 서비스의 생성 절차 자체는 여전히 수동이며 실제 테스트의 실행 외에 많은 노력이 필요해서 새 개발자의 적응이 오래 걸리고 잠재적인 표기 오류를 유발할 수도 있다.

내 생각에 커뮤니티로서 우리가 달성하기 위해 노력해야 하는 목표는 테스트 환경의 셋업과 구성을 테스트 실행의 주요 부분, 심지어 테스트 코드와 같은 수준으로 중요하게 취급하는 것이다. 자바의 경우라면 IDE를 이용하든 빌드 도구를 이용하든 JUnit 테스트 수트(suite)를 실행하는 것이며, 그러려면 테스트에 필요한 일련의 컨테이너를 생성하고 구성해야 한다는 것을 의미한다. 그리고 이 목표는 오늘날의 기술로 충분히 달성할 수 있다.

이미 존재하는 API나 명령줄 도구를 이용하면 컨테이너 엔진을 직접 다룰 수 있어 자신만의 '컨테이너 드라이버'를 작성할 수 있다. 하지만 컨테이너를 시작하는 것과 테스트를 위한 컨테이너 안의 서비스의 준비 상태 사이에는 다른 점이 있다는 것을 기억하자. 다른 방법으로는 자바 생태계에서 이미 이런 기능이나 더 높은 수준의 추상화를 제공하는 프로젝트를 찾는 것이다. 어떤 방법을 사용하든, 이제는 과거의 족쇄로부터 해방되어 잘 작성한 통합 테스트의 힘을 발휘할 때다.

87 퍼즈 테스트의 어마무시한 효과

낫 프래이치(*Nat Prayce*)

테스트 주도 개발(TDD)을 사용하든 사용하지 않든, 자동화 테스트를 작성하는 프로그래머라면 긍정적인(positive) 상황에 편향되는 어려움을 겪는다.[1] 즉, 프로그래머는 대부분 잘못된 입력이 주어졌을 때 소프트웨어가 얼마나 견고하게 동작하는지를 테스트하는 것보다 유효한 입력이 주어졌을 때 소프트웨어가 올바르게 동작하는지를 테스트한다는 뜻이다. 퍼즈 테스팅(Fuzz Testing)[2]은 이미 존재하는 테스트 수트(suite)에 쉽게 부정적 테스트(negative testing)를 추가할 수 있는 엄청나게 효율적인 기법이다.

예를 들어 광범위하게 사용되는 고객용 제품의 소프트웨어가 웹서비스에서 데이터를 로드하도록 확장하려 한다고 가정하자. 견고한 네트워킹 코드를 신중하게 작성하고 긍정적인 경우는 물론 부정적인 경우까지 모두 테스트한다 하더라도 퍼징은 소프트웨어가 예상치 못한 예외를 던지는 경우의 수를 놀랄 정도로 많이 찾아낸다. 데이터를 파싱하는 표준 자바 API의 상당수는 확인되지 않은 예외(unchecked exception)를 던지므로 타입 검사기는 애플리케이션이 가능한 모든 파싱 에러를 처리하는지를 검증하지 못한다. 이런

---

1 2013년 6월 3일-7일까지 오스트리아 비엔나에서 개최된 XP 2013 콘퍼런스의 내용을 담아 허버트 바우마이스터(Hubert Baumeister), 바바라 웨버(Barbara Weber) 등이 집필한 《Agile Processes in Software Engineering and Extreme Programming: 14th International Conference》에서 아드난 코즈빅(Adnan Causevic), 라케시 슈클라(Rakesh Shukla), 시시쿠마 푸너켓(Sasikumar Punnekkat), 다니엘 선드마크(Daniel Sundmark) 등이 작성한 "Effects of Negative Testing on TDD: An Industrial Experiment." 참고(https://oreil.ly/qX_4n)
레오나르도 J. 바스(Leonard.J. Bass), 유리 고노스타브(Juri Gornostaev), 클라우스 웅거(Claus Unger) 등이 집필한 《Human–Computer Interaction EWHCI 1993 Lecture Notes in Computer Science vol 753》에서 로라 마리 레벤달(Laura Marie Leventhal), 바비 M. 티슬레이(Barbee M. Teasley), 다이엔 S. 롤맨(Diane S. Rohlman), 키이스 인스톤(Keith Instone)이 저술한 "Positive Test Bias in Software Testing among Professionals: A Review." 참고(https://oreil.ly/FTecF)

2 마이클 슈톤(Michael Sutton), 아담 그리네(Adam Greene), 페드람 아미니(Pedram Amini)가 저술한 《Fuzzing: Brute Force Vulnerability Discovery》(Upper Saddle River, Addison–Wesley Professional, 2007) 참고

예상치 못한 예외 때문에 사용자의 장치가 알지 못하는 상태에 빠질 수 있다. 고객이 사용하는 장치이고 심지어 원격에서 소프트웨어 업데이트가 가능한 경우라면 엄청난 수의 고객 지원 전화와 엔지니어 호출로 이어지게 된다.

퍼즈 테스트는 많은 임의의 입력을 생성해 테스트할 시스템에 전달한 후 소프트웨어가 허용할 수 있는 동작을 보이는지를 지속해서 확인한다. 테스트 커버리지의 유용성을 위해 퍼저(fuzzer)는 소프트웨어가 곧바로 거부하지는 않지만 제대로 처리하지 못하거나 에러 처리 로직의 결함을 발견할 수 있을 정도로 유효한 입력을 생성해야만 한다.

입력값을 생성하는 방법은 크게 두 가지다.

- 변형 기반 퍼저(mutation-based fuzzer)는 유효한 입력의 예시를 변경해서 유효하지 않은 테스트 입력을 생성한다.
- 생성 기반 퍼저(generation-based fuzzer)는 문법 같은 형식화된 입력을 생성한다. 이 입력은 유효한 입력의 구조를 정의한다.

변형 기반 퍼저는 블랙박스(blackbox) 테스팅에는 실용적이지 않다. 유효한 입력에 대한 충분한 수의 샘플을 얻기가 어렵기 때문이다.[3] 하지만 테스트 주도 방법으로 코드를 작성하면 긍정적인 테스트 케이스는 소프트웨어의 다양한 제어 경로를 테스트하는 유효한 입력의 컬렉션을 확보할 수 있다. 변형 기반 퍼징은 실용적이지 않을 뿐, 쉽게 적용할 수는 있다.

전체 시스템에 임의의 입력 수천 개를 대입해 보는 것은 시간이 오래 걸린다. 다시 말하지만 개발 과정에서 퍼즈 테스트를 적용한다면 시스템의 특정한 기능과 디자인에만 테스트를 적용할 수 있어 별개로 테스트가 가능하다. 그런 후 퍼징을 이용해 테스트 단위의 올바른 동작과 타입을 확인한 후 시스템의 나머지 부분에서 올바르게 결합되는지만 확인하면 된다.

다음은 타입 검사기와 함께 퍼즈 테스트를 실행하는 예다. 이 테스트는 JSON 메시지 파

---

3 찰리 밀러(Charlie Miller)와 제커리 N.J. 피터슨(Zachary N.J. Peterson)이 설명한 〈Analysis of Mutation and Generation-Based Fuzzing〉(DefCon 15, 2007) 참고

서(parser)가 시그너처에 선언된 확인된 예외만 던지는지 확인한다.

```
@Test
public void only_throws_declared_exceptions_on_unexpected_json() {
    JsonMutator mutator = new JsonMutator();
    mutator.mutate(validJsonMessages(), 1000)
        .forEach(possiblyInvalidJsonMessage -> {
            try {
                // 이 테스트에서는 파싱 결과는 신경 쓰지 않는다.
                parseJsonMessage(possiblyInvalidJsonMessage);
            }
            catch (FormatException e) {
                // 이 예외는 허용한다.
            }
            catch (RuntimeException t) {
                fail("unexpected exception: " + t +
                    " for input: " + possiblyInvalidJsonMessage);
            }
        });
}
```

퍼즈 테스팅은 이제 나의 테스트 주도 개발의 기본으로 자리잡고 있다. 덕분에 결함을 없애고 더욱 결합적인(compositional) 시스템 디자인에 대한 가이드를 제시할 수 있게 되었다.

자바와 코틀린 프로젝트에서 변형 기반 퍼즈 테스팅을 수행하기 위한 간단한 라이브러리는 깃허브(https://oreil.ly/nxVuC)에서 찾아볼 수 있다.

커버리지를 이용해
단위 테스트 개선하기

에밀리 배쉬(*Emily Bache*)

테스트의 커버리지를 측정하기는 매우 쉽다. IDE에서는 프로젝트를 실행하거나 디버그하는 버튼 바로 옆에 테스트를 실행하고 커버리지를 측정하는 버튼이 있다. 커버리지 결과는 클래스 단위로 나뉘어 작은 차트 그래프로 표현되며 소스 코드에 관련 코드를 강조해 주는 기능도 제공한다.

이처럼 커버리지 데이터를 얻기는 쉽다. 그런데 이 데이터를 활용하는 가장 좋은 방법은 무엇일까?

새로운 코드를 작성할 때

새로운 코드를 작성할 때 단위 테스트를 함께 작성해야 한다는 점에는 많은 사람이 동의한다. 테스트와 소스 코드를 작성하는 순서에는 논쟁이 있을 수 있지만 내 경험상 피드백 루프(feedback loop)가 짧은 편이 좋다. 간단한 테스트 코드를 작성하고 약간의 프로덕션 코드를 추가해서 전체 기능을 테스트와 함께 구현해 나가는 방법이다. 이런 방법으로 코드를 작성하면 가끔 테스트를 실행해 커버리지를 확인할 수 있음은 물론 새로운 코드를 작성할 때 잊지 않고 테스트를 작성할 수 있다.

이 방법의 주요 문제점은 커버리지가 높아진 것에 만족한 나머지, 작업 중인 기능에서 중요한 부분을 구현하는 코드와 테스트를 놓치는 것을 간과하는 것이다. 어쩌면 에러 처리를 잊었을 수도 있고 비즈니스 규칙 중 하나를 놓쳤을 수도 있다. 만약 프로덕션 코드를 먼저 작성하지 않는다면 커버리지만으로는 해당 코드를 발견할 수 없다.

다른 사람이 작성한 코드를 수정해야 할 때

직접 작성하지 않은 코드인데다 관련된 테스트가 형편없거나 아예 없다면 수정에 애를 먹을 것이다. 특히 코드의 동작을 이해하지 못하는 상황에서 수정해야 한다면 더욱 문제가 커진다. 이런 상황에서는 테스트가 얼마나 잘 작성되었는지 그리고 어느 부분을 자신 있게 리팩토링할 수 있는지 확인하는 방법 중 하나가 바로 테스트 커버리지다.

또한 커버리지 데이터를 이용하면 새로운 테스트 케이스를 발견해 커버리지 지수를 높일 수 있다. 하지만 이는 다소 위험한 방법일 수 있다. 만일 커버리지를 높이기 위한 목표만으로 테스트를 작성한다면 테스트와 실제 구현 코드의 결합이 높아질 수 있다.

팀의 일원으로 작업할 때

팀은 명시적이든 묵시적이든 팀의 모든 구성원이 동의한 '표준'이나 허용 행위가 있다. 팀의 표준으로, 본인이 작성한 코드의 커버리지를 측정하고 리뷰 절차를 테스트하는 경우도 있다. 그렇게 하면 놓친 테스트가 없는지 확인하는 데 도움이 된다. 어쩌면 일부 팀원은 더 나은 테스트를 작성하기 위한 지원과 훈련이 필요할 수도 있다. 또한 커버리지는 복잡한 새 기능을 충분히 테스트하는지 확인할 방법이기도 하다.

전체 코드베이스의 테스트 커버리지를 주기적으로 측정한다면 절대적 숫자보다는 트렌드에 집중하라고 권하고 싶다. 커버리지 대상이 일관적이지 않으면 대부분 테스트하기 쉬운 것만 테스트하려 한다는 사실을 목격했기 때문이다. 사람들은 코드에 새 줄을 추가하거나 전체 커버리지가 낮아지는 것을 우려해 리팩토링하려 하지 않는다. 테스트가 검증을 제대로 못하거나 심지어 놓치는 경우에도 커버리지가 올라가는 것을 본 적이 있다.

커버리지는 단위 테스트를 개선하기 위한 것이며 단위 테스트는 리팩토링을 더 쉽게 하기 위한 것이다. 커버리지 측정은 단위 테스트를 개선하고 여러분의 삶을 더 쉽게 만들 수 있는 아주 좋은 도구다.

사용자 정의 아이덴티티 애노테이션을 자유롭게 사용하자

마크 리처드(*Mark Richards*)

자바의 애노테이션(annotation)은 작성하기도 쉽고 사용도 쉬우며 매우 강력하다. 최소한 일부는 그렇다. 원래 자바의 애노테이션은 관점 지향 프로그래밍(AOP, Aspect-Oriented Programming)을 편리하게 구현하기 위해 제공되었다. AOP는 코드의 특정 지점에 행위를 주입해서 공통 행위를 코드로부터 분리하는 의도로 사용하던 기법이다. 하지만 대부분 개발자는 대부분 AOP를 사용하지 않는다. 그 이유는 원치 않는 부작용과 더불어 모든 코드를 한 위치, 즉 클래스 파일에 작성하려는 욕구 때문이다.

아이덴티티 애노테이션(identity annotation)의 차이점은 어떤 기능도 갖지 않는다는 점이다. 이 애노테이션은 단지 코드나 아키텍처의 어떤 관점을 다루고 분석하거나 문서화하기 위해 사용하는 프로그래밍적 정보를 제공할 뿐이다. 아이덴티티 애노테이션을 사용하면 트랜잭션 경계나 도메인, 서브도메인을 특정하고 서비스의 분류, 프레임워크 코드의 표시 등 여러 방법으로 활용할 수 있다.

예를 들어 기반 프레임워크(또는 마이크로서비스의 템플릿 코드)의 클래스를 특정해서 변경 사항을 밀접하게 모니터링하거나 보호해야 하는 경우가 있다. 이런 역할을 하는 애노테이션은 다음과 같다.

```
@Retention(RetentionPolicy.RUNTIME)
@Target(ElementType.TYPE)
public @interface Framework {}

@Framework
public class Logger {...}
```

잠깐, 이 애노테이션은 아무런 동작을 하지 않는다. 아닌가? 이 애노테이션은 이 클래스가 프레임워크와 관련한 클래스임을 표시한다. 즉, 이 클래스를 변경하면 거의 모든 다른 클래스가 영향을 받는다는 뜻이다. 이번 스프린트에서 프레임워크 코드가 변경되면 알림을 보내는 자동화 테스트를 작성할 수도 있다. 또한 개발자는 자신이 기반 프레임워크 코드의 일부인 클래스를 수정하고 있음을 인지할 수 있다.

다음 예제는 내가 정기적으로 사용하는 공통 아이덴티티 애노테이션의 목록이다(모두 클래스 수준에 지정한다).

```
public @interface ServiceEntrypoint {}
```
마이크로서비스의 진입점을 특정한다. 또한 다음에 설명하는 다른 서비스 설명 애노테이션을 위한 자리지정자(placeholder)로도 사용한다.
사용법: `@ServiceEntrypoint`

```
public @interface Saga {public Transaction[] value()...}
```
분산 트랜잭션에 참여하는 서비스를 특정한다. Transaction 값은 여러 서비스로 확대된 트랜잭션의 목록을 나열한다. 이 애노테이션은 `@ServiceEntrypoint` 애노테이션이 지정된 클래스에 추가한다.
사용법: `@Saga({Transaction.CANCEL_ORDER})`

```
public @interface ServiceDomain {public Domain value()...}
```
서비스가 속한 논리적 도메인(예를 들면 지불, 배송, 발생자 등)을 특정한다(Domain 값으로 특정한다). 역시 `@ServiceEntrypoint` 애노테이션을 가진 클래스에 추가한다.
사용법: `@ServiceDomain(Domain.PAYMENT)`

```
public @interface ServiceType {public Type value()...}
```
서비스의 분류(classification)를 특정한다. Type 값은 서비스의 타입(분류)을 나열한다. 마찬가지로 `@ServiceEntrypoint` 애노테이션을 가진 클래스에 추가한다.
사용법: `@ServiceType(Type.ORCHESTRATION)`

```
public @interface SharedService {}
```
애플리케이션 전체에 공통(공유되는) 코드를 가진 클래스를 특정한다(예를 들면 포매터(formatter), 연산 클래스, 로깅(logging), 보안 등).

사용법: @SharedService

아이덴티티 애노테이션은 일종의 프로그래밍적 문서화(programmatic documentaion)다. 구조화되지 않은 클래스 주석과 달리 아이덴티티 애노테이션은 규제나 분석의 실행에 필요한 일관적인 의미를 제공하거나 개발자에게 클래스나 서비스의 문맥을 전달하는 목적으로 사용한다. 예를 들어 피트니스 기능을 작성할 때 아크유닛(ArchUnit, https://www.archunit.org)을 이용해 모든 공유 클래스가 애플리케이션의 서비스 계층에 함께 위치하는지 확인할 수 있다.

```
@Test
public void shared_services_should_reside_in_services_layer() {
  classes().that().areAnnotatedWith(SharedService.class)
  .should().resideInAPackage("..services..").check(myClasses);
}
```

앞으로는 주석 대신 아이덴티티 애노테이션을 사용하는 것을 고려하자. 이 애노테이션을 자유롭게 활용해서 정보를 얻고 분석하고 서비스와 애플리케이션을 프로그래밍적으로 제어할 수 있다.

테스트를 이용해 더 나은 소프트웨어를 더 빨리 개발하자

메릿 반 다이크(*Marit van Dijk*)

테스트를 이용하면 코드가 원하는 동작을 수행하는지 검증할 수 있다. 또한 다른 기능에 영향을 주지 않고 새로운 기능을 추가, 변경, 제거할 수도 있다.

그저 무엇을 테스트할지만 생각해 봐도 소프트웨어를 사용할 다른 방법을 특정하고 아직 명확하지 않은 것을 발견하며 코드가 어떤 동작을 해야 하는지(그리고 하지 말아야 할지)를 더 잘 이해할 수 있게 된다. 실제로 기능을 구현하기에 앞서 테스트를 어떻게 할 것인지를 생각해 보면 애플리케이션의 테스트 가능성(testability)과 아키텍처를 더욱 개선할 수 있다. 이 두 가지만으로 실제 테스트와 코드를 작성하기 전에 더 나은 솔루션을 구현할 수 있다.

시스템의 아키텍처와 더불어 무엇을 테스트할지뿐만 아니라 어디서 테스트할지도 생각해 보자. 비즈니스 로직은 최대한 그 로직을 작성한 곳과 가까운 곳에서 테스트해야 한다. 단위 테스트는 작은 단위(메서드와 클래스)를 테스트하며 통합 테스트는 다른 컴포넌트 간 통합을 테스트하고, 계약 테스트(contract test)는 API가 깨지지 않도록 방지한다.

테스트의 관점에서 애플리케이션과 어떻게 상호작용할지 고민하고 단위 테스트(예를 들면 JUnit, TestNG)부터 API(예를 들면 포스트맨(Postman), REST-assured, RestTemplate 등)를 거쳐 UI(예를 들면 셀레니엄(Selenium), 사이프레스(Cypress))에 이르기까지 특정 계층을 위해 디자인된 도구를 사용하면 된다.

특정 유형의 테스트 목표를 명심하고 그 목적에 맞는 도구를 사용하자. 예컨대 성능 테스트는 개틀링(Gatling)이나 제이미터(JMeter)를, 계약 테스트는 스프링 클라우드 컨트랙트(Spring Cloud Contract)나 팩트(Pact)를, 변형(mutation) 테스팅에는 PITest를 사용하는 것이다.

하지만 이런 도구를 사용하는 것만으로는 충분치 않다. 이 도구는 의도된 대로 사용해야 한다. 물론 망치로도 나무에 나사를 박을 수는 있지만 나무와 나사 모두 상태가 나빠질 것이다.

테스트 자동화는 시스템의 일부이며 프로덕션 코드와 함께 유지보수해야 한다. 테스트가 충분한 가치를 부여하도록 하고 테스트 실행과 유지보수에 드는 비용을 고려하자.

테스트는 안정적이어야 하며 자신감을 향상할 수 있어야 한다. 테스트를 믿을 수 없다면 수정하거나 차라리 지워버리자. 절대 무시해서는 안 된다. 테스트를 무시하면 나중에 그 이유를 알기 위해 더 많은 시간을 낭비하게 될 것이다. 더는 가치가 없다면 테스트를(그리고 관련 코드를) 지워버리자.

실패하는 테스트는 실패 원인을 분석하느라 시간을 많이 소비하지 않아도 정확히 무엇이 잘못됐는지를 빠르게 알려줄 수 있어야 한다. 이는 다음과 같은 사항을 의미한다.

- 각 테스트는 한 가지만 테스트해야 한다.
- 의미 있고 서술적인 이름을 사용한다. 테스트 동작을 설명할 필요는 없고(코드를 읽으면 된다) 왜 이 테스트를 수행하는지 설명하자. 그러면 관련 기능을 변경할 때 해당 테스트 역시 수정해야 하는지 결정하거나 테스트가 실패했을 때 이를 수정해야 하는지 여부를 결정하는 데 도움이 된다.
- Hamcrest 같은 매처(Matcher) 라이브러리는 기대한 결과와 실제 결과 사이의 차이점에 대한 상세 정보를 제공한다.
- 실패한 적이 없는 테스트는 절대 신뢰하지 말자.

모든 것을 자동화할 수는 없다(또는 자동화할 필요는 없다). 여러분의 애플리케이션이 실제로 어떻게 동작해야 하는지를 알려주는 도구는 없다. 애플리케이션을 실행하고 살펴보는 것을 두려워하지 말자. 살짝 '다른' 뭔가를 알아채는 것은 기계보다 사람이 훨씬 더 잘한다. 게다가 자동화한다고 해서 모든 것이 그만큼 가치를 가져다주지는 않는다.

테스트는 적절한 시점에 적절한 피드백을 제공해야 한다. 그래서 코드 커밋부터 머지, 배포, 기능의 공개에 이르는 소프트웨어 수명 주기의 다음 단계에 자신감을 충분히 제공할 수 있어야 한다. 테스트를 잘할수록 더 나은 소프트웨어를 더 빨리 전달할 수 있다.

테스트 코드에
객체지향 원리 적용하기

앤지 존스(*Angie Jones*)

프로덕션 코드를 개발할 때와 같은 마음가짐으로 테스트 코드를 작성하는 것이 중요하다. 이번 장에서는 테스트 코드를 구현할 때 적용할 수 있는 몇 가지 객체지향 원리를 살펴본다.

캡슐화

페이지 객체 모델(Page Object Model) 디자인 패턴(https://oreil.ly/guEVi)은 테스트 자동화에서 공통으로 사용하는 패턴이다. 이 패턴은 테스트하는 애플리케이션의 페이지와 상호작용하는 클래스를 생성한다. 이 클래스에는 웹페이지의 요소(element)를 표현하는 로케이터(locator) 객체와 그 요소와 상호작용하는 메서드를 구현한다.

이때 로케이터로의 접근을 제한하고 관련 메서드를 통해서만 노출하는 적절한 캡슐화를 적용하는 것이 좋다.

```
public class SearchPage {
    private WebDriver driver;
    private By searchButton = By.id("searchButton");
    private By queryField = By.id("query");
        public SearchPage(WebDriver driver) {
        this.driver = driver;
    }
        public void search(String query) {
        driver.findElement(queryField).sendKeys(query);
        driver.findElement(searchButton).click();
    }
}
```

상속

상속은 잘못 사용하면 안 되지만 테스트 코드에서는 확실히 유용하다. 예를 들어 모든 페이지에 헤더(header)와 푸터(footer) 컴포넌트가 포함되었다면 모든 페이지 객체 클래스에 해당 컴포넌트와 상호작용하는 필드와 메서드를 생성하는 것은 중복 코드를 남발하는 것이다. 그 대신 기본 Page 클래스에 모든 페이지에 공통으로 포함된 멤버를 정의하고 나머지 페이지 객체 클래스는 이 공통 페이지 객체 클래스를 상속하도록 하는 편이 좋다. 그러면 테스트 코드는 어떤 페이지 객체를 테스트하더라도 헤더와 푸터에 접근할 수 있다.

테스트 코드에서 상속을 사용하는 또 다른 사례는 페이지의 구현체가 여럿인 경우다. 예를 들어 사용자의 역할(예를 들면 관리자 혹은 일반 멤버)에 따라 기능이 달라지는 사용자 프로필 페이지를 테스트하는 경우다. 페이지의 기능은 다르지만 반드시 겹치는 기능이 있게 마련이다. 따라서 두 클래스로 코드를 나누는 것은 이상적인 방법이 아니다. 대신 공통 요소와 동작을 구현하는 ProfilePage 클래스를 선언하고 이 클래스를 상속해 역할에 따른 독립된 동작을 구현하는 서브클래스(예를 들면 AdminProfilePage, MemberProfilePage)를 구현하면 된다.

다형성

사용자 프로필 페이지가 사용하는 편의 메서드가 있다고 가정해 보자. 이 메서드는 프로필 페이지가 관리자용인지 일반 멤버용인지 알지 못한다.

이 시점에서 디자인 결정에 마주하게 된다. 각 프로필 종류별로 메서드를 2개 만들 것인가? 메서드 동작은 동일하지만 프로필 종류에 따라 리턴 타입이 다르므로 너무 과한 방법일 것이다.

그 대신, AdminProfilePage와 MemberProfilePage는 모두 ProfilePage의 서브클래스이므로 수퍼클래스(ProfilePage)를 리턴하는 편이 좋다. 이 메서드를 호출하는 테스트 메서드는 현재 어떤 클래스를 테스트하는지 알고 있으므로 필요에 따라 다음과 같이 타입을 변환하면 된다.

```
@Test
public void badge_exists_on_admin_profile() {
 var adminProfile = (AdminProfilePage)page.goToProfile("@admin");
 ...
}
```

추상화

추상화는 테스트 코드에서는 그다지 많이 사용하지 않지만 적절하게 사용하는 방법이
있다. 앱의 사용 방법에 따라 커스터마이징되는 유형의 위젯(widget)을 생각해 보자. 필요
한 행위를 명시하는 추상 클래스를 정의하면 그 위젯의 특정 구현체와 상호작용하는 클
래스를 개발하는 데 도움이 된다.

```
public abstract class ListWidget {
    protected abstract List<WebElement> getItems();
    int getNumberOfItems() {
        return getItems().size();
    }
}

public class ProductList extends ListWidget {
    private By productLocator = By.cssSelector(".product-item");
    @Override
    protected List<WebElement> getItems() {
        return driver.findElements(productLocator);
    }
}
```

테스트 코드도 코드다. 즉, 관리하고 개선하고 확장해야 한다는 뜻이다. 따라서 테스트
코드를 작성할 때도 기본적인 객체지향 원리를 비롯해 여러 프로그래밍 원리를 따라야
한다.

커뮤니티의 힘을 빌려 경력을 개발하자

샘 헵번(*Sam Hepburn*)

이제 훌륭한 자바 개발자가 되는 것만으로는 충분치 않다. 경력을 더 개발하고 싶다면 블로깅, 콘퍼런스 발표, 소셜 미디어 활용, 오픈소스 기여 등 다양하게 활동해야 한다. 어쩌면 너무 벅찬 일처럼 느껴지기도 하고 스스로 '어째서 내 기술적 역량만으로 충분치 않은 거지?'라는 의문을 품을 수도 있다. 글쎄, 간단히 답하자면 여러분의 경력과 관련한 결정을 내리는 사람은 여러분이 작성한 코드를 보지 않는 경우가 태반이기 때문이다. 그러므로 그런 사람이 여러분의 이름을 듣고 볼 수 있도록 해야 한다.

실버 라이닝[1]

앞서 나열한 활동 모두를 할 필요는 없다. 그리고 이런 활동을 도와줄 커뮤니티가 있다. 만약 10명, 50명, 100명 혹은 그보다 많은 사람 앞에서 발표하는 데 부담을 느낀다면 굳이 그것을 할 필요는 없다.

반면, 스스로가 소심하고 아무것도 할 말이 없다고 느껴진다면 커뮤니티의 도움을 받을 수 있다. 혹시 스스로 '같은 일을 경험해 본 사람에게서만 배울 수 있는' 어떤 문제를 스스로 해결해 본 경험이 있는가? 그렇다면 그 경험은 발표나 블로그 포스트를 쓸 좋은 주제가 될 것이다.

만일 무대에 올라 발표를 하는 것이 공포스럽다면 작은 것부터 시작하자. 여러분이 거주하는 지역의 자바 사용자 그룹(JUG, Java User Group)이나 콘퍼런스에 제출하기 전에 먼저 팀을 대상으로 발표해 보는 것이다.

---

1 역주: 어려운 상황을 돌파했을 때 얻어지는 것

커뮤니티가 어떻게 도움이 될까?

여러분의 프로필을 구축할 수 있다는 것 외에도 커뮤니티 활동이 가치가 있는 또 다른 이유는 커뮤니티가 공유하는 콘텐츠와 대화(conversation)다. 기술은 빠르게 이동하므로 커뮤니티의 일원이 된다는 것은 필요한 콘텐츠에 접근하기 위해 책이 출간될 때까지 기다릴 필요가 없다는 것을 의미한다. 커뮤니티 구성원은 책을 집필하고 최신 기술을 학습하며, 그렇게 얻은 지식을 커뮤니티 이벤트, 블로그, 포럼 등으로 공유한다.

여러분이 참여하는 커뮤니티의 구성원은 여러분이 더 나은 개발자가 되는 데 도움을 준다. 발표자든 청중이든 이벤트의 콘텐츠보다는 서로에게서 배우는 것이 더 가치가 크다. 누구에게든 질문하는 것을 두려워하지 말자. 사고 리더십(thought leadership)은 다양한 방법으로 공유할 수 있으며 바로 옆에 앉아있는 사람이 이미 답을 알고 있는 경우도 있다.

여러분의 거주 지역에 자바 커뮤니티가 없다고 해서 절망하지 말고 가상 JUG(https://virtualjug.com)를 적극 활용하자.

다음 도전 과제를 찾고 있는가?

새로운 도전을 찾고 있다면 커뮤니티가 직업을 구하는 데 정말 큰 도움이 될 수 있다. 올바른 기술을 갖췄으며 팀에 어울릴 만한 누군가를 알고 있다면, 채용 관리자는 책상에 쌓은 수백 개 이력서를 검토할 이유가 없이 바로 그 사람을 채용할 것이다.

이력서 더미의 꼭대기에 안착할 수 있는 가장 좋은 방법은 무엇일까? 바로 채용 절차를 벗어나 상호작용하는 것이다. 지역의 사용자 그룹에서 사람을 만나는 것은 그 팀에 합류해서 일한다는 것이 실제로 어떨지 이해하는 데 도움이 된다. 어떤 채용 절차도 입사 첫날 본인이 이 환경에 적합하지 않다는 것을 알아내는 데 도움이 되지 않는다.

결국 출발점으로 돌아오게 됐다. 여러분의 경력에 영향을 미치는 결정을 내리는 사람들이 여러분이 작성한 코드를 항상 검토하는 것은 아니다!

JCP 프로그램에 대한 이해와 참여 방법

헤더 반쿠라(*Heather VanCura*)

자바 커뮤니티 프로세스(JCP, Java Community Process) 프로그램(https://oreil.ly/t6agC)은 국제 자바 커뮤니티가 자바 기술에 대한 명세(https://oreil.ly/vzEzX)를 표준으로 제정하고 인준한 절차다. JCP 프로그램은 포괄적인 합의 기반 접근법을 이용해 고품질 명세를 개발한다. JCP 프로그램이 인준하는 명세는 (명세를 구현할 수 있음을 증명하기 위한) 참조 구현체(reference implementation)와 기술 호환성 키트(Technology Compatibility Kit, 구현이 명세를 준수하는지 테스트하기 위해 사용한 일련의 테스트, 도구, 문서 등)를 갖춰야 한다.

경험상 기술 명세를 기술하는 가장 좋은 방법은 개방적이고 포괄적인 절차를 이용해 다양한 관점을 가진 업계 전문가 그룹의 정보를 바탕으로 명세와 구현을 개발하는 것이다. 또한 커뮤니티가 명세와 구현을 리뷰하고 의견을 공유할 기회를 제공함과 동시에, 기술 목표를 달성하고 새로운 명세가 다른 관련 명세와 통합할 수 있는 강력한 기술적 기반이 된다.

집행 위원회(EC, Executive Committee, https://oreil.ly/J7Sng)는 자바 벤더, 자바를 사용하는 대형 금융 기관, 오픈소스 그룹, 기타 자바 커뮤니티의 다른 구성원 등 주요 이해당사자와의 공통 관심사를 대변하며 JCP 프로그램의 각 단계에 명세의 통과 여부를 승인하고 명세 및 관련 테스트 수트 간 의존 관계를 풀어주는 책임을 갖는다.

1999년에 발표한 JCP 프로그램은 JCP.next라는 이름으로 프로세스 자체를 오랜 시간 사용하면서 계속 개선해 왔으며 JCP EC가 공개적으로 개선 작업을 실행하고 있다(https://oreil.ly/8Xg8c). JCP.next는 투명성, JCP 프로그램 능률화, 멤버십 확대 등에 초점을 맞추도록 디자인된 자바 명세 요청(JSR, Java Specification Request)의 집합이다. JSR은 JCP 프로세스 문서를 개선해서 JCP의 프로세스를 개선하고 있다. 변경이 완료되면 모든 새로운 JSP 및 자바 플랫폼에 이미 도입된 기존 JSR의 다음 유지보수 릴리스에 적용한다.

예를 들어 JSR 364(https://oreil.ly/q3X1U) JCP 멤버십의 확대는 JCP 버전 2.10부터 효력이 발생한다. 이 JSR은 새로운 멤버십 클래스 정의, 커뮤니티 참여 확대, JCP 회원에게 적절한 지적 재산권 보장 등을 바탕으로 JCP의 참여를 확대한다. 자바 개발자라면 누구든 JCP 프로그램에 참여할 수 있고 멤버십의 종류에 따라 JCP 회원은 JSR 명세 리드, 전문가 그룹 혹은 기여자로 활동할 수 있다.

JSR 387(https://oreil.ly/ce2ag), JCP 프로그램의 능률화는 버전 2.11에 도입되었다. 이 JSR은 JSR 수명 주기 절차를 간소화하여 현재 자바 기술의 개발 방식에 맞췄다. 특히 자바 플랫폼의 6개월 릴리스 주기를 JSR에도 도입했다. 이 JSR 덕분에 JCP EC의 크기도 재조정했다.

자바 커뮤니티의 다양한 변화와 함께 JCP 프로그램도 지속되고 있다. 누구든지 JCP 프로그램에 가입 신청(https://oreil.ly/eSzdV)하고 참여할 수 있다. 가입 자격은 비영리 기업(완전 회원), 자바 사용자 그룹(파트너 회원), 개인(준회원) 등이다. 자바 플랫폼이 지속적으로 성공할 수 있었던 이유는 JCP 프로그램의 안정성과 커뮤니티 구성원의 참여(https://oreil.ly/z8rot) 덕분이다. 표준은 기술적 전략을 실행할 수 있게 하며 JCP는 업계와 협업하고 개발자 커뮤니티에 참여할 수 있게 한다.

호환성은 중요하다. JCP 프로그램이 요구하는 명세, RI, TCK 덕분에 자바 기술을 중심으로 생태계를 구축할 수 있다. JCP 프로그램은 이를 위한 기반과 구조를 제공한다. IP 권한과 의무를 다루며 TCK를 통과하는 구현체를 선택해 생태계에 도움을 준다. 바로 이것이 자바 기술의 성공과 지속적인 인기의 핵심이다.

94 자격증에 가치를 두지 않는 이유

PROPOSAL

콜린 바이퍼스(*Colin Vipurs*)

몇 년 전 — 2000년대 중반쯤으로 기억한다 — 친구 하나가 자바 공인 프로그래머(Java Certified Programmer) 시험에 응시하여 98%라는 높은 점수로 합격한 일이 있었다. 따라 해야겠다는 마음이 들어 점심시간에 모의시험을 봤다. 비록 높은 점수를 획득하진 못 했지만 합격할 수 있었다. 그런데 그중 한 문제가 늘 마음에 걸렸다. 스윙(Swing) 애플리케이션에서의 상속 구조에 관한 문제였다. 당시 스윙 개발을 하고 있었기 때문에 문제를 푸는 데 어려움은 없었지만, IDE에서 쉽게 찾아볼 수 있는 것이 시험 문제였다는 것이 이상했다. 결국 필자는 석사학위 공부를 마무리하느라 실제로 자격증 시험에 응시하지는 않았다.

몇 년이 흘러 새로운 직장에서 일을 시작했다. 그런데 첫 주부터 새 동료가 필자에게 자바 5 자격증을 보유하고 있는지 묻기에 "아니, 하지만 지난 1년간 자바 5를 계속 사용해 왔어."라고 답했다. 나중에 알고 보니 그 동료는 자격증이 있었다. 팀 동료가 기본 수준의 지식과 스킬을 가지고 있다는 것은 좋은 일이었다. 그리고 채 2주가 되지 않아, 자바 자격증이 있다던 그 동료가 equals 메서드를 오버라이드할 때 왜 귀찮게 hashCode 메서드를 함께 오버라이드해야 하는지 물었다. 그는 정말로 두 메서드의 관계를 전혀 이해하지 못했다. 하지만 이 문제는 그저 빙산의 일각이었을 뿐, 이 동료는 모르는 것이 너무 많았다. 그런데도 자격증이 있다고!

다시 몇 년이 지나 다른 회사로 이직했다. 그 회사에는 모든 정규직 직원이 최소한 자바 공인 프로그래머 수준의 자격증을 획득해야 한다는 정책이 있었다. 덕분에 그곳에서 좋은 실력을 갖춘 개발자를 여럿 만났다. 하지만 마찬가지로 자격증이 있음에도 정말 끔찍한 개발자도 더러 있었다.

오라클 사이트에서 자바 자격증에 관한 내용을 살펴보면, 공인 자격증을 획득하면 '전문 자바 개발자가 되기 위한 모든 기술과 지식을 보유하고 있다는 것이 검증되므로 개발자로서의 위치를 확고히 하는 데 도움이 될 것'이라고 쓰여 있다. 그리고 '주변에서 더 많은 신뢰를 얻고 일상 업무에서 더 나은 성과를 내는 데 도움이 되며, 팀과 회사가 계속해서 발전하도록 이끌' 자격이 있다고도 쓰여 있다. 말도 안 되는 소리다. '전문(professional) 개발자'가 되는 것과 '일상 업무에서 더 나은 성과를 내는 것'은 자격증을 따기 위해 필요한 것과는 거의 관련이 없다. 코드를 전혀 작성하지 않고도 시험에 합격할 만큼 학습할 수 있기 때문이다. 이 업계에 '좋은 것'과 '나쁜 것'이 무엇인지 단정 지어 얘기할 수 없기 때문에 그것을 구별해 줄 수 있다고 주장하는 종이 한 장은 아무런 가치가 없다.

물론 모든 규칙에는 예외가 있다. 자신의 지식을 강화하기 위한 수단으로 자격증을 활용하는 사람(적어도 한 명)을 더러 봐 왔다. 이런 부류는 일상 업무에서는 배우지 못하는 것을 배우기 위한 방법으로 자격증을 활용했다. 그런 부류의 사람에게는 경의를 표한다. 필자는 20년 이상 소프트웨어 개발을 해 왔다. 하지만 자격증에 관한 한 절대 변하지 않는 한 가지가 있다. 좋은 개발자는 자격증이 필요 없다. 하지만 그렇지 않은 개발자라도 자격증은 쉽게 얻을 수 있다.

주석은 한 문장으로 작성하라

피터 힐튼(*Peter Hilton*)

> 이해하기 힘든 코드를 작성하는 개발자가 흔히 범하는 오류는 주석으로 어떻게든 코드를
> 명쾌하고 알기 쉽게 표현할 수 있다고 생각하는 것이다.
>
> – 케블린 헤니(Kevlin Henney)

여러분은 아마 주석을 너무 많이 쓰거나 아니면 아예 쓰지 않을 것이다. 보통 너무 많다는 것은 유지보수해야 할 것이 너무 많다는 것을 의미한다. 즉, 코드 관리에 위험을 줄 정도로 부정확한 주석이 될 수 있으므로 차라리 삭제하는 것이 낫다. 주석을 '명쾌하고, 알기 쉽게' 쓰는 것은 힘든 일이므로, 주석이 너무 많다는 것은 코드를 잘못 설명하거나, 현재 코드에 맞춰 개선되지 않음을 의미한다. 반면 주석이 전혀 없다는 것은 완벽한 이름 규칙(naming), 코드 구조, 테스트가 주석을 대신해 코드를 설명하고 있다는 것을 의미한다. 하지만 실제로 이렇게 구현하는 것은 어려운 일이다.

주석을 전혀 쓰지 않는 개발자가 작성한 코드를 많이 봐 왔다. 주석을 작성하지 않는 이유는 대부분 주석을 쓰는 행위 자체를 싫어해서 그 시간을 절약하려 하거나 본인이 작성한 코드 자체가 코드를 설명하고 있다고 생각하기 때문이다. 가끔 주석이 필요 없을 정도로 코드를 잘 작성한 경우도 있다. 새로운 프로젝트의 처음 약 1천여 줄의 코드, 코드 장인이 직접 작성한 토이 프로젝트의 코드 그리고 코드베이스를 작게 유지하는 데 초점을 맞춘 잘 관리되는 라이브러리 프로젝트 같은 경우가 그 예다.

하지만 대규모 애플리케이션, 특히 엔터프라이즈 비즈니스 애플리케이션은 좀 다르다. 서로 다른 개발자가 작성했고 현재에도 계속 늘어나고 있는 10만 줄의 코드를 운영하는 경우라면 주석은 풀어야 할 하나의 과제다. 코드가 모두 완벽하지 않을 것이므로 코드를 설명하기 위한 다른 방법이 필요하다. 하지만 어느 정도 설명을 덧붙이는 것이 적당할

지 판단하는 것은 어려운 문제다. 과연 주석은 어느 정도 추가하는 것이 적당할까?

대규모 애플리케이션에서 주석을 올바르게 작성하는 방법은 다음 절차에 따라 한 문장(one-sentence)으로 작성하는 것이다.

① 최선의 코드를 작성한다.
② 모든 공개(public) 클래스와 메서드/함수에 한 문장 주석을 작성한다.
③ 코드를 리팩토링한다.
④ 필요 없는 주석을 제거한다.
⑤ 코드를 잘 설명하지 못하는 주석은 다시 작성한다(모든 좋은 글은 퇴고(rewriting)가 필요하다).
⑥ 정말 필요한 곳에만 상세 주석을 추가한다.

이 방법은 코드가 스스로의 존재 이유를 설명하지 못해서든 아니면 미처 코드를 리팩토링할 시간이 없어서든 어떤 주석을 남겨둬야 하는지 확인하는 데 도움이 된다. 직접 한 문장 주석을 작성해 보면 알게 될 것이다. 만약, 좋은 주석을 작성하는 데 몇 분이 걸린다면 그 주석은 정말 필요한 주석이며, 나중에는 이 주석 덕분에 코드를 파악하는 시간을 절약할 수 있다.

엄청 빨리 타이핑해서 좋은 주석을 작성했는데 그 이후에 그 코드가 주석이 필요하지 않은 '명확한' 코드임을 알았다면 그 자리에서 주석을 삭제해야 한다. 아무리 명확한 코드라고 생각할지라도 실제 주석을 작성해 봐야 그 코드가 명확한 코드인지 알 수 있다. 특히 여러분이 직접 작성한 코드일 때는 더욱 그렇다. 이 단계를 그냥 지나치지 마라!

항상 코드만으로 설명할 수 없는 것만 언급하며[1], 왜라는 질문에 코드로 답할 수 없는 것만 설명하기 위한 주석을 최소한으로 유지해야 한다. 이런 내용을 공개 인터페이스마다 한 문장으로 제한하면 더 현실적인 노력으로 코드를 작성하고 리뷰, 유지보수할 수 있으며 코드 품질과 간결함에 집중할 수 있다.

---

1 케빈 헨리 편, 손영수, 김수현, 최현미 역, 《프로그래머가 알아야 할 97가지》(지앤선)

코드만으로 설명할 수 없는, 코드를 통해 대답할 수 없는 질문에 답변 하나로 주석을 작성하고, 이러한 주석들은 최소한의 수로 유지해야 한다. 주석 작성을 공개 인터페이스당 한 문장으로 제한하면, 주석 작성, 코드 리뷰, 유지보수를 위한 노력을 합리적인 수준에 머물 수 있게 만들며, 개발자가 코드 품질과 간결함에 집중할 수 있게 해 준다.

필요한 경우가 아니라면 주석은 한 문장을 초과해 쓰지 말자. 설명이 더 필요한 경우도 있을 수 있고, 복잡성이 의외로 높은 경우도 있을 수 있으며, 특히 약어(abbreviation)와 같이 모호한 도메인 언어가 등장할 수도 있다. 이런 경우에는 대신 설명할 것을 찾자. 대부분 이런 문제가 있는 부분은 관련된 위키피디아 페이지의 링크로 대체할 수 있다.

좋은 주석은 매우 유용하다. 코드는 작성할 때보다 읽을 때 시간이 더 오래 걸리기 때문이다. 주석은 모든 범용 프로그래밍 언어가 유일하게 공통으로 제공하는 기능이다. 프로그래밍할 때 작업에 가장 적합한 언어를 사용하자. 가끔은 영어가 바로 그 언어다.

'읽기 좋은 코드'를 작성하자

데이브 팔리(*Dave Farley*)

'읽기 좋은' 코드가 좋은 코드라는 말을 들어왔다. 하지만 진정 '읽기 좋은' 코드가 의미하는 것이 무엇일까?

첫 번째 가독성 원칙은 코드를 심플하게 유지하는 것이다. 긴 코드를 가진 메서드와 함수를 더 작은 코드 조각으로 나누고, 그것이 무슨 일을 하는지 알 수 있는 이름을 지어주는 것이다.

배포 파이프라인에서 코드를 테스트할 수 있도록 코딩 표준을 자동화하는 것도 좋은 방법이다. 메서드 길이가 20~30줄을 넘어가거나 매개변수가 5~6개 이상이라면 빌드가 실패하도록 설정할 수 있다.

가독성을 높이는 또 다른 방법은 말 그대로 읽을 수 있는 직관적인 코드를 작성하는 것이다. '내가 코드를 작성하고 5분 후에 읽을 수 있을까?'를 고민하라는 말이 아니다. 오히려 프로그래머가 아닌 사람이 이해할 수 있는 코드를 작성하라는 뜻이다.

다음의 간단한 함수를 살펴보자.

```
void function(X x, String a, double b, double c) {
    double r = method1(a, b);
    x.function1(a, r);
}
```

이 코드는 어떤 동작을 실행하는 걸까? 설령 프로그래머라도 클래스 X와 method1이 어떻게 구현되었는지 살펴보기 전에는 이 코드의 동작을 알 수 있는 방법이 없다.

그러나 다음과 같이 코드를 수정해 보자.

```
void displayPercentage(Display display, String message,
                       double value, double percentage) {
    double result = calculatePercentage(value, percentage);
    display.show(message, result);
}
```

코드가 어떤 역할을 하는지 더 명확해진다. 프로그래머가 아니더라도 메서드와 변수 이름을 보면 무슨 일이 일어나는지 유추할 수 있다. 여전히 의미가 불분명한 부분이 있지만 (display 클래스의 동작이나 백분율을 계산하는 방법은 이 코드에도 드러나지 않는다) 전보다는 좋아졌다. 이제 이 코드들이 무슨 일을 하는지 이해할 수 있기 때문이다.

코드의 작은 변화가 좋은 품질의 코드를 작성하는 데 얼마나 큰 영향을 미치는지 설명하기에 이 예제는 너무 간단하다. 여러분이 현업에서 하는 코드는 이 정도 가독성을 제공하는가?

간단한 리팩토링 기법과 더불어 이름을 더 직관적으로 짓는다면 코드의 상세 동작을 더 빠르게 이해할 수 있을 것이다.

다음 코드는 현업에서도 얼마든지 마주칠 수 있는 예제다.

```
if (unlikely(!ci)) {
    // 여기에 361줄의 코드가 있다.
} else {
    // else 구문에는 45줄의 코드가 있다.
}
```

unlikely(!ci) 부분을 눈여겨보자. noConnection이라는 이름의 메서드를 새로 만들자.

if 구문에 해당하는 361줄 코드 대신 createConnection 메서드를 생성하면 코드를 다음과 같이 바꿀 수 있다.

```
if (noConnection(ci)) {
    ci  = createConnection();
```

```
    } else {
        // else 구문에는 45줄의 코드가 있다.
    }
```

단 한 군데서만 사용하는 코드라도 이름을 지정하기 위해 함수로 추출하고, 그 함수에 적절한 이름을 부여하면 코드가 더 분명해진다. 게다가 함수를 추출해 보면 코드를 단순화할 기회가 훨씬 많다는 사실이 드러나는 경우도 많다. 이 예제의 경우, 같은 파일 중 총 다섯 군데에서 새로 추출한 createConnection 함수를 재사용할 수 있었다. 필자라면 더 나아가 ci 변수도 connection이나 다른 더 적절한 이름으로 바꿀 것이다.

코드의 모듈성이 개선되었으므로 이를 기반으로 코드를 조금 더 개선할 수 있다. 예를 들면 이 메서드의 복잡도를 조금 더 숨기고 이미 만들어진 연결이 있든 없든 createConnection 함수가 리턴하는 연결을 사용하도록 수정할 수 있다.

```
ci = createConnection(ci);
// 45줄의 코드
```

함수와 메서드를 간결하게 만들자. 함수, 메서드, 변수, 매개변수, 상수, 필드 등 여러분이 해결하려는 문제의 범위 내에 있다면 모든 이름을 의미 있게 만들어야 한다.

프로그래머가 아닌 여러분의 할아버지나 할머니가 코드를 읽는다고 상상해 보자. 그분은 코드의 동작을 유추할 수 있을까? 그렇지 않다면, 리팩토링으로 코드를 더 간결하게 만들고, 의미 있는 좋은 이름을 지정하자.

97

PROPOSAL

젊은 객체, 늙은 객체, 그리고 가비지

마리아 아리아스 드 레이나(*Maria Arias de Reyna*)

자바의 장점 중 하나는 개발자가 메모리를 크게 신경 쓰지 않아도 된다는 점이다. 다른 언어와는 달리, 자바는 애초부터 사용하지 않는 메모리를 자동으로 해제했다. 하지만 그렇다고 해서 자바 개발자가 자바의 메모리 관리 방식을 몰라도 되는 것은 아니다. 여전히 메모리 누수(memory leak)와 병목(bottleneck) 현상이 존재하기 때문이다.

자바는 메모리를 두 영역으로 나눈다.

힙(Heap)	인스턴스, 변수
논힙(Nonheap/perm)	코드, 메타데이터...for JVM

자바에서 메모리를 관리하려면 힙에 주목해야 한다. 힙은 객체의 수명(lifetime)에 따라 영 제너레이션(young generation)과 올드 제너레이션(old generation) 두 영역으로 나뉜다. 영 제너레이션에는 생명주기가 짧은 객체를 보관하며, 올드 제너레이션에는 생명주기가 긴 구조체를 보관한다.

영 제너레이션은 다시 2개의 영역으로 나뉜다.

에덴(Eden)	갓 생성된 오브젝트들이 위치하는 곳
서바이버(Survivor)	영 제너레이션에서 올드 제너레이션으로 이동하기 전, 거쳐 가는 중간 상태

가비지 컬렉터

가비지 컬렉터는 메모리를 깨끗하게 청소하는 시스템이다. 가비지 컬렉터를 구현하는 방법은 다양하지만 일반적으로 다음과 같은 작업을 수행한다.

- 마이너 컬렉션(minor collection)
  - 영 제너레이션 영역을 정리한다.
- 메이저 컬렉션(major collection)
  - 모든 영역(영, 올드 제너레이션)의 메모리를 정리한다.

GC는 일반 애플리케이션의 실행 중에 함께 실행되며, GC를 실행할 때마다 현재 동작하는 모든 스레드가 정지된다. 여러분의 애플리케이션이 정상적으로 실행 중이라면 GC는 보통 애플리케이션의 실행을 방해하지 않기 위해 마이너 컬렉션만 수행한다.

GC 전략

애플리케이션이 적절하게 동작하면서도 메모리를 제대로 관리하려면 객체를 장시간 사용하지 말고 작고 일시적으로 사용해야 한다. 수명주기가 짧은 객체는 에덴(Eden)에 저장되며 GC는 이런 객체를 더 일찍 그리고 더 빠르게 정리한다.

사용하지 않는 객체가 메모리에 존재하더라도 애플리케이션의 실행이 중단되지는 않지만 하드웨어 성능에는 영향을 준다. 게다가 GC가 실행될 때마다 사용하지 않는 객체를 정리하는 작업이 반복되므로 GC의 성능이 떨어질 수도 있다.

간혹 System.gc를 직접 호출하여 GC를 강제 실행하고 싶을 수도 있다. 하지만 이는 메이저 컬렉션을 실행하므로 GC가 알아서 컬렉션을 실행하는 방식에 방해가 될 뿐만 아니라 GC가 동작하는 시간 동안 애플리케이션이 중단된다.

참조

GC는 더는 참조하지 않는 인스턴스도 정리한다. 만약 한 인스턴스가 다른 인스턴스를 참조하는 애트리뷰트(attribute)를 가졌다면, 이 두 인스턴스는 같은 시점에 함께 삭제되거나 둘 다 삭제되지 않는다. 따라서 상호 참조 인스턴스가 많을수록 GC 작업은 복잡해지고 오류가 발생하기 쉽다. 이런 경우에는 객체의 애트리뷰트가 아무것도 참조하지 않도록 설정하면 인스턴스 간 연결을 끊어 GC 실행에 도움이 된다.

모든 정적 객체(static object)는 애플리케이션이 실행 중인 동안에는 계속 유지된다. 즉, 정적 객체를 참조하는 애트리뷰트 역시 계속 유지된다는 뜻이다.

java.lang.ref 패키지에는 GC가 불필요한 객체를 정리할 수 있도록 돕기 위한 특별한 참조 타입이 선언되었다.

약 참조 (weak reference)	약 참조는 메모리 청소를 위한 참조로 간주하지 않는다. 예를 들어 WeakHashMap (https://oreil.ly/6PGRj)의 기본 동작은 HashMap(https://oreil.ly/B_6ss)과 동일하지만 약 참조를 사용한다. 그래서 맵 안에 맵에서만 참조하는 객체가 보관되었다면 이 객체는 GC에 의해 제거된다.
소프트 참조 (soft reference)	GC가 메모리 수요에 따라 인스턴스 간 연결을 고려해 객체를 제거한다.
유령 참조 (phantom reference)	항상 null을 반환하며 링크가 실제 객체를 가리키지 않는다. 참조에 바인딩된 객체를 가져오기 전에 해당 인스턴스를 제거하기 위해 사용한다.

가비지 컬렉터는 여러분의 친구임을 명심하자. 가비지 컬렉터는 여러분의 일상을 더 쉽게 만들어준다. 그러므로 여러분도 가비지 컬렉터가 더 쉽게 자신의 역할을 다할 수 있게 도와주자.

기고자 소개

에이브라함 마린-페레즈(Abraham Marin-Perez)

에이브라함 마린-페레즈는 자바 프로그래머이자 컨설턴트, 저자, 발표자로서 금융 분야부터 출판 분야를 거쳐 공공 분야에 이르기까지 다양한 경험을 쌓아 왔다. 스페인 바르셀로나 대학에서 컴퓨터 과학을 전공한 후 런던으로 옮겨 J.P 모건에서 일하면서 이동통신 분야의 학위도 취득했다. 금융 분야에서 3년 정도 일한 후 온라인 베팅 분야로 옮겨 다시 3년간 일했으며 그 이후에는 계약직 개발자로 경험을 쌓아 왔다. 에이브라함은 런던 프로그래밍 커뮤니티에서 도움을 많이 받아, 자신이 받은 도움을 커뮤니티에 되돌려주기로 결심하고 InfoQ의 자바 뉴스 편집자로 활동하는 한편, Devoxx나 코드원(또는 자바원) 같은 콘퍼런스에서 발표도 하고 《Real-world Maintainable Software》(O'Reilly)와 《Continuous Delivery in Java》(O'Reilly)를 각각 저술, 공저하는 등 다양하게 활동해 왔다. 에이브라함은 항상 배움의 자세를 갖고 현재 물리학 학위를 받기 위해 공부를 계속하고 있다. 또한 런던 자바 커뮤니티의 운영을 돕고 있으며 멘토 그룹에서 경력 개발 자문 활동도 하고 있다.

→ **PROPOSAL 13** 코드 복원전문가

아담 베이언(Adam Bien)

아담 베이언(adambein.blog)은 개발자이자 컨설턴트, 저자, 팟캐스트 운영자이며, 자바의 열렬한 추종자다. JDK 1.0부터 자바를 사용했고

LiveScript라고 불릴 때부터 자바스크립트를 활용해 왔으며, 여전히 코드를 작성하는 것을 즐긴다. 아담은 독일 뮌헨에서 정기적으로 자바 EE, 웹 표준, 자바스크립트 워크숍(airhacks.com)을 주최하고 있다. 또한, airhacks.tv에서 매달 Q&A 라이브 스트리밍을 진행하고 있다.

→ **PROPOSAL 25** 지루하더라도 표준을 따르자

알렉세이 소신(Alexey Soshin)
알렉세이 소신은 소프트웨어 아키텍트로 15년째 일하고 있다. 《Hands-On Design Patterns with Kotlin》(Packt)의 저자이자 Web Development with Kotlin 비디오 강의도 진행하고 있다. 알렉세이는 코틀린과 Vert.x에 관심이 많으며 콘퍼런스 강연 활동도 활발히 하고 있다.

→ **PROPOSAL 15** CountDownLatch, 친구인가 적인가?

A. 마디 압델아지즈(A.Mahdy AbdelAziz)

A. 마디 압델아지즈는 기술 강사이자 강연자다. 구글과 오라클을 거쳐 세 곳의 스타트업까지 12년 이상 소프트웨어 개발 분야에 몸담고 있다. 특히 @ExtraVerd의 공동 창업자로 PWA, 오프라인 우선 디자인, 머신러닝, 클라우드 스택 같은 현대적인 기술에 관심이 있다. 강연할 때나 비행기를 타고 있을 때 외에는 농구를 즐긴다. 트위터 아이디는 @_amahdy이며 깃허브 아이디는 @amahdy다.

→ **PROPOSAL 22** 자바 컴포넌트 간의 이벤트

안데르스 노라스(Anders Norås)

안데르스 노라스는 원래 미술과 디자인을 전공했지만 20년째 개발자 생활을 이어가고 있다. 현재 Itera의 최고 기술 책임자로 근무 중이며 자바존, NDC, J-Fall, Øredev를 비롯한 여러 콘퍼런스에서 수많은 강연과 키노트를 진행했다. 또한 미디어, 디자인, 그리고 고난이도의

컴퓨터 과학에 이르기까지 여러 청중을 대상으로 100회 이상의 콘퍼런스 강연을 진행했다. 정열이 넘치고 몰입도가 높은 프레젠테이션을 제공하기로 유명하다. 이 책은 그가 참여한 두 번째 97가지 시리즈다.

→ **PROPOSAL 01** 자바만으로도 충분하다

앤지 존스(Angie Jones)

앤지 존스는 테스트 자동화 전략과 기법 분야에 전문성을 가진 시니어 개발자 아드보캇이다. 전 세계의 소프트웨어 콘퍼런스에서의 강연, 튜토리얼 작성, angiejones.tech 블로그 기고 등을 통해 자신의 지식을 공유하고 있으며 온라인 학습 플랫폼인 Test Automation University를 이끌고 있다. 또한 혁신적이고 뛰어난 사고로 미국과 중국에서 25가지 특허를 출원한 것으로도 유명하다. 여가 시간에는 기술 업계에 더 많은 여성 종사자가 생기기를 바라는 마음으로 Black Girls Code의 코딩 워크숍을 열고 있다.

→ **PROPOSAL 91** 테스트 코드에 객체지향 원리 적용하기

벤 에번스(Ben Evans)

벤 에번스는 뉴 렐릭(New Relic)의 JVM 기술 담당 선임 엔지니어이자 아키텍트다. 뉴 렐릭에 합류하기 전에는 jClarity(마이크로소프트가 인수)를 공동 설립했으며 도이치 은행의 최고 아키텍트를 지내기도 했다. 벤은 《Well-Grouded Java Developer》(Manning Publications), 《자바 최적화》(한빛미디어) 등을 집필했으며 최근에는 《자바 인어넛셀》(한빛미디어)를 집필하기도 했다. InfoQ의 자바/JVM 트랙의 리드이며 정기적으로 업계에 다양한 기고 활동은 물론 여러 나라를 돌며 기술 콘퍼런스에서 발표 활동도 하고 있다. 무료 오픈소스 소프트웨어에 20년 이상 기여하고 있으며 마틴 버버그와 함께 AdoptOpenJDK Initiative를 공동 설립했고 6년간 JCP 운영 위원을 지내기도 했다.

→ **PROPOSAL 40** 자바는 90년대생
→ **PROPOSAL 43** 자바의 불분명한 타입들

벤자민 무쉬코(Benjamin Muschko)

벤자민 무쉬코는 지난 15년간 소프트웨어 엔지니어이자 컨설턴트, 트레이너로 활동해 왔다. 프로젝트 자동화, 테스트, 지속적 전달에 관심이 많다. 또한 콘퍼런스 강연은 물론 오픈소스 아드보캇으로서의 활발히 활동하고 있다. 소프트웨어 프로젝트는 간혹 산을 오르는 것 같다고 느낀다. 여가 시간에는 콜로라도 14ers를 하이킹하며 장거리 트레일에 도전하곤 한다.

→ **PROPOSAL 11** 아니, 내 머신에서는 잘 실행됐다니까!

벤자민 무스칼라(Benjamin Muskalla)

벤자민 무스칼라(일명 '베니', @bmuskalla)는 지난 12년간 개발자 생산성 향상을 위한 도구의 개발에 매진해 왔다. 이클립스 IDE의 주요 커미터 중 한 명이기도 하다. 수년간 많은 빌드 도구와 프레임워크를 개발해 왔으며 동료들이 더 효율적으로 일할 수 있는 테스트 접근법의 정립에 많은 시간을 할애했다. TDD와 API 디자인은 물론 오픈소스 소프트웨어에 관심이 많다. 베니는 현재 그레이들 빌드 도구를 제공하는 Gradle Inc에서 근무하고 있다.

→ **PROPOSAL 72** 속독을 위한 리팩토링

빌리 코란도(Billy Korando)

빌리 코란도는 10년 이상의 경력을 가진 IBM의 개발자 아드보캇이다. 빌리는 자동화와 잘 관리된 사례를 바탕으로, 개발자가 프로젝트의 시작, 배포, 테스트, 검증 같은 지루한 작업을 수행하면서 발생하는 정신적인 손실을 최소화하는 방법을 찾게 돕는 일을 하고 있다. 업무 외적으로는 여행과 발야구를 즐기며 켄자스 시티 쉐프를 응원하고 있다. 또한 켄자스 시티 자바 사용자 그룹의 공동 운영자로 활동하고 있다.

→ **PROPOSAL 34** 지속적 전달로 반복가능성과 감사가능성 향상하기

브라이언 베르메르(Brian Vermeer)

브라이언 베르메르는 Sync의 개발자 아드보캇이자 소프트웨어 개발과 유지보수에 10년 이상 실무 경험을 보유한 소프트웨어 엔지니어다. 자바, (순수) 함수형 프로그래밍, 사이버 보안에도 관심이 많다. 브라이언은 오라클 그라운드브레이커 엠버서더이자 Utrecht JUG 의 공동 운영자, Virtual JUG 운영자, MyDevDecOps의 공동 리더이다. 특히 자바원, Devoxx, Devnexus, Jfokus, 자바존 등 주로 자바와 관련된 콘퍼런스에서 강연도 자주 하고 있다. 그 외에도 로열 네덜란드 공군 예비역이자 태권도 사범으로도 활동 중이다.

→ **PROPOSAL 75** 의존성을 잘 관리하자

버크 허프나겔(Burk Hufnagel)

버크 허프나겔은 Daugherty Business Solutions의 프로그래머이자 솔루션 아키텍트로 더 나은 코드를 더 빠르게 제공하는 방법을 찾고 그 노하우를 가르치는 일에 집중하고 있다. 애틀랜타 자바 사용자 그룹의 운영자이며 Devnexus 콘퍼런스의 진행도 돕고 있다. Connect. Tech, Devnexus, 자바원 및 오라클 코드 원 등 다양한 기술 콘퍼런스와 사용자 그룹 회의를 주관해 왔다. 특히 2010년에는 자바원 락스타로 선정되었다. 버크는 《소프트웨어 아키텍트가 알아야 할 97가지》(지앤선)와 《프로그래머가 알아야 할 97가지》(지앤선)의 집필에도 참여했다. 또한 《Head First Software Development》(한빛미디어) 및 케시 시에라(Kathy Sierra)와 버트 베이트(Bert Bates)의 《Sun Certified Programmer for Java Study Guide》 (McGraw-Hill)를 포함한 여러 도서에 기술 감수자로도 기여했다. 특히 《Sun Certified Programmer for Java Study Guide》는 '버크가 저자보다도 더 많은 코드를 수정해 줬다' 는 기대 이상의 칭찬을 듣기도 했다.

→ **PROPOSAL 90** 더 나은 소프트웨어를 더 빨리 전달하기

카를로스 오브레건(Carlos Obregón)

카를로스 오브레건은 2008년부터 소프트웨어 개발자로 활동하고 있다. 늘 열정적으로 지식을 공유하고 있으며 보고타(Bogotá)의 자바 사용자 그룹(지금은 보고타 JVM이라고 한다)을 시작해 자바 언어의 권장 사례 위주로 많은 강연을 했다. 소프트웨어 개발 외에도 웹 개발을 주제로 한 부트캠프도 운영하고 있다. 카를로스는 C++로 개발을 시작했지만 대학을 졸업하기 전 자바와 사랑에 빠졌다. 몇 년 후 다른 JVM 언어도 사용해 봤지만 자바만큼 즐거운 언어는 없다는 사실을 깨달았다. 코딩하지 않는 시간에는 가족 및 친구와 보드게임, 비디오게임을 즐기며 시간을 보낸다. 또한 최소 한 달에 한 권 책을 읽으며 기술 서적 외에 문학 서적도 가끔 읽는다. 세상 무엇보다 아내 리나(Lina)와 딸 마리아호세(Mariajosé), 강아지 에비(Evie)를 사랑한다.

→ **PROPOSAL 32** 널을 피하는 방법

크리스 오델(Chris O'Dell)

크리스 오델은 거의 15년간 백엔드 엔지니어로 활동해 왔으며 주로 마이크로소프트 기술을 다뤄 왔다. 최근에는 고(Go)를 사용해 대형 마이크로서비스 플랫폼을 구현하고 있다. 고가용성 웹 API, 분산 시스템, 클라우드 기반 서비스 등을 제공하는 팀을 이끌었다. 또한 개발자 경험을 향상하는 것을 목적으로 한 내부 빌드 및 배포 도구를 개발하는 팀을 이끌어 본 경험도 있다. 크리스는 현재 Monzo에서 미래형 은행을 구축하고 있다. 지속적 전달과 개발 사례 등의 주제로 여러 콘퍼런스에서 강연도 진행했다. 《Build Quality In》(Leanpub)에 참여했으며 《Continuous Deliver with Windows and .NET》(O'Reilly)의 공동 저자이기도 하다.

→ **PROPOSAL 26** 자주 릴리스하면 위험을 줄일 수 있다

크리스틴 고르만(Christin Gorman)

크리스틴 고르만은 20년째 소프트웨어를 개발해 오고 있다. 스타트업부터 대기업까지 항상 실무에 몸담고 코드를 작성해 온 풍부한 경험을 갖추고 있다. 매우 열정적으로 강연하며 소프트웨어에 대한 블로그를 운영하는 것으로 잘 알려져 있다. 크리스틴이 기고하는 글의 공통점은 개발자가 자신이 개발하는 소프트웨어에 직접 참여하는 것이 얼마나 중요한지를 강조한다는 점이다. 현재 소프트웨어 개발자의 활용도는 끔찍할 정도로 낮다. 개발자는 다른 누군가가 만들어 둔 태스크를 보드에서 선택해 자신의 의지로 선택하지 않은 스타일, 언어, 프레임워크에 맞춰 코드를 작성하고 자신이 만든 소프트웨어의 사용자와는 회의 한 번 못하는 사람으로 격하되었다. 크리스틴은 개발자가 더 많이 참여하고 잠재력을 발휘하며 자신이 개발하는 소프트웨어에 모든 측면에서 참여해야 한다고 믿는다. 단지 일이 재미있어지기 때문만이 아니라 개발자가 만드는 제품이 더욱 유용해지기 때문이다. 크리스틴은 현재 노르웨이의 컨설턴시인 Kodemaker에서 근무 중이다.

→ **PROPOSAL 18** 지금 몇 시예요?

콜린 바이퍼스(Colin Vipurs)

콜린 바이퍼스는 21년째 개발자로 활동 중이다. 대부분 영국에서 지냈으며 금융, 언론, 음악 및 항공우주 분야에서 근무한 경험이 있고 현재는 대중교통 관련 기업인 Masabi에서 근무하고 있다. 예전에는 C와 펄(Perl)을 다뤘지만 그 후 자바를 선택했고 스칼라를 조금 다루다가 이제는 거의 코틀린을 활용하고 있다. 관련 도서를 한 권 집필한 경험이 있으며 콘퍼런스에서 발표도 했다. TDD/BDD와 고성능의 확장 가능한 시스템의 개발, 그리고 음식에 관심이 많다.

→ **PROPOSAL 94** 자격증에 가치를 두지 않는 이유

다니엘 브라이언트(Daniel Bryant)

다니엘 브라이언트는 Datawire에서 제품 아키텍트로 근무 중이며 InfoQ의 새로운 관리자이자 QCon London의 의장이다. 현재는 데브옵스 도구, 클라우드/컨테이너 플랫폼, 마이크로서비스 구현 등에 집중하고 있다. 다니엘은 자바 챔피언이자 런던 자바 커뮤니티의 리더다. 또한 여러 오픈소스 프로젝트에도 기여하고 있으며 InfoQ, O'Reilly, DZone 등 기술 웹사이트에 기고하고 QCon, 자바원, Devoxx 등 국제 기술 콘퍼런스에서 징기적으로 발표하는 것으로 잘 알려져 있다.

→ **PROPOSAL 07** 아키텍처의 품질을 체계화하고 검증하는 방법의 장점
→ **PROPOSAL 12** 비대한 JAR은 이제 그만

다니엘 이노호사(Daniel Hinojosa)

다니엘 이노호사는 프로그래머이자 컨설턴트, 강사, 발표자, 저자 등 다양하게 활동하고 있다. 20년 이상의 경험으로 일반 기업과 교육 및 정부 관련 기관에서 근무했다. 다니엘은 자바, 그루비, 스칼라 같은 JVM 언어를 좋아하지만 하스켈, 루비, 파이썬, LISP, C, C++ 같은 다른 언어를 다뤄 본 경험도 있다. Pomodoro Technique 프렉티셔너이며 매년 새로운 프로그래밍 언어를 배우고 있다. 다니엘은 《Testing in Scala》(O'Reilly)의 저자이며 O'Reilly 미디어의 Beginning Scala Programming 비디오 강의를 제작하기도 했다. 쉬는 날에는 독서와 수영, 레고, 축구, 요리 등을 즐긴다.

→ **PROPOSAL 47** 은혜로운 flatMap

데이브 팔리(Dave Farley)

데이브 팔리는 지속적 전달 분야의 리더다. 졸트 상을 받은 책 《신뢰할 수 있는 소프트웨어 출시》(에이콘출판사)의 공동 저자이며 콘퍼런스 강연자이자 블로거다. 또한 리액티브 선언문의 저자 중 한 명이며 BDD의 확산에 기여하고 있다. 데이브는 35년 이상 컴퓨터를 다루고 있으며 많은 종류의 소프트웨어, 펌웨어, 상용 애플리케이션 및 거래 시스템 등을 구현해 왔

다. 30년 전부터 대용량 분산 시스템 분야에서 일하기 시작했으며 낮은 결합도의 소프트웨어와 마이크로서비스의 전신인 메시지 기반 시스템 등을 연구해 왔다. 데이브는 소트웍스(ThoughtWorks)에서 Director of Innovation을 역임했으며 LMAX Ltd.의 소프트웨어 개발 헤드(Head)다. LMAX는 오픈소스 기반의 디스럽터(Disruptor)를 개발하며 높은 코드 품질과 모범적인 소프트웨어 개발 절차를 갖춘 회사로 유명하다. 데이브는 이제 독립 컨설턴트이자 Continuous Delivery Ltd의 설립자 겸 디렉터다.

→ **PROPOSAL 76** '관심사 분리'가 중요한 이유
→ **PROPOSAL 78** 테스트 주도 개발
→ **PROPOSAL 96** '읽기 좋은 코드'를 작성하자

데이비드 델라바시(David Delabassee)

데이비드 델라바시는 20년 이상 자바 생태계에 몸담고 있으며 자바에 푹 빠져 살고 있다. 요즘에는 오라클의 자바 플랫폼 그룹에서 개발자 아드보캇으로 근무 중이다. 최근에는 여러 콘퍼런스와 사용자 그룹에서 발표하며 자바를 전파하고 있다. 데이비드는 여러 기술 문서와 트레이닝 코드를 제작했으며 블로그 delabassee.com에 가끔 글도 올린다. 여가 시간에는 장애인의 권리 향상을 위해 노력하는 여러 비영리 조직에서 활발하게 활동하고 있다. 또한 접근성에 큰 관심을 두고 있다. 데이비드는 벨기에에 살고 있으며 사랑하는 딸 릴루(Lylou)와 함께 비디오 게임을 즐기곤 한다(물론 딸에게 이기는 경우는 드물다).

→ **PROPOSAL 04** 컨테이너를 제대로 이해하자

던 그리피스, 데이비드 그리피스(Dawn and David Griffiths)

던 그리피스와 데이비드 그리피스는 《Head First Kotlin》(O'Reilly)과 《Head First Android Development》(한빛미디어)의 저자다. 둘은 다른 헤드 퍼스트 시리즈도 저술했으며 애니메이션 비디오 코스인 'The Agine Sketchpad'를 개발해 뇌를 계속 활성화하는 개념과 기법을 가르치고 있다.

→ **PROPOSAL 81** 코루틴에 대한 고찰

딘 웜플러(Dean Wampler)

딘 웜플러(@deanwampler)는 ML/AI에 중점을 둔 스트리밍 시스템 전문가다. 분산 파이썬을 위한 레이(Ray)를 개발하는 Anyscale.io의 개발자 관련 헤드(head)를 역임하고 있다. 그전에는 Lightbend의 엔지니어링 VP로 인기 있는 오픈소스 도구와 스트리밍 데이터 애플리케이션을 통합하는 Lightbend Cloudflow의 개발을 책임졌다. 딘은 O'Reilly에서 몇 권의 책을 출간했으며 여러 오픈소스 프로젝트에 기여하고 있다. 왕성한 콘퍼런스 발표자이며 튜토리얼 저자이며 여러 콘퍼런스와 시카고 사용자 그룹을 운영하고 있다. 딘은 워싱턴 대학에서 물리학 박사 학위를 받았다.

→ **PROPOSAL 21** SQL식 사고 도입하기

도널드 라브(Donald Raab)

도널드 라브는 금융 서비스 분야에서 18년간 소프트웨어 엔지니어로 경험을 쌓고 있다. 1997년 자바 프로그래밍을 시작했으며 20개 이상의 프로그래밍 언어를 익혀 왔다. JSR 335 전문가 그룹의 멤버이며 2012년 GS 컬렉션이라는 이름으로 오픈소스화되어 2015년 이클립스 재단에 기증된 이클립스 컬렉션 자바 라이브러리의 창시자이기도 하다. 도널드는 2018년 자바 챔피언으로 선정되었으며 오라클 코드원, 자바원, QCon 뉴욕, Devnexus, Devoxx US, EclipseCon, JVM 랭귀지 서밋, 인도 개발자 서밋(GIDS)을 비롯한 여러 자바 콘퍼런스와 사용자 그룹 밋업에서 강연 및 트레이너로 활동하고 있다.

→ **PROPOSAL 51** 카타를 하기 위해 학습하고 카타를 이용해 학습하자

에드슨 야나가(Edson Yanaga)

레드햇의 개발자 경험 디렉터인 에드슨 야나가는 자바 챔피언이자 마이크로소프트 MVP다. 저자이자 국제 콘퍼런스 강연자이며 주로 자바, 마이크로서비스, 클라우드 컴퓨팅, 데브옵스, 소프트웨어 장인정신에 대해 발표하고 있다. 야나가는 스스로를 소프트웨어 장인이라고

여기며 더 나은 소프트웨어로 더 나은 세상을 만들 수 있다고 믿는다. 그의 삶의 목적은 전 세계 개발자들이 더 나은 소프트웨어를 더 빠르고 안전하게 출시할 수 있도록 돕는 것이며 그 일을 직업으로 삼고 있다.

→ **PROPOSAL 05** 행위를 구현하는 것은 쉽지만 상태를 관리하는 것은 어렵다

에밀리 배쉬(Emily Bache)

 에밀리 배쉬는 ProAgile의 테크니컬 애자일 코치다. 팀이 함께 코드를 작성하는 방법을 개선하는 것을 돕고 테스트 주도 개발을 가르치고 있다. 에밀리는 영국 출신이지만 현재 스웨덴 구텐베르크에 거주하고 있다. 《The Coding Dojo Handbook》(자가 출판)의 저자이며 국제 콘퍼런스에 자주 모습을 드러낸다.

→ **PROPOSAL 02** 확인 테스트
→ **PROPOSAL 88** 커버리지를 이용해 단위 테스트 개선하기

에밀리 장(Emily Jiang)

 에밀리 장은 자바 챔피언(https://oreil.ly/HheKg)이다. 또한 리버티 마이크로서비스 아키텍트이자 아드보캇이며 영국 허슬리 연구소에 기반을 둔 IBM의 시니어 테크니컬 스텝이다. 에밀리는 마이크로프로필 구루이며 2016년부터 마이크로프로필을 다루고 있으며 마이크로프로필 설정, 장애 조치, 서비스 매시의 명세를 이끌고 있다. 또한 CDI 엑스퍼트 그룹에도 참여하고 있다. 자바, 마이크로프로필, 자카르타EE 등에 관심이 많다. QCon, 코드원, Devoxx, Devnexus, JAX, Voxxed, EclipseCon, GeeCON, JFocus 등 다양한 콘퍼런스에서 발표자로도 활약했다. 트위터 아이디는 @emilyfhjiang이며 링크드인 주소는 http://www.linkedin.com/in/emily-jiang-60803812이다.

→ **PROPOSAL 56** 간결하고 가독성이 좋은 코드

게일 C. 앤더슨(Gail C. Anderson)

게일 C. 앤더슨은 자바 챔피언, 오라클 그라운드브레이커 엠버서더이자 과거 넷빈즈 드림팀의 일원이었다. 자바, 자바FX, 파이썬, 고, 모던 C++ 및 기타 프로그래밍 언어의 트레이닝 코스를 제공하는 앤더슨 소프트웨어 그룹 리서치 디렉터이자 창업 멤버이기도 하다. 게일은 첨단 자바 기술을 연구하고 관련 글을 쓰는 것을 즐긴다. 현재는 크로스 플랫폼 모바일 애플리케이션 개발을 위해 GraalVM과 자바FX를 활용하는 것에 빠져 있다. 또한 소프트웨어 프로그래밍에 대한 8권의 도서를 공동 집필하기도 했다. 가장 최근에는 《The Definitive Guide to Modern Java Client with JavaFX》(Apress)를 공동집필했다. 다양한 자바 콘퍼런스와 Devoxx, Devnexus, JCreat, 오라클 코드/자바 원 등 JUGS에서 강연 활동도 활발히 하고 있다. 트위터 아이디는 @gail_asgteach이며 웹사이트는 asteach.com이다.

→ **PROPOSAL 53** 새로운 자바 기능을 학습하자

게일 올리스(Dr. Gail Ollis)

게일 올리스는 학교의 수학 스토어룸에서 컴퓨터로 베이직 언어를 배우면서 프로그래밍을 시작했다. 나중에 더 많은 프로그래밍 언어를 학습하면서 전문 소프트웨어 개발, 소프트웨어 개발의 심리학적 연구는 물론 학부생 및 석사 학생들에게 프로그래밍과 사이버심리학을 가르치고 있다. 컴퓨터 과학의 지도 및 초급 개발자 코칭부터 전문 소프트웨어의 사이버 보안에 대한 실질적인 지원을 개발하기 위한 업계 관련 학술 연구 수행에 이르기까지 다양한 경험을 바탕으로 사람들이 더 프로그래밍을 잘 할 수 있도록 돕고 있다.

→ **PROPOSAL 19** 기본 도구의 사용에 충실하자

헤더 반쿠라(Heather VanCura)

헤더 반쿠라는 자바 커뮤니티 프로세스(JCP) 프로그램의 디렉터이자 의장이다. 헤더의 역할은 커뮤니티에서의 리더십을 책임지는 것이다. 또한 발표자, 멘토, 핵데이(hack days)

의 리더로 활동하고 있다. 헤더는 JCP 운영 위원회, JCP.org 웹사이트, JSR 관리, 커뮤니티 구축, 이벤트, 커뮤니케이션 그리고 멤버십의 확대 등과 관련된 다양한 업무를 관장하는 것이다. 또한 커뮤니티가 주도하는 사용자 그룹 확대 프로그램의 기여자이자 리더이기도 하다.

또한 JCP 프로그램을 개선하기 위해 현재 진행 중인 JCP.Next와 관련된 JSR의 스펙 리드(spec lead)도 맡고 있다. 헤더는 캘리포니아주 베이 지역에 거주하며 자바와 개발자 커뮤니티에 남다른 열정을 쏟고 있다. 또 여가 시간에는 새로운 스포츠와 피트니스 활동을 즐긴다. 트위터 아이디는 @heathervc다.

→ **PROPOSAL 93** JCP 프로그램에 대한 이해와 참여 방법

하인츠 M. 카부츠(Dr. Heinz M. Kabutz)

하인츠 M. 카부츠는 어느 정도 재미도 있으면서 유용한 #Java Specialists' 뉴스레터의 필자이다. 해당 뉴스레터는 javaspecialists.eu에서 찾을 수 있다. 메일 주소는 heinz@javaspecialists.eu다.

→ **PROPOSAL 67** OpenJDK 소스 코드를 매일 읽는 이유

홀리 쿠민스(Holly Cummins)

홀리 쿠민스는 IBM 직원이자 IBM 가라지(Garage)의 개발자 커뮤니티를 이끌고 있다. 홀리는 가라지를 통해 은행부터 요식업, 소매, NGO에 이르는 다양한 업계의 클라이언트에게 혁신을 제공하는 기술을 활용하고 있다. AI를 활용해 물고기 수를 세는 프로젝트, 앞을 보지 못하는 육상 선수가 사막을 홀로 횡단하는 울트라 마라톤에 참여하도록 돕는 프로젝트, 노인 건강 관리 분야를 개선하는 프로젝트, 도시 내 주차 방식을 바꾸는 프로젝트 등을 이끌었다 . 홀리는 오라클 자바 챔피언, IBM Q 엠버서더, 자바원 락스타다. IBM 가라지에 합류하기 전에는 웹스피어 리버티 프로파일(지금은 오픈 리버티로 불린다)를 이끌었다. 홀리는 《Enterprise OSGi in Action》(Manning Publications)의 공동 저자이며 여전히 OSGi가 왜 훌륭한지 설명하는 것을 즐긴다. IBM에 합류하기 전에는 퀀텀 컴퓨테이션 분야에

서 박사 학위를 취득했다. 홀리는 항상 털 스카프를 하며 아직 한 번도 잃어버린 적이 없다고 한다. 하지만 겨울 코트는 자주 잃어버리곤 한다(아이 추워).

→ **PROPOSAL 29** 가비지 컬렉션은 나의 친구
→ **PROPOSAL 42** 자바는 재미있어야 한다

이안 F. 다윈(Ian F. Darwin)

이안 F. 다윈은 수년간 컴퓨터 분야에 몸담고 있으며 거의 모든 크기와 형태, 운영체제를 사용하는 시스템을 구현해 왔다. 자바, 파이썬, 다트/플루터, 셸 스크립팅 등 여러 언어로 코드를 작성하며 OpenBSD, 리눅스 등 다른 오픈소스 프로젝트에도 기여하고 있다. 토론토 대학의 헬스 네트워크에서 모바일 건강 앱인 메들리(Medly)의 첫 번째 안드로이드 버전을 개발했다. 《Java Cookbook》과 《Android Cookbook》(O'Reilly)의 저자이며 러닝 트리(Learning Tree)에서 유닉스와 자바 관련 코스를 집필하고 가르치고 있다. 또한 토론토 대학에서 학부생을 대상으로 유닉스와 C를 가르치고 있다. 게다가 여행, 전기차, 중세 문학, 그리고 해안가를 여행하며 발견하는 '부드러운 조약돌이나 다른 것보다 예쁜 조개껍데기'에 관련한 글도 기고한다. 그의 웹사이트는 darwinsys.com이며 트위터 아이디는 @Ian_Darwin이다.

→ **PROPOSAL 80** 자바 샌드박스를 벗어나자

익셀 루이즈(Ixchel Ruiz)

익셀 루이즈는 2000년부터 소프트웨어 애플리케이션과 도구를 개발해 왔다. 자바, 동적 언어, 클라이언트 측 기술 및 테스트에 관심이 많다. 또한, 익셀은 자바 챔피언, 그라운드브레이커 엠버서더, 헤커가르튼 지지자, 오픈소스 아드보캇, JUG 리더, 콘퍼런스 발표자 및 멘토로 활약하고 있다.

→ **PROPOSAL 09** 다양성을 인정하는 팀 만들기

제임스 엘리엇(James Elliot)

제임스 엘리엇은 위스콘신주 매디슨의 Singlewire에서 시니어 소프트웨어 엔지니어로 근무하고 있으며 무려 30년의 시스템 개발자 경력을 보유하고 있다. 6502 어셈블러부터 자바까지 모든 것을 활용하며 요즘은 직장과 자신의 오픈소스 프로젝트인 Deep Symmetry에서 클로저를 활용하고 있다. 간혹 디제잉을 즐기며 자신의 파트너 크리스와 전자 음악 쇼도 프로듀싱하고 있다. 제임스는 여러 도서와 O'Reilly 온라인 도서를 집필 및 공동 집필했으며 지금도 계속 바뀌는(하지만 그 기반은 흔들리지 않는) 소프트웨어 세계에서 새로운 세대의 개발자에게 멘토링을 제공하고 있다.

→ **PROPOSAL 03** AsciiDoc으로 자바독 확장하기
→ **PROPOSAL 70** 클로저에 의한 JVM의 재발견

쟌나 팟체이(Jannah Patchay)

쟌나 팟체이는 금융 시장 부문에서 잘 알려진 전문가이자 컨설턴트이며 특히 금융 시장의 혁신과 규제가 심한 환경에서 기업 경제 전략 정의, 개발, 실행을 돕고 있다. 금융 시장의 구조, 즉 시장 내 플레이어들과 그들의 상호작용 방법 그리고 영향에 관심이 많으며 시장으로의 진입 및 흐름과 관련한 도전적인 과제에 대한 생산적인 해결책을 찾는 것에 집중하고 있다. 그래서 전통적인 금융 시장과 애셋 구조는 물론 새롭게 부상하는 디지털 애셋 시장에도 관여하고 있다. 쟌나는 런던 블록체인 재단의 디렉터이자 규제 지지 엠버서더로 활동 중이며 《Best Execution》 잡지에 금융 및 기술 혁신을 주제로 기고도 하고 있다. 쟌나는 케이프타운 대학에서 수학과 컴퓨터 공학을 전공한 후 리버풀 대학에서 국제 은행 및 금융법 관련 법학 석사를 취득했다.

→ **PROPOSAL 83** 정말 좋은 개발자의 세 가지 특징

진 보야르스키(Jeanne Boyarsky)

진 보야르스키는 자바 챔피언이며 현재 뉴욕시에 거주 중이다. 자바 자격증과 관련한 5권의 책을 집필했으며 17년간 자바 개발자로 활동하고 있다. coderanch.com과 FIRST 로보틱스팀에서 자원봉사도 하고 있다. 진은 정기적으로 콘퍼런스에서 강연도 하고 있으며 50회 이상의 스피치를 제공한 토스트마스터이기도 하다.

- → **PROPOSAL 08** 문세와 업무를 더 삭은 단위로 나누기
- → **PROPOSAL 38** 일은 완수했어요. 그런데...
- → **PROPOSAL 50** 관용적인 자바 코드를 학습하고 머릿속에 캐시하자

젠 스트레이터(Jenn Strater)

젠 스트레이터는 그루비 커뮤니티의 오랜 멤버이자 그루비 커뮤니티 슬랙 관리자다. CodeNarc, 그레이들, 그루비, 스프링 REST Docs 등 여러 오픈소스 프로젝트에 기여하고 있기도 하다. 또한 Devoxx 벨기에, Grace Hopper Cenebration of Women in Computing, 스프링원 플랫폼, O'Reilly Velocity 콘퍼런스 등 다양한 콘퍼런스에도 모습을 드러냈다. 2013년에는 GR8Ladies(현재는 GR8DI)라는 조직을 설립하고 학생과 주니어 개발자의 멘토 역할을 자처하고 있다. 뉴욕 클린턴에서 헤밀턴 컬리지를 졸업했으며 2016년과 2017년에 걸쳐 풀브라이트(Fulbright) 장학금을 받았다. 현재는 트윈 시티에 거주 중이다.

- → **PROPOSAL 10** 빌드는 느려서도 안 되고 불안정해서도 안 된다
- → **PROPOSAL 61** 바뀐 부분만 빌드하고 나머지는 재사용하기
- → **PROPOSAL 62** 오픈소스 프로젝트는 마법이 아니다

제니퍼 레이프(Jennifer Reif)

제니퍼 레이프는 뛰어난 개발자이자 문제해결사다. 개발자 커뮤니티와 대기업이 폭넓은 데이터를 제공하고 그 가치를 극대화하는 프로젝트에 참여 중이다. 다양한 상용 및 오픈소스 도구의 개발에도 참여했으며 새로운 기술을 배우는 것을 좋아해서 심지어 매일 새로운 것을

배우려고 시도하기도 한다. 매일 코드를 작성하며 배우고 있고 이를 공유하기 위한 콘텐츠를 작성하는 것을 좋아한다. 종종 직접 작성한 글뿐만 아니라 콘퍼런스와 개발자 중심의 이벤트에서 펼친 강연도 올리곤 한다. 복잡한 문제를 해결하고 소프트웨어를 더 효율적으로 전달하기 위한 방법을 찾는 것에 관심이 많다. 또한 고양이, 가족여행, 하이킹, 독서, 제빵, 승마도 즐긴다.

→ **PROPOSAL 35** 자바는 자바만의 강점이 있다

제시카 커(Jessica Kerr)

제시카 커는 코드를 주로 활용하는 심머서시스트(symmathecist)다. 성장하는 시스템은 열정적인 사람과 발전하는 소프트웨어라는 두 가지 성장하는 부품으로 구성된다고 믿는다. 20년간 소프트웨어를 개발하면서 자바부터 스칼라와 클로저, 루비부터 일렉서와 엘름, 배시부터 타입스크립트와 파워셀에 이르기까지 다양한 언어를 다뤄 왔다. 콘퍼런스의 키노트 진행자와 발표자로서 다양한 언어에 대한 강연했으며 특히 소프트웨어 개발에 대한 깊이 있는 통찰을 나눠 왔다. 또한 회복성 엔지니어링, 시스템적 사고 그리고 예술에서 영감을 얻곤 한다. 개발자가 지루한 작업을 자동화하고 다른 영역에서 창의성을 빛내는 것을 돕는 것을 좋아한다. 트위터 아이디는 @jessitron이고 트위치 아이디는 jessitronica이며 자신의 블로그 blog.jessitron.com에 꾸준히 포스팅하고 있다. 현재 세인트루이스에서 당최 예측할 수 없는 두 아이를 키우고 있다.

→ **PROPOSAL 27** 퍼즐에서 제품까지

조시 롱(Josh Long)

조시 롱(@starbuxman)은 오랜 코딩 경험을 갖춘 엔지니어다. 최초의 스프링 개발자 아드보캣이자 자바 챔피언이며 《클라우드 네이티브 자바》(책만)와 자가 출간한 《Reactive Spring》 등 여러 도서를 집필한 저자이기도 하다. 또한 스프링 부트의 공동 창시자인 필 웹(Phil Webb)과 함께 한 영상 강의 자료인 Building Microservices with Spring Boot Livelessons를 비

롯해 수많은 영상 강의를 제작했다. 조시는 콘퍼런스에도 자주 모습을 드러낸다. (북극을 제외한) 모든 대륙, 수백 개 도시에서 강연을 진행했다. 조시는 코드를 작성하는 것을 좋아한다. 오픈소스(스프링 프레임워크, 스프링 부트, 스프링 인테그레이션, 스프링 클라우드, Activiti, Vaadin, MyBatis 등) 기여자이며 팟캐스트(A Bootiful Podcast) 진행자이자 유튜버(스프링 팁스(http://bit.ly/spring-tips-playlist))다.

→ **PROPOSAL 65** 프로덕션 환경은 지구상에서 가장 행복한 곳이다

켄 쿠센(Ken Kousen)

켄 쿠센은 자바 챔피언이자 오라클 그라운드브레이커 엠버서더, 자바 락스타, 그레일스 락스타다. 《Kotlin Cookbook》, 《Modern Java Recipes》, 《Gradle Recipes for Android》(이상 O'Reilly), 《Making Java Groovy》(Manning Publications)를 출간했다. 또한 O'Reilly 러닝 플랫폼에서 여러 영상 강의도 진행했다. No Fluff Just Stuff 콘퍼런스에서 정기적으로 강연을 진행하며 전 세계의 콘퍼런스에서 강연했다. 자신의 회사 Kousen IT, Inc.를 운영하며 수천 명의 학생과 개발자에게 소프트웨어 개발을 가르치고 있다.

→ **PROPOSAL 57** 자바를 그루비스럽게

케니 바타니(Kenny Batani)

케니 바타니는 열정적인 기술 에반젤리스트이자 실리콘밸리의 오픈소스 아드보캇이다. 기업 소프트웨어 컨설턴트로서 애자일에 익숙한 풀스택 웹 개발자가 필요한 여러 프로젝트에 필요한 다양한 기술을 적용해 왔다. 또한 열정적인 블로거이자 오픈소스 기여자로서 데이터 분석을 위한 새로운 그래프 처리 기법을 활용하고자 하는 여러 개발자 커뮤니티에 참여하고 있다.

→ **PROPOSAL 84** 마이크로서비스 아키텍처의 트레이드오프

케빈 위텍(Kevin Wittek)

케빈 위텍은 FLOSS와 리눅스에 관심이 많은 Testcontiners의 공동 운영자이자 《Testcontainers-Spock》의 저자다. 오픈소스에 대한 공헌 덕에 오라클 그라운드브레이커 엠버서더도 수상했다. 케빈은 소프트웨어 장인이자 테스트의 열렬한 팬이다. Spock 덕분에 TDD를 잘 알게 됐다고 한다. 또한 익스트림 프로그래밍이 최고의 애자일 방법론 중 하나라고 믿으며 아내의 펭귄 행위 연구를 돕기 위한 MATLAB 프로그램을 작성하는 것을 좋아한다. 또한 전자 기타를 연주하는 뮤지션으로서의 삶도 살고 있다. 업계에서 수년간 엔지니어로 근무한 뒤 독일 아헨의 RWTH에서 스마트 컨트렉트의 검증을 주제로 박사 학위를 공부하고 있으며 겔젠키르헨 소재 웨스터팔리안 대학의 응용 과학부에 속한 인터넷 보안 대학에서 블록체인 연구소를 이끌고 있다.

→ **PROPOSAL 86** 컨테이너로 통합 테스트의 숨겨진 가능성을 끌어내자

케블린 헤니(Kevlin Henney)

독립 컨설턴트이자 트레이너, 코더 겸 작가다. 프로그래밍과 언어, 모범 사례에 관심이 많으며, IT 업계에 있는 개인과 팀, 조직의 발전을 위해 힘쓰고 있다. 지난 30여 년간 전문 개발자로 즐겁게 일한 케블린은 수백 개의 콘퍼런스와 밋업에서 키노트, 튜토리얼, 워크숍을 진행했다. 또한 다양한 잡지, 저널, 웹사이트의 칼럼니스트이자 여러 오픈소스 및 클로즈드소스 소프트웨어에 기여하고 있다. 《Pattern-Oriented So ware Architecture: A Pattern Language for Distributed Computing》(Wiley)의 공동 저자이자 《97 Things Every Programmer Should Know》(O'Reilly)의 편집자다.

→ **PROPOSAL 59** Date라는 이름은 조금 더 명확해야 했다
→ **PROPOSAL 66** 좋은 단위 테스트에 기반한 프로그래밍
→ **PROPOSAL 85** 예외를 확인하지 말자

커크 페퍼다인(Kirk Pepperdine)

커크 페퍼다인은 20년 이상 자바 애플리케이션의 성능 튜닝 분야에 몸담아 왔으며 《Java Performance Tuning Workshop》 초판의 저자이기도 하다. 커크는 자바 성능 분야에서의 리더십을 인정받아 2006년 자바 챔피언에 선정됐다. 사용자 그룹과 콘퍼런스에서 강연도 자주 하며 자바원 락스타에 수차례 이름을 올렸다. 커크는 유럽, 아시아, 북아메리카 등에서 수많은 언콘퍼런스(unconference)의 모범이 되는 언콘퍼런스인 JCreate의 공동 설립자로 계속해서 자바 커뮤니티를 지원하고 있다. 커크가 설립한 스타트업 jClarity가 2019년 마이크로소프트에 인수되면서 현재는 마이크로소프트에서 수석 엔지니어(principal engineer)로 일하고 있다.

→ **PROPOSAL 31** 이봐 프레드, 해시맵 좀 전해 주겠는가?

리즈 커프(Liz Keogh)

리즈 커프는 영국을 무대로 하는 린(Lean)과 애자일 컨설턴트다. 블로거이자 발표자로도 잘 알려져 있으며 BDD 커뮤니티의 핵심 멤버이자 Cynefin 프레임워크가 마인드를 바꿀 수 있는 능력이 있다고 믿는 열렬한 지지자다. 작은 스타트업부터 글로벌 대기업을 고루 경험하면서 가치를 전달하는 것과 그 가치를 전달하는 다른 사람을 코칭하는 것에 20년 이상 매진하고 있다. 요즘은 린, 애자일, 조직적 변형과 투명하고 긍정적인 언어, 잘 정의된 결과, 실패해도 안전한 실험을 통해 쉽고 재미있게 혁신을 이루는 것에 관심을 두고 있다.

→ **PROPOSAL 23** 피드백 루프

마체이 발코비악(Maciej Walkowiak)

마체이 발코비악은 자유 소프트웨어 컨설턴트다. 기업이 아키텍처적 의사결정을 내리는 것뿐만 아니라 스프링을 기반으로 시스템을 디자인하고 개발하는 데 도움을 주고 있다. 스프링 커뮤니티에서 활발히 활동하며 여러 스프링 프로젝트에 참여했다. 최근에는 교육과 지식

공유에 더욱 열정을 쏟고 있다. 마체이는 유튜브 채널(스프링 아카데미)을 운영하고 있으며 콘퍼런스 발표와 더불어 트위터에 너무 많은 시간을 쏟고 있다.

→ **PROPOSAL 28** '풀스택 엔지니어'는 마음가짐이다

말라 굽타(Mala Gupta)

 말라 굽타는 젯브레인의 개발자 아드보캇이자 ejavaGuru.com의 수석 멘토로 자바 자격증을 취득하려는 이들을 코칭하고 있다. 또한 자바 챔피언으로서 자바 관련 도서, 온라인 코드, 강의 및 발표 등을 통해 다양한 플랫폼에서 자바 기술의 학습과 사용을 장려하고 있다.
책임과 기회는 같은 것이라고 굳게 믿으며 저자, 발표자, 멘토, 컨설턴트, 기술 리더이자 개발자로서 소프트웨어 업계에 19년째 몸담고 있다. 또한 콘퍼런스에서 발표도 자주 하며 델리 카터의 자바 사용자 그룹을 함께 이끌고 있다. 또한 기술 분야에 여성의 진출을 적극 지지하며 Women Who Code, Delhi Capter 등을 통해 더 많은 여성이 기술 분야에 진출하도록 돕고 있다.

→ **PROPOSAL 39** 자바 자격증: 기술 업계의 터치스톤

마르코 비렌(Marco Beelen)

 마르코 비렌은 소프트웨어 개발자이며 유지보수가 쉽고 가독성이 높은 코드의 작성에 관심이 많다. 마르코는 2005년부터 소프트웨어 개발자로 경력을 쌓기 시작했다. 그전에는 시스템 관리자로 일하면서 소프트웨어 시스템의 관측가능성이 얼마나 중요한지 몸소 깨달았다.
마르코는 테스트 주도 개발에 대한 미니시리즈를 포함해 여러 Code Retreats와 밋업을 주관하기도 했다. 그는 현재 가정을 이루어 두 아이의 아버지로 살고 있다. '개밥 먹기'보다는 '직접 제조한 샴페인 마시기'(샴페인을 좋아하기 때문에)를 더 선호하는 그는 온라인에서 @mcbeelen이라는 아이디를 사용한다.

→ **PROPOSAL 64** 기본 접근 한정자를 가진 기능 단위 패키지

마리아 아리아스 드 레이나(María Arias de Reyna)

마리아 아리아스 드 레이나는 시니어 자바 개발자이자 지리 정보에 관심이 많은 오픈소스 아드보캇이다. 2004년부터 커뮤니티 리더이자 여러 무료 오픈소스 프로젝트의 핵심 개발자로 활동해 왔다. 마리아는 현재 레드햇에서 근무하며 미들웨어와 아파치 캐멀(Camel) 및 신디시스(Syndesis)의 유지보수를 담당하고 있다. 또한 키노트 연설과 발표 경험도 풍부하다. 마리아는 2017년부터 2019년까지 오픈소스 지리 정보 재단인 OSGeo의 의장을 지냈다. 이 재단은 관련된 여러 지리 정보 소프트웨어를 모두 다루고 있다. 또한 여성주의자이며 Women In Technology에 동참하고 있다.

→ **PROPOSAL 97** 젊은 객체, 늙은 객체, 그리고 가비지

마리오 푸스코(Mario Fusco)

마리오 푸스코는 레드햇의 수석 소프트웨어 엔지니어이며 Drools 프로젝트를 이끌고 있다. 자바 개발자로서 경험이 많으며 미디어 기업부터 금융 부문에 이르는 다양한 업종의 기업 수준 프로젝트에 참여해 (때로는 이끌어) 왔다. 함수형 프로그래밍과 도메인 전용 언어에도 관심을 두고 있다. 덕분에 자바에서 컬렉션을 조작하고 어느 정도 함수형 프로그래밍을 지원하기 위한 목적으로 lambdaj라는 오픈소스 라이브러리를 개발하기도 했다. 또한 자바 챔피언이자 JUG 밀라노 운영자 및 발표자로도 활동 중이며 《모던 자바 인 액션》(한빛미디어)을 출간하기도 했다.

→ **PROPOSAL 14** JVM의 동시성
→ **PROPOSAL 55** 자바 API를 디자인하는 기술

메릿 반 다이크(Marit van Dijk)

메릿 반 다이크는 지난 20년간 여러 기업에서 다양한 역할의 소프트웨어 개발 경험을 쌓았다. 좋은 사람들과 멋진 소프트웨어를 개발하는 것을 좋아하며 오픈소스 프로젝트인 Cucumber의 핵심 기여자인 동시에 다른 프로젝트에도 간간히 기여하고 있다. 새로운 것을 배우

는 것은 물론 프로그래밍, 테스트 자동화, Cucumber/BDD, 소프트웨어 엔지니어링에 대한 지식을 공유하는 것을 즐긴다. 또한 국제 콘퍼런스, 웨비나, 팟캐스트 등에서 발표한 경험이 있으며 medium.com/@mlvandijk에 블로그를 운영한다. 메릿은 현재 bol.com의 소프트웨어 엔지니어로 근무 중이다.

→ **PROPOSAL 90** 테스트를 이용해 더 나은 소프트웨어를 더 빨리 개발하자

마크 리처드(Mark Richards)

마크 리처드는 아키텍처, 디자인, 마이크로서비스 아키텍처의 구현, 이벤트 주도 아키텍처, 분산 시스템 등에 경험이 많은 실력 있는 소프트웨어 아키텍트다. 1983년부터 소프트웨어 업계에 몸담았으며 컴퓨터 공학 석사 학위까지 취득했다. 마크는 개발자가 소프트웨어 아키텍트로 성장하는 데 도움을 주는 무료 웹사이트인 DeveloperToArchitect.com도 운영한다. 또한 저자이자 콘퍼런스 발표자로 수백 개의 콘퍼런스에서 강연했으며 마이크로서비스와 소프트웨어 아키텍처에 대한 수많은 책과 영상 자료를 만들었다. 특히 최근에는 《Fundamentals of Software Architecture》(O'Reilly)를 집필했다.

→ **PROPOSAL 89** 사용자 정의 아이덴티티 애노테이션을 자유롭게 사용하자

마이클 헝거(Michael Hunger)

마이클 헝거는 35년 이상의 소프트웨어 개발 경험을 가진 개발자이며 그중 25년을 자바와 함께 보냈다. 최근 10년 동안은 오픈소스 Neo4j 그래프 데이터베이스 프로젝트에 참여해 여러 역할을 맡았으며 최근에는 Neo4j 연구소를 리드하고 있다. Neo4j 커뮤니티와 생태계를 책임지는 사람으로서 그래프 관련 프로젝트, 사용자, 기여자와 함께 일하는 것을 가장 즐기고 있다. 또한 개발자로서 여러 프로그래밍 언어를 다루면서 매일 새로운 것을 학습하고 흥미진진한 오픈소스 프로젝트에 참여하며 소프트웨어 관련 책을 집필, 글을 기고하고 있다. 마이클은 여러 콘퍼런스의 진행에도 도움을 줬으며 그보다 더 많은 콘퍼런스에서 강연도 진행했다. 덕분에 자바 챔피언에도 이름을 올릴 수 있었다. 마이클은

지역 학교에서 여학생으로만 구성된 코딩 수업을 진행하면서 어린이들이 프로그램을 배우는 것을 돕고 있다.

→ **PROPOSAL 06** JMH로 조금 더 쉽게 벤치마킹해 보자
→ **PROPOSAL 24** 불꽃 그래프를 이용한 성능 확인

마이크 던(Mike Dunn)

마이크 던은 수석 모바일 엔지니어이며 O'Reilly 미디어의 안드로이드 기술 리드다. ASOP 커뮤니티 멤버이며 안드로이드 오픈소스 생태계에 영향력 있는 기여자이기도 하다. 오랫동안 인기를 누리는 이미지 타일 라이브러리인 TileView의 원작자로도 알려져 있다. 마이크는 션 루이스(Shaun Lewis)와 함께 《Native Mobile Development》(O'Reilly)를 공저했으며 피에리 올리비어 로렌스(Pierre-Olivier Laurence)와 함께 《Programming Android with Kotlin》의 출간을 준비하고 있다. 구글의 클로저 자바스크립트 라이브러리에도 기여했으며 색상 관리 라이브러리부터 구글의 차세대 안드로이드 미디어 플레이어인 ExoPlayer의 고성능 블록 수준 암호화, 경량 PHP 라우팅 엔진 등 다양한 오픈소스에 기여하고 있다. 20년 가까이 개발자 생활을 이어오고 있는 그는 조지아 공과 대학에서 컴퓨터 공학 석사를 공부하고 있기도 하다. 마이크의 홈페이지(http://moagrius.com)에서는 별별 종류의 코드 스니펫과 오픈소스 및 클라이언트 프로젝트, 블로그 등을 찾아볼 수 있다.

→ **PROPOSAL 49** 코틀린은 정말 물건이다

모니카 벡위드(Monica Beckwith)

모니카 벡위드는 자바 챔피언이자 First Lego League 코치, 《Java Performance Companion》(Addison-Wesley)의 공동 저자다. 현재 《Java 11 LTS+ – A Performance Perspective》를 집필하고 있다. 마이크로소프트에서 근무하며 JVM 성능에 큰 관심을 두고 있다.

→ **PROPOSAL 41** JVM 성능 관점에서의 자바 프로그래밍

냇 프래이치(Nat Prayce)

냇 프래이치는 자바와 JVM 환경에서 수년째 프로그래밍을 이어오고 있다. 여러 분야에서 컨설팅 개발자 및 아키텍트로 활약했으며 임베디드 사용자 기기부터 글로벌 비즈니스를 지원하는 대형 컴퓨트 팜에 이르는 다양한 규모의 비즈니스 시스템을 개발해 왔다. 정기적으로 콘퍼런스에서 강연도 하고 있으며 객체지향 디자인과 테스트 주도 개발에 관한 인기 있는 도서인 《테스트 주도 개발로 배우는 객체 지향 설계와 실천》(인사이트)의 저자 중 한 명이기도 하다.

→ **PROPOSAL 87** 퍼즈 테스트의 어마무시한 효과

니콜라이 팔로그(Nicolai Parlog)

니콜라이 팔로그(nipafx로도 알려져 있다)는 자바 챔피언이며 학습과 공유에 열정을 보이고 있다. 블로그 포스트, 기고, 뉴스레터와 도서, 트위터, 소스 저장소, 영상 및 스트리밍은 물론 콘퍼런스와 내부 트레이닝 등 다양한 방법으로 지식을 공유하고 있다. 그가 공유한 콘텐츠 대부분은 nipafx.dev에서 찾을 수 있다. 또한 독특한 머리 모양으로도 유명하다.

→ **PROPOSAL 46** 주석의 종류
→ **PROPOSAL 63** Optional은 규칙을 위반하는 모나드지만 좋은 타입이다
→ **PROPOSAL 74** 모듈 선언에 주의해야 하는 이유

니킬 나니바디카라(Nikhil Nanivadekar)

니킬 나니바디카라는 오픈소스 이클립스 컬렉션스 프레임워크의 커미터이자 프로젝트 리드다. 2012년부터 금융 분야에서 자바 개발자로 활동하고 있다. 소프트웨어 개발자 경력을 시작하기 전에는 인도의 푼(Pune) 대학에서 기계 공학 학사를 취득하고 유타 대학에서 로보틱스를 전공해 기계 공학 석사를 취득했다. 니킬은 2018년부터 자바 챔피언으로도 활동하고 있다. 또한 지역 및 국제 콘퍼런스에서 발표자로도 활약 중이다. 아이들의 교육과 멘토링에도 큰 관심을 두고 있어 JCreate4Kids, JavaOne4Kids, OracleCodeOne4Kids,

Devoxx4Kids 등의 콘퍼런스에서 아이들에게 로보틱스를 가르치고 있다. 니킬은 가족과 함께 요리하기, 하이킹, 스키, 모터사이클 등을 즐기며 동물 구제 및 보호 조직에서 일하고 있다.

→ **PROPOSAL 48** 컬렉션을 제대로 이해하자

패트리샤 애아스(Patricia Aas)

패트리샤 애아스는 자바 프로그래머로 시작해 현재 C++ 프로그래머로 활동 중이다. 오페라와 비발디(Vivaldi) 등 2개의 브라우저 개발에 참여했으며 시스코에서 내장형 텔레프레전스(telepresence) 시스템을 개발했다. 호기심이 왕성해서 언제나 새로운 것을 배우고자 한다. 요즘은 애플리케이션 보안을 위해 자신이 공동 설립한 TurtleSec에서 컨설턴트이자 트레이너로 활동 중이다.

→ **PROPOSAL 36** 인라인식 사고

폴 W. 호머(Paul W. Homer)

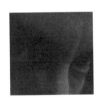

폴 W. 호머는 30년째 소프트웨어 개발자로 활동 중이다. 금융, 마케팅, 프린팅, 건강 분야에서 상용 제품을 개발해 왔으며 최근 15년 동안 자신의 경험을 블로그에서 공유하고 있다. 한때 소프트웨어 개발의 모든 면을 공부했음은 물론 때로는 리드 프로그래머 역할을 하기도 했다. 그의 블로그 The Programmer's Paradox는 이런 다양한 경험을 모아둔 곳이며 자신이 여러 조직을 옮겨 다니면서 마주했던 다양한 패턴에 대해 설명하고 있다. 백엔드 알고리즘 코딩을 선호하지만 동적인 도메인 인터페이스를 구현하는 것도 즐긴다. 복잡한 코드를 작성하지 않을 때는 소프트웨어 개발의 근본에 대해 개발자 및 기업가와 토론을 나누며 여가 시간을 보낸다.

→ **PROPOSAL 60** 업계의 발전에 기여하는 기술의 필요성

피터 힐튼(Peter Hilton)

피터 힐튼은 제품 관리자, 개발자, 저자, 발표자, 트레이너이자 뮤지션이다. 업무에서는 제품 관리, 워크플로우 자동화, 소프트웨어 기능 디자인, 애자일 소프트웨어 개발 방법론, 소프트웨어 유지보수성과 문서화 등에 관심을 두고 있다. 피터는 소프트웨어 기업과 개발팀을 대상으로 컨설팅하고 있으며 간혹 프레젠테이션과 워크숍을 제공하기도 한다. 여러 유럽 개발자 콘퍼런스에 모습을 드러내기도 했으며 《Play For Scala(한국어판)》(지앤선)의 공동 저자이기도 하다. Fast Track to Play with Scala에서 강의도 맡았으며 최근에는 자신이 직접 제작한 트레이닝 코스인 How to Write maintainble Code를 운영 중이다.

> → **PROPOSAL 30** 이름 짓기를 잘 하자
> → **PROPOSAL 71** 불리언 값은 열거자로 리팩토링하자
> → **PROPOSAL 95** 주석은 한 문장으로 작성하라

라파엘 베네비지스(Rafael Benevides)

라파엘 베네비지스는 오라클의 클라우드 네이티브 개발자 아드보캇이다. IT 업계의 여러 분야에서 수년간 경력을 쌓으면서 전 세계 개발자와 기업이 더 효율적으로 소프트웨어를 개발하도록 돕고 있다. 라파엘은 스스로를 지식의 공유를 지지하는 문제해결사라고 생각한다. 아파치 델타스파이크(DeltaSpike) PMC의 멤버이자 Duke's Choice Award 프로젝트 수상자이며 자바원, Devoxx, TDC, Devnexus 등을 비롯한 다양한 콘퍼런스에서 발표를 진행하기도 했다. 트위터 아이디는 @rafabene다.

> → **PROPOSAL 68** 내부를 제대로 들여다보기

로드 힐튼(Rod Hilton)

로드 힐튼은 트위터에서 스칼라와 자바를 활용하는 소프트웨어 엔지니어다. 소프트웨어와 기술, 때로는 스타워즈에 대한 글을 nomachetejuggling.com 블로그에 기고하고 있다. 트위터 아이디는 @rodhilton이다.

→ **PROPOSAL 79** bin 디렉터리에는 좋은 도구가 너무나 많다

러셀 윈더(Dr. Russel Winder)

러셀 윈더는 원래 이론에 충실한 고에너지 입자 물리학자였으나 유닉스 시스템 프로그래머로 전향했다. 그러면서 컴퓨터 공학에 대해 학술적으로 호기심이 생겨 (런던 대학 컬리지와 킹스 컬리지 런던에서) 프로그래밍, 프로그래밍 언어, 도구, 환경, 동시성, 병렬성, 빌드, 인간-컴퓨터 상호작용, 사회 기술적(sociotechnical) 시스템을 공부했다. 컴퓨터 공학 교수 및 킹스 컬리지 런던의 컴퓨터 공학부장을 역임한 뒤 학계를 떠나 스타트업의 CTO나 CEO로 활동했다. 그 후에 2016년 은퇴하기 전까지 독립 컨설턴트, 분석가, 저자, 트레이너이자 전문가로 활동해 왔다. 여전히 프로그래밍, 프로그래밍 언어, 도구, 환경, 동시성, 병렬성, 빌드에 관심이 많다. 덕분에 은퇴 후에도 열정적으로 살아가고 있다.

→ **PROPOSAL 16** 선언적 표현식은 병렬성으로 가는 지름길이다
→ **PROPOSAL 44** JVM은 멀티패러다임 플랫폼이다
→ **PROPOSAL 82** 스레드는 인프라스트럭처로 취급해야 한다

샘 헵번(Sam Hepburn)

샘 헵번은 지난 9년간 런던에서 생활하며 기술 스타트업의 유명 인사가 되었다. 런던의 다양한 조직에서 근무했으며 현재는 미국, 영국, 폴란드 등으로 활동 범위를 넓혀 세계에서 가장 큰 기술 커뮤니티를 구축하고 있다. 그녀의 가장 큰 목표는 누구든 환영받고 커뮤니티가 활성화된 환경을 만드는 것이다. 현재 Snyk.io에서 커뮤니티 팀을 리드하고 있으며 개발자들이 워크플로우에 보안에 대한 개념을 적용하는 것을 돕고 있다. 여가 시간에는 새

로운 시대에 여성의 경력을 개발하기 위한 네트워크인 Circle의 공동 창업자로 활동하며 유명인사에 대한 이야기를 다루는 팟캐스트 Busy Being Human를 운영하고 있다.

→ **PROPOSAL 92** 커뮤니티의 힘을 빌려 경력을 개발하자

샌더 맥(Sander Mak)

샌더 맥은 도이치 온라인 식품점인 Picnic의 기술 디렉터이며 대규모 자바 기반 시스템을 개발하고 있다. 또한 자바 챔피언이자 《자바 9 모듈화》(터닝포인트)의 저자이기도 하다. 콘퍼런스 발표자이자 블로거, 《Pluralsight》 저자이며, 지식의 공유를 사랑한다.

→ **PROPOSAL 69** 자바의 재탄생

세바스티아노 포기(Sebastiano Poggi)

이탈리아 북부에 안개가 자주 끼는 지역 출신인 세바스티아노 포기는 초기에 스마트워치 스타트업에서 경험을 쌓기 시작했다. 그 후 런던으로 옮겨 유명한 에이전시인 AKQA와 Novoda에서 대기업 고객의 안드로이드 앱을 개발했다. 2014년부터 구글 개발자 엑스퍼트로 선정되었으며 콘퍼런스 강연은 물론 블로그 기고 활동도 하고 있다. 이탈리아에 돌아와서는 젯브레인스에서 근무하면서 도구형 제품과 안드로이드 앱을 개발하고 있다. 좋은 디자인과 타이포그래피, 포토그래피에 재주가 있으며 비디오 제작자로도 활동했다. 세바스티아노는 twitter.com/seebrock3r에 아무도 부탁하지 않은 의견을 종종 올리곤 한다.

→ **PROPOSAL 37** 코틀린과의 상호운용

스티브 프리먼(Steve Freeman)

스티브 프리먼은 《테스트 주도 개발로 배우는 객체 지향 설계와 실천》(인사이트)의 공동 저자이며 영국 애자일 소프트웨어 개발 선구자다. 컨설팅 기업과 소프트웨어 벤더에서 근무했던 경험을 바탕으로 독립 컨설턴트이자 트레이너로 활동 중이며 여러 연구 기관에서 프로토타입

을 개발하고 있다. 또한 캠브리지 대학에서 박사학위도 취득했다. 현재는 영국 Zuhlke Engineering Ltd.,에서 수석 컨설턴트로 근무 중이다. 취미는 더는 트럼본을 구입하지 않는 것이다.

- → **PROPOSAL 20** 변수를 바꾸지 말자
- → **PROPOSAL 58** 생성자에서는 최소한의 작업만
- → **PROPOSAL 73** 단순한 값 객체

토마스 론존(Thomas Ronzon)

토마스 론존은 지난 20년간 비즈니스 애플리케이션의 현대화에 집중해 왔다. 또한 잡지 기고와 콘퍼런스 발표도 병행했다. 토마스는 전문성을 가지고 기술 분야에 열정적으로, 즐겁게, 깊게 접근하고 있다. 공감, 경험, 구체적인 해결책을 제시하며 비즈니스와 IT 간 가교 역할을 하고 있다.

- → **PROPOSAL 33** JVM의 크래시를 유발하는 방법

트리샤 지(Trisha Gee)

금융, 제조, 소프트웨어, 비영리 조직 등 다양한 분야에서 자바 애플리케이션을 개발했다. 고성능 자바 시스템에 풍부한 경험을 갖고 있으며, 개발자의 생산성 향상에 관심이 많다. 그녀는 또한 스페인 세비야의 자바 사용자 그룹의 리더이자 자바 챔피언이며, 젯브레인스를 지지하는 개발자이기도 하다. 건강한 커뮤니티와 아이디어의 공유를 통해 실수로부터 배우고 성공을 이끌어낼 수 있다고 믿는다.

- → **PROPOSAL 45** 최신 동향을 파악하자
- → **PROPOSAL 54** IDE를 활용해 인지 부하를 줄이는 방법
- → **PROPOSAL 77** 기술 면접은 학습할 가치가 있는 기술이다

우베르토 바비니(Uberto Barbini)

우베르토 바비니는 다양한 분야에서 성공적인 소프트웨어 제품을 디자인하고 구축한 경험을 20년 이상 보유한 폴리글랏 프로그래머다. ZX 스펙트럼에서 처음 비디오 게임을 개발하면서 자신이 프로그래밍을 사랑한다는 것을 깨달았다. 여전히 최고의 코드를 작성해, 한 번이 아닌 정기적으로 비즈니스에 가치를 전달하는 방법에 관심이 많다. 우베르토는 공개 발표, 글쓰기, 가르치기를 좋아한다. 현재 실용적인 함수형 코틀린에 대한 책을 집필 중이다.

→ **PROPOSAL 52** 레거시 코드를 사랑하는 방법

97 Things Every
Java Programmer
Should Know

찾아보기